Die Beschleunigungsfalle
oder der
Triumph der Schildkröte

SCHÄFFER
POESCHEL

Klaus Backhaus/Holger Bonus (Hrsg.)

Die Beschleunigungsfalle oder der Triumph der Schildkröte

3., erweiterte Auflage

1998
Schäffer-Poeschel Verlag
Stuttgart

Herausgeber

Prof. Dr. Klaus Backhaus, Betriebswirtschaftliches Institut für Anlagen und Systemtechnologien, Westfälische Wilhelms-Universität Münster.
Prof. Dr. Holger Bonus, Institut für Genossenschaftswesen, Westfälische Wilhelms-Universität Münster.

Die Deutsche Bibliothek – CIP-Einheitsaufnahme

Die Beschleunigungsfalle oder der Triumph der Schildkröte /
Klaus Backhaus/Holger Bonus (Hrsg.). - 3., erw. Aufl. - Stuttgart :
Schäffer-Poeschel, 1998
ISBN 3-7910-1352-1

Gedruckt auf chlorfrei gebleichtem, säurefreiem und alterungsbeständigem Papier

ISBN 3-7910-1352-1

Einbandgestaltung: Willy Löffelhardt
Satz: DTP + TEXT Eva Burri, Stuttgart
Druck und Bindung: Franz Spiegel Buch GmbH, Ulm
Printed in Germany

Schäffer-Poeschel Verlag Stuttgart

Ein Tochterunternehmen der Verlagsgruppe Handelsblatt

Vorwort zur dritten Auflage

Time is money; den letzten beißen die Hunde; und wer nicht schnell genug ist, hat keine Chance. Also müssen wir schneller werden, aufholen, das Tempo beschleunigen, uns dem globalen Wandel rascher anpassen und liebgewonnene Gewohnheiten aufgeben, weil sie unsere Mobilität behindern. Das alles ist wahr und zugleich völlig falsch. Schnelligkeit alleine führt zu gar nichts, und sinnlose Beschleunigung endet an der Leitplanke. Man muß den Weg und seine Tücken kennen, wissen, was man kann und wohin es gehen soll. Dazu muß man sich kennen und in sich selbst ruhen. Schnelligkeit muß gepaart sein mit Beharrung und Langsamkeit. Sten Nadolny hat dies in seinem Roman »Die Entdeckung der Langsamkeit« wunderbar beschrieben: »Die Arbeit auf dem Schiff beobachtete John sehr genau. Er ließ sich auch beibringen, wie man Knoten machte. Er stellte einen Unterschied fest: beim Üben schien es mehr darauf anzukommen, wie schnell man einen Knoten fertig hatte, bei der wirklichen Arbeit aber darauf, wie gut er hielt.«

Gerade eine sich beschleunigende Welt braucht *Identität*, etwas, das uns und unseren Partnern vertraut ist, das unser Tun verläßlich prägt, in dem wir uns wiederfinden. Selbst der Schnellste braucht eine Ruhepause, um sich zu erholen. Aus der Hektik muß er gewissermaßen heimkehren können in ein Umfeld, das sich inzwischen nicht verändert hat, wo er sich wiederfindet.

Dieses Buch ist ein Lesebuch. Es lädt dazu ein, in Muße, wiederholt und von verschiedenen Gesichtspunkten aus über das Tempo unserer Zeit nachzudenken, über atemberaubende Entwicklungen, deren Ziel wir nicht kennen. Gerade weil wir nicht wissen, wohin die immer schnellere Reise geht, müssen wir mehr als bisher lernen, auf die Kontinuität unserer persönlichen Entwicklung und auf die Tragfähigkeit unserer kulturellen Tradition zu vertrauen. Ruhe, Kontinuität und Vertrauen, das sind Inbegriffe von Langsamkeit. Zugleich will das Buch aber auch provozieren, eine Diskussion entfachen. Deshalb findet der Leser in den Beiträgen ein breites Spektrum unterschiedlicher Ansichten und Interpretationen.

Dieses Spektrum hat sich von Auflage zu Auflage verbreitert. Die erste Auflage, die 1994 herauskam, enthielt acht Beiträge (Backhaus/Gruner, Bonus, Fülgraff, Großfeld, Lübbe, Ronte, Stahel, Steilmann), in der zweiten waren es zehn (hinzu kamen Peter Busch und Heinz Dürr), während die vorliegende dritte Auflage bereits achtzehn Beiträge umfaßt. Gegenüber der zweiten Auflage sind also acht Beiträge hinzugekommen. So konnte mit Peter Glotz ein prominenter Politiker und zugleich angesehener Wissenschaftler gewonnen werden; Norbert A. Platt, Geschäftsführer (Vors.) der Montblanc International GmbH, steuert einen Beitrag über Faszination Beständigkeit bei. Manfred Rommel, der frühere Oberbürgermeister von Stuttgart, ist ein populärer Politiker, der sich mit dem Zeitdruck in der Politik befaßt; Stefan Klein von der Spiegel-Redaktion schreibt über die Entmachtung der Uhren. Je ein neuer Beitrag stammt von Karlheinz A. Geißler von der Universität der Bundeswehr in München, von dem Leitenden Archivdirektor der Stadt Münster, Franz-Josef Jakobi und von dem Departementsvorsteher der Universitätsfrauenklinik Basel, Wolfgang Holzgreve. Die beiden Herausgeber steuerten gemeinsam einen zusätzlichen Beitrag über Unternehmens-Identität und Stil bei.

Damit ist die dritte Auflage eigentlich ein neues Buch, dem wir eine neue Struktur gegeben haben. Langsamkeit wie Schnelligkeit haben mit *Zeit* zu tun. Deswegen haben wir die Beiträge in fünf Abschnitten zusammengefaßt, die unterschiedliche Aspekte der Zeit zum Gegenstand haben: *Zeitreise, Zeitspannung, Zeitökonomie, Zeitrhythmus, Zeithorizonte.* Wir hoffen, daß dieses neue Buch zum Nachdenken einlädt, zu mehr Verstehen und zu mehr Gelassenheit.

Unser besonderer Dank gilt dem Mitglied der Geschäftsleitung des Schäffer-Poeschel Verlages, Frau Ass. jur. Marita Rollnik-Mollenhauer, die sich für dieses Buch engagiert eingesetzt hat und in manchen Bereichen (Mit-) Herausgeberfunktionen übernommen hat.

Münster,
im Juli 1998

Klaus Backhaus
Holger Bonus

Inhalt

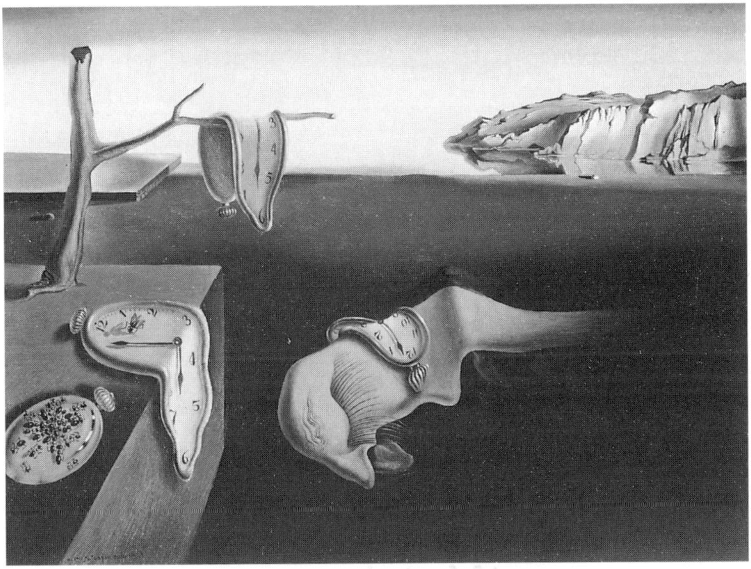

Salvador Dali: Die Beständigkeit der Erinnerung, 1931, Museum of Modern Art, New York

I. Zeitreise

Muße im rasenden Zug der Zeit

Heinz Dürr

Beschleunigung – effektiv und effizient?

»Schneller, höher, weiter« – dieser Anspruch gilt gerade im Güter- und Personenverkehr. Längst sind die Zeiten beschaulichen Reisens vorbei, in denen Jim Knopf mit Lukas, dem Lokomotivführer, durch Lummerland fuhr: »Jeden Tag fuhr Lukas viele Male über das geschlängelte Gleis durch die fünf Tunnels von einem Ende der Insel zum anderen und wieder zurück, ohne daß sich jemals etwas Nennenswertes ereignete. Emma (die Lokomotive) schnaufte und pfiff vor Vergnügen. Und manchmal pfiff auch Lukas ein Liedchen vor sich hin, und dann pfiffen sie zweistimmig, was sich sehr lustig anhörte. Besonders in den Tunnels, weil es so schön hallte.«[1]

Diese Beschaulichkeit ist längst zu einem zweifelhaften Vergnügen unter Zeitdruck geworden. Denn heute ist München verkehrstechnisch zu einem Vorort von Hamburg geworden – und umgekehrt. Der eilige Geschäftsreisende will, morgens in Hamburg startend, noch vor dem ersten Frühstück seinen Verhandlungspartner in München getroffen haben und selbstverständlich zum Abendessen wieder bei der Familie in Hamburg zu Hause sein.

Die Concorde ermöglicht den Abflug um 10.00 h in Paris, um unter Berücksichtigung der Zeitverschiebung um 6.30 h – also vor Abflugzeit – in New York zu landen. Nach unserer Zeit ist es dann schon 12.30 h; und die biologische Uhr des Reisenden registriert das genau. Um 22.00 h abends (also um 4.00 h

1 ENDE, MICHAEL: Jim Knopf und Lukas der Lokomotivführer; Stuttgart, Wien 1990, S. 8.

morgens nach unserer Zeit) hebt die letzte Überschallmaschine in New York wieder ab, die um 8.00 h des nächsten Tages wieder in Paris landet. Das war zwar ein langer Tag mit einer kurzen Nacht, aber man hat die Zeit effektiv genutzt. Bereits um 9.00 h ist man, etwas unausgeschlafen, wieder im Büro des 4. Arrondissements und kann über das Vertragsergebnis in New York Bericht erstatten.

Und die Beschleunigung geht weiter. Schon heute reisen die Besprechungsunterlagen dem Reisenden voraus. Auf breitbandigen Datenhighways hat der Verhandlungspartner in New York schon alle Besprechungsunterlagen vorab erhalten. Er nutzt seinerseits die Zeit des dreieinhalbstündigen Concorde-Fluges, um die digitalisiert vorliegenden Daten zu bearbeiten und so schon neue Verhandlungsvorschläge zu unterbreiten. Die benötigte Verhandlungszeit verkürzt sich weiter. Man erreicht jetzt noch die Concorde, die schon sechs Stunden früher zurückfliegt. Paris wird spätabends erreicht, und man kann noch einige Stunden im eigenen Bett schlafen. Da wird der Nutzen beschleunigten Reisens doch unmittelbar evident! Immer weitergehende Beschleunigung ist offenbar doch effektiv! Ist sie aber auch effizient? Rechnet sie sich?

Halten wir einen Moment inne. Warum mußte der Reisende überhaupt *persönlich* nach New York jetten? Alle Informationen, die es auszutauschen gab, hätte man auch transatlantisch über die Datenhighways katapultieren können. In Wahrheit drehte sich die schnelle Reise um etwas ganz anderes, das digital nicht zu vermitteln, aber für komplexe Geschäftsabschlüsse unentbehrlich ist. Bevor man Vertragswerke in Kraft setzt, die langfristig Vorteile, daneben aber auch schwerwiegende Abhängigkeiten mit sich bringen, möchte man dem künftigen Partner in die Augen sehen, seine Körpersprache studieren, die Färbung seiner Stimme, die Betonung wichtiger Silben registrieren, um zu sehen, ob er *gut* ist für sein Wort. Verträge sind nie vollständig; immer gehört auch Vertrauen dazu, daß der Partner einen nicht über den

Tisch zieht, wenn man nicht mehr heraus kann aus der Bindung. Der Reisende mußte persönlich nach New York kommen, um den prospektiven Geschäftspartner von seiner persönlichen Integrität zu überzeugen, die für die Integrität des Unternehmens steht, das er repräsentiert, und um sich seinerseits *ein Bild* zu machen von dem amerikanischen Unternehmen, das wichtig sein wird in Zukunft.

Warum konnten die beiden Gesprächspartner in New York aber tatsächlich für ihre jeweiligen Unternehmen sprechen, wobei in Wirklichkeit der nonverbalen Kommunikation die Schlüsselrolle zukam? Wieso kann für das deutsche und das amerikanische Unternehmen *nonverbal* verbindlich sein, was beide Männer unter vier Augen miteinander erwägen? Die deutsche Firma hat nicht ihren Portier nach New York geschickt; und dort sprach der Emissär nicht mit einem kleinen Buchhalter. Beide Gesprächspartner waren wichtige Persönlichkeiten, die das Vertrauen ihres Unternehmens genießen. Dort haben sie das *Sagen,* weil sich die Menschen, aus denen jedes Unternehmen besteht, in ihnen wiederfinden und sich deshalb etwas sagen lassen von ihnen. Mit anderen Worten: Der schnelle Jet-Transfer diente dem Transport von *Unternehmensidentität.* Identität aber, das heißt in sich ruhen, sich nur langsam wandeln, so daß Verlaß bleibt auf den Partner. Die ganze Hektik kreiste um innere Ruhe, um Langsamkeit; sonst hätte sie keinen Zweck gehabt.

Kehren wir aber zurück ins Alltagsleben. Rechnet sich die Beschleunigung im Transport eigentlich? Die Frage ist nicht einfach zu beantworten, denn die Effizienz zunehmender Verkehrsbeschleunigung hängt von vielen Faktoren ab, über die wir zu wenig wissen. Wie wirkt sich zunehmende Verkehrsbeschleunigung auf den Gesundheitszustand der Verkehrsteilnehmer aus? Es gibt medizinische Untersuchungen, die zeigen, daß Überschallfliegen, insbesondere wenn es regelmäßig erfolgt, erhebliche Streß- und direkte physische Belastungen bewirkt. Aber da diese Studien kontrovers diskutiert werden und kurzfristig auch subjektiv keine unangenehmen Belastungen auftreten, wird das Problem »auf die lange Bank« geschoben. Es wird also *langsam* erwogen, und das ist angemessen. Manche Entscheidungen müssen reifen wie ein Wein. Wenn das eigentliche Ziel des Jettens darin besteht, Langsamkeit zu ermöglichen, wollen die Implikationen wohlbedacht sein.

Auch hier sollten wir aber innehalten. War der Trip nach New York denn *wirklich* erforderlich? Ging es in der Tat um die Langsamkeit von Identität, oder wurde nur einer Konvention genügt, wonach eben wahrzunehmen ist, was technisch irgend machbar sein mag? War am Ende auf beiden Seiten alles nur Imponiergehabe: »Seht mal her, wir können das«? Wenn das zuträfe, dann würden die eiligen Geschäftsreisenden mit ihren Aktenköfferchen in Wahrheit *verheizt*. Da wir nicht wissen, welche der beiden Möglichkeiten – Identität oder Imponiergehabe – zutrifft, müssen wir die schnellen Trips vorerst mit einem Schuß Ambivalenz betrachten und zunächst einmal einige Fakten ins Auge fassen.

Die immer weitergehende Beschleunigung kostet auch (überproportional) mehr Geld. Das ist kein Geheimnis: Die Concorde fliegt nicht gerade Gewinne ein. Sie ist vielmehr ein subventioniertes Verkehrsmittel. Macht das Sinn? Oder ist dadurch die ganze Beschleunigung nicht bereits als Ritual entlarvt? Natürlich erzeugen die Erfahrungen mit der Concorde technologische Spin-Offs, die wir für andere Entwicklungen nutzen können. Aber wird das in der Bevölkerung akzeptiert? Oder beschleunigt hier möglicherweise eine Generation auf Kosten von Folgegenerationen?

Die Fragen machen deutlich, daß die weitere Beschleunigung von Verkehrsmitteln weniger an technische als vielmehr an menschliche und auch ökonomische Grenzen stößt. Ein mit zehnfacher Schallgeschwindigkeit fliegendes Flugzeug wird innerhalb von 10 Jahren technisch realisierbar sein. Aber ob es auch ökonomisch betreibbar sein wird, das ist die Frage. Unter welchen Bedingungen hält der Mensch solche Geschwindigkeiten aus? Und vor allem: Gibt es genügend Menschen, die solche Beschleunigungsmaschinen zu den geforderten Preisen dann auch benutzen werden? Oder ist dies eine Veranstaltung, bei der viele Menschen für die rituelle Beschleunigung Weniger einen Obulus zu leisten haben? Anders gefragt: Reichen die Effektivitätsvorteile aus, um die Effizienznachteile zu kompensieren?

Dieselben Fragen stellen sich auch für andere Verkehrsträger, also für Bahn, Kraftfahrzeug und Schiff. Wieviel Beschleunigung ist angemessen? Kein Verkehrsträger kann diese Frage für sich alleine beantworten, denn alle Verkehrsträger stehen im Wettbewerb miteinander. Wenn Auto und Schiff schneller werden, die Bahn aber nicht, dann verliert die Bahn Wettbewerbspositionen, weil kaufrelevant für den Nachfrager die »Laufzeit« von Personen und Gütern ist. Wer mit dem Auto dreimal so schnell von Hamburg nach München kommt, fährt nicht mit der Bahn und umgekehrt; und wenn die Bahn den Reisenden ebenso schnell von Hannover nach München bringt wie das Flugzeug, wird sie Reisende hinzugewinnen. Für jeden Verkehrsträger stellt sich deshalb die Frage nach der optimalen Geschwindigkeit.

Wieviel Beschleunigung braucht die Bahn?

Geschwindigkeit ist für die Bahn, wie für jeden Verkehrsträger, kein absolutes Phänomen. Die Bahn beschleunigt, weil sie einen *komparativen Konkurrenzvorteil* im Hinblick auf andere Verkehrsträger erreichen möchte. Dabei bewegt sie sich in Effektivitäts- und Effizienzgrenzen, die durch folgende Fragen beschrieben werden können:

- Welche relative Geschwindigkeit braucht die Bahn, um sich am Markt zu halten und ihre Position auszubauen? Muß sie wirklich immer als Temposieger abschneiden, oder darf sie manchmal vielleicht langsamer sein als andere Verkehrsmittel, *um dennoch Erfolg zu haben* (Effektivität)?
- Was sind die kostengünstigsten Alternativen zur Erreichung der Effektivitätsziele (Effizienz)?

In manchen Fällen kommt es wirklich nur darauf an, der Schnellste zu sein. Aber das ist nicht immer so. Wir müssen auch fragen: Was kann der Reisende während der kurzen, schnellen Reisen eigentlich tun?

Nehmen wir einmal den Individualverkehr. Der »Reisende« sitzt oftmals allein (durchschnittlich wird mit 1,7 Reisenden pro PKW gerechnet) in einer, zugegeben, angenehm gestalteten Hülle und bewegt sich, sofern er nicht auf verstopften Straßen im Stau steht und sich die geplante Reisezeit verdoppelt, durch die Gegend. Er kann Radio hören und hin und wieder einen flüchtigen Blick auf die Landschaft werfen (sofern ihn nicht Schallschutzwände daran hindern). Aber ansonsten muß er sich auf Ampeln, Verkehrsschilder, Geschwindigkeitsbegrenzungen und vor allem auf die anderen Verkehrsteilnehmer konzentrieren. Nicht umsonst sagt § 1 der Straßenverkehrsordnung:

- »Die Teilnahme am Straßenverkehr erfordert ständige Vorsicht und gegenseitige Rücksicht.
- Jeder Verkehrsteilnehmer hat sich so zu verhalten, daß kein anderer geschädigt, gefährdet oder mehr, als nach den Umständen vermeidbar, behindert oder belästigt wird.«

Könnte es sein, daß ein dergestalt Reisender bei höchster Geschwindigkeit ein gerade für ihn unwiederbringliches, knappes und wertvolles Gut vergeudet – seine Zeit?

Vergleichen wir doch einmal die Fahrt im Auto mit einer Reise im Zug. Vielleicht dauert die Bahnreise ein wenig länger. Aber welche Möglichkeiten hat der Reisende, diese Zeit effektiv zu nutzen?

Wer will, der kann sich im Zug eine Oase der Besinnung gegen Streß und Terminhetze schaffen. Er kann kreative Initiativen entwickeln. Ein Rundgang durch einen imaginären Zug belegt das. Ein Reisender hat eng beschriebene Papiere neben sich gelegt und blickt versonnen-nachdenklich aus dem Fenster auf die vorbeihuschende bizarre Schönheit einer im Sonnenlicht flirrenden Winterlandschaft. Dabei stellt er fest, daß sein ICE wie eine Zeitkapsel wirkt, in der sich die Wahrnehmung der Außenwelt verändert. Durch die hohe Geschwindigkeit werden nur Objekte in der Ferne klar erfaßt. Was in der Nähe ist, zerfließt. Durch sein Vorbeihuschen wird es bis zur Unkenntlichkeit verzerrt. Details werden nicht mehr wahrgenommen. Der Reisende stößt an die Grenzen seiner Wahrnehmungsfähigkeit. Trübt zunehmende Beschleunigung nicht auch sonst den Blick für naheliegende Details? Ist manchmal nicht auch Langsamkeit nötig, um zu erfassen und zu bewerten, was direkt vor Augen liegt?

Andere Reisende nutzen die Zeitkapsel anders:

Im Bistro-Wagen haben sich zufällig Geschäftsleute getroffen. Bei einem Bier – für den Autofahrer tabu! – nehmen sie berufliche Berührungspunkte wahr, die man vielleicht nutzen kann. Visitenkarten wechseln die Brieftasche, man wird in Kontakt bleiben – und das alles geschieht bei Tempo 200. Man ist sich menschlich nahe im Zug.

In der Zeitkapsel Zug wird Zeit nicht verspielt. Jeder kann sie individuell nutzen. Man kann für sich sein, ohne alleine zu sein. Man kann aber auch Kontakte knüpfen.

Das Ausblenden aus dem realen Zeitgeschehen wird im Zug möglich, weil die Verantwortlichkeit für die Reisegeschwindigkeit eine andere ist als im Auto. Der schnelle Autofahrer ist eigenverantwortlich für sich und seine Umwelt. Je höher die Geschwindigkeit des Autofahrers, um so höher ist auch die Unfallgefahr und damit das Gefährdungspotential für sich und andere. Solche Verantwortung gibt der Reisende bei seinem Einstieg in den Zug quasi an der Tür ab. Er delegiert die Verantwortung für die Reisezeit an den Zugführer. Dadurch gewinnt er Zeit für sich selbst – eine Verantwortungsteilung, die im Auto nicht möglich ist.

Wer also Zeit für sich selbst braucht, kann bei der Zugfahrt *Zeit gewinnen* durch das Delegieren von Verantwortung. Ökonomisch gesehen geht es eben beileibe nicht immer um das Maximieren von Geschwindigkeit. Man muß sich fragen: »Wieviel Reisezeit ist mir der individuelle Zeitgewinn wert?« Wenn von außen vorgegebene Termine den individuellen Zeitgewinn einer Bahnreise illusorisch machen, wird die Reisezeit das Kalkül gänzlich dominieren. In anderen Fällen werden wir aber echte Entscheidungsalternativen haben. Dann muß jeder für sich selbst die Frage beantworten: Wieviel Reisezeit ist mir die gewonnene Muße wert, die mir das Verweilen in der »Zeitkapsel« bringt? Gerade in einer immer schnelleren Welt werden individuelle Ruheräume (räumlich wie zeitlich) eine immer größere Bedeutung für uns gewinnen.

Zeitgewinn mit System

Wenn es ums Tempo geht, muß man auch fragen, was eigentlich Zweck der Reise ist. Was nutzt es dem Reisenden, daß der Flug von Hamburg nach München nochmals um 20 Minuten verkürzt wurde, wenn die gewonnene Zeit beim S-Bahn-Anschluß wieder verlorengeht? Mit einer um 20 Minuten verzögerten Ankunft hätte man dieselbe S-Bahn ebenfalls erreicht. Man muß also auf den Verkehrsverbund sehen, dem man sich anvertraut.

In Verkehrssystemen kommt es nur begrenzt auf die Geschwindigkeit des einzelnen Verkehrsmittels an; denn entscheidend ist die Gesamtreisezeit. Sehen wir uns die Flugreise einmal genauer an (was sinnvoll nur ist, wenn die Reisezeiten einigermaßen vergleichbar sind). Fahre mit dem Auto zum Flughafen, suche einen Parkplatz, gehe zu Fuß zum Abfertigungsschalter, warte in der Lounge, fliege eine Stunde, in der ich allerdings relativ wenig machen kann. Immer das gleiche Spiel, bei der Anfahrt von A wie nach der Ankunft an meinem Zielort B. Und wenn sich wegen der immer schwierigeren Parkplatzsuche und der wachsenden Staus bei Anreise zum Flughafen während der Rush-hour die Zubringerzeiten verlängern, hilft es wenig, daß die Flugzeit selbst verkürzt wird. Die *Reisezeit-Struktur* hat sich verschlechtert, weil der Anteil der »delegierten Reisezeit«, die ich zum individuellen Zeitgewinn nutzen kann, immer kleiner wird. Da wird beim »Zwanzig-Minuten-Flug« der PC erst gar nicht mehr ausgepackt, weil die Elektronik des Flugzeugs, das nach dem Start sofort den Landevorgang beginnt, irritiert werden könnte. Der Bordlautsprecher verkündet auch deutlich: »Please don't use any electronic devices during take-off and landing.« Zeitgewinn auf der einen Seite führt zu gleichzeitigem Verlust an gestaltbarer Zeit. Die Zeit frißt sich selber auf! Damit wird deutlich: Eine immer weitergehende Beschleunigung von Verkehrsmitteln ist *nicht* zwangsläufig hocheffektiv. Ganz im Gegenteil! Wir müssen das Phänomen schon differenzierter betrachten.

Hochgeschwindigkeit: Immer effizient?

Hochgeschwindigkeit: Wenn schon nicht immer effektiv, dann wenigstens effizient? Die Verkehrswege, auf denen wir uns per Bahn, Auto oder Schiff bewegen, werden im Regelfall aus der Staatskasse finanziert. Auch bei Landeplätzen für Flugzeuge sind Steuergelder beteiligt. Immer wieder aufs Neue müssen wir uns deshalb fragen: Wieviel Geld ist die Gesellschaft, sind wir – die Steuerzahler – bereit, für wieviel Reisezeitgewinn auszugeben? Diese Frage ist nicht leicht zu beantworten, denn mit einem gegebenen Budget kann man unterschiedliche Formen von Beschleunigung realisieren. So könnten wir zum Beispiel neue Strecken bauen oder alte ausbauen. Auch ausgebaute Strecken können durch den Einsatz von Innovationen so genutzt werden, daß die Reisezeit ohne Erhöhung der Spitzengeschwindigkeit verkürzt wird. Dies kann etwa durch den Einsatz von Zügen mit Neigetechnik erreicht werden, also von Zügen, die sich wie ein Motorradfahrer in die Kurve legen und dadurch auch auf kurvenreichen, sonst eher langsamen Strecken Fahrzeitgewinne ermöglichen.

Entscheidend ist mithin nicht, ob die Höchstgeschwindigkeit auf irgendeinem Stück im flachen Land bei 250 km/h oder 300 km/h liegt, sondern ob die Reisezeit zwischen A und B insgesamt passabel ist. Die Technik wird uns in der Zukunft noch sehr behilflich sein können, Zeitgewinne für den Reisenden zu generieren, ohne die Geschwindigkeit zu erhöhen – eine auch unter Umweltgesichtspunkten erfreuliche Perspektive.

Entschleunigtes Reisen: Bahnvergnügen im Wertewandel

Die Bahn muß beschleunigen, um im Wettbewerb der Verkehrsträger zu bestehen. Das war sozusagen unsere Ausgangsposition. Im Güter- und Geschäftsreisebetrieb ist dies alles in allem wohl unumstritten. Aber wie steht es mit dem Segment der Ferienreisen, wo der externe Termindruck weitgehend entfällt und das Erleben von Zeit in der *Zeitkapsel Bahn* ganz in den Vordergrund tritt?

Joseph von Westphalen hat das in einem Artikel über das »Lob des ruhigen Reisens« treffend auf den Punkt gebracht: »Daß der Massentourismus auf Langsamkeit setzt, ist kaum zu erwarten. Aber eine relevante und zu Buche schlagende Minderheit scheint bereit zu sein, auf breiten Flüssen auch ohne aufregendes Nachtleben an Bord ruhig durch den Urwald zu kreuzen; tagelang ohne den Kitzel spannender Mordfälle in luxuriösen Zügen durch Indien, China oder die Mongolei zu rattern, sich mit dem Ballon dorthin treiben zu lassen, wohin der Wind einen weht.«

»Die guten alten Zeiten wollen diese Menschen nachspielen; eine Zeit, als noch nicht alles immer schon »am liebsten gestern« fertig sein mußte. Schon liebäugelt die Tourismusbranche mit längeren Zeppelinreisen und schier endlosen Wanderungen, wer weiß, bis nach Neuseeland gar.«[2]

2 Vgl. WESTPHALEN, JOSEPH von: Lob des ruhigen Reisens, in: manager magazin, Juni 1996, S. 300–302.

Das erscheint gar nicht so verwunderlich. Wenn alles immer schneller geht, dann will man wenigstens in seiner Frei-(!)Zeit dem Termindruck entgehen, will sich selbst wieder entdecken, will erkennen, wer man selbst eigentlich ist. Im Trubel der Technik verliert man leicht die eigene Identität. Wie vieles andere droht auch unsere Identität *virtuell* zu werden – ungreifbar, eigentlich gar nicht mehr existent.

Damit droht uns die Orientierung verlorenzugehen. Wenn alles sich fortwährend immer schneller bewegt, gibt es keinen Ankerpunkt mehr, der uns das Tempo der Entwicklung wahrnehmen läßt. Nur wer einen Ruhepunkt hat, erkennt die Geschwindigkeit um ihn herum. Nur dann ist sie auch reflektierbar. Wer immer nur im Strom der Geschwindigkeit mit gleichem Tempo mitschwimmt, kann die Geschwindigkeit nicht mehr erkennen.

Deswegen ist es nur zu verständlich, daß die Menschen im Urlaub nach einem Halt im Strom suchen. Zitieren wir noch einmal von Westphalen: »Diesem Strudel im Urlaub entkommen zu wollen, ist entschuldbar. Wem es allzu schwindelig geworden ist, wem mit Segeltörns und Trekkingtouren nicht mehr zu helfen ist, der macht sich auf die langsame Reise zu sich selbst und quartiert sich in einem Kloster ein. Die Mönche sind selig: Endlich sind die Zellen wieder belegt – mit reumütigen Hochgeschwindigkeitsmanagern, die artig Besserung geloben. Nach 14 Tagen das erste Erfolgserlebnis: Beim Radieschenzupfen im Klostergarten vertraut der Workaholic mit dem 800 000-Mark-Job dem Bruder Emeran sein Glück an: Stellen Sie sich vor, heute habe ich mich seit Jahren zum ersten Mal gelangweilt.«[3] Eine gute Perspektive? Eine schöne Neue Welt?

3 WESTPHALEN, JOSEPH von: Lob des ruhigen Reisens, in: manager magazin, Juni 1996, S. 300–302.

Vergleichzeitigung um Zeit zu gewinnen!?

Peter Busch

Der Zwang sich kurz zu fassen

»Verehrteste, entschuldigen Sie den langen Brief, ich hatte **keine Zeit**, Ihnen einen **kurzen** zu schreiben«.[1] Dieser Satz von Madame de Savigny zeigt, welch eine Kunst es ist und welcher Mühe es bedarf, sich kurz zu fassen. Heute wird alle Anstrengung unternommen, dieser Forderung nachzukommen, und die Möglichkeiten dazu wachsen ins schier Unermeßliche. Die Medien-Spezialistin Carmen Thomas beklagt den Zwang zum 1'30" (1 Minute 30 Sekunden) Journalismus und damit den Versuch, in diesem kurzen Zeitintervall alles Wichtige an Information »rüberzubringen«. Der moderne Hör- und Sehkonsument will nur noch ein Minimum seiner wertvollen Lebenszeit für einen Informationsblock opfern; vor 20 Jahren waren es noch 5 Minuten, heute ist es weniger als ein Drittel dieser Zeitspanne. Wozu lange Artikel in Zeitungen oder Journalen lesen? Alles muß auf einer Seite oder höchstens zwei gegenüberliegenden Seiten zu finden sein – selbstverständlich mit reicher Bebilderung, um die eigene Vorstellungskraft nicht überzubeanspruchen. Wozu langatmige Reflexionen, wenn es auch ein paar Sprechblasen tun? Alles strebt danach, immer mehr in immer kürzer werdende Zeitabschnitte zu packen. Florierende Time Management-Seminare leiten zum ökonomischen Umgang mit der Zeit an, zu Techniken zur Bewältigung bedrängender Informationsfülle, etwa zum Diagonal-Schnell-Lesen oder Schwerpunktlesen, bei dem man blitzschnell den tragenden Gedanken in einem größeren Textab-

1 Thomas, Carmen: 1'30 und kein Ende?; Der Weg (1996) Nr. 26, S. VI.

schnitt erfaßt. Wissenschaftliche Vorträge dürfen nicht mehr wie früher 45 Minuten dauern, sondern müssen in 20 oder sogar nur 10 Minuten ihre Kernbotschaft vermitteln. Um die Redezeit auf Null zu verkürzen, werden oftmals erstaunlich wichtige Informationen über Poster-Beiträge angeboten. Auch die Kirchen schwimmen auf der Kurzzeit-Welle mit; in nicht wenigen Großstädten findet man das Angebot: »Kommen Sie zu einer besinnlichen 10-Minuten-Andacht!«

Die »Zapping«-Gesellschaft

Die beiden am meisten zu erstrebenden Güter in unserer Gesellschaft sind immerwährende Gesundheit und Gewinn an Zeit. Man möchte Zeit gewinnen, um noch mehr Zeit für etwas anderes zu haben – nach dem Motto: »Schön ist es auch anderswo und hier bin ich sowieso«. Die Gleichung lautet: Zeit zu haben, bedeutet Freiraum gewinnen für Entscheidungen und (möglichst lustvolle) Erfahrungen. Von daher die Sucht, in jeden Zeitabschnitt möglichst viel hineinzupacken. Die Optionen dafür wachsen ständig, der moderne Zeitgenosse sieht sich ständig den Fragen ausgesetzt: Was ist wichtig? Was ist lustvoll? Versäume ich etwas, wenn ich mich auf das gerade Angebotene einlasse? Ist der Krimi oder das Fußballspiel oder die Katastrophen-Nachrichtensendung vorzuziehen? Also »zappen« wir hin und her zwischen 10, 20, in Kürze 50 und mehr Programmen. Manche empfinden das noch nicht »gleichzeitig genug« und installieren in ihren Wohnungen Fernsehgeräte, die das simultane Betrachten unterschiedlichster Sender ermöglichen. Das »Zapping« beschränkt sich nicht nur auf den Mediengenuß. Wir wollen alles ohne Zeitversatz haben, die Erdbeeren im Winter, zu Weihnachten den Sommerurlaub, in dem wir uns in der Karibik einquartieren, den angenehmen Einkaufsbummel bei jedem Wetter in einer der großen Malls. Kurz muß alles sein und spontan zu bekommen. Die Last-Minute-Reise, die man von jetzt auf gleich buchen kann, Kurz-Städte-Reisen am Wochenende nach Dresden, Prag oder gar nach New York. Schnell rein und ebenso schnell wieder raus. So verliert die Entscheidung ihre Tragweite oder ihren schmerzlichen Charakter. Ich mache sie ja im nächsten Augenblick quasi wieder rückgängig. Wenn mein zeitliches Engagement das nicht bringt, was ich als Bereicherung oder Lust bewerte, dann gehe ich ebenso schnell zum nächsten Happening. Früher freute man sich über viele Wochen und gar Monate hinweg auf die Abwechslung eines Festes gemäß dem Ratschlag »Saure Wochen, frohe Feste, sei dein künftig Zauberwort«. Heute gilt es als schick, nicht nur zu einer Party, sondern in kurzen Zeitabständen zu zwei, drei oder mehreren zu gehen. Es ist Erfahrung von Verantwortlichen für Jugendgruppen, daß nicht mehr das Kontinuierliche läuft, sondern das Punktuelle. Chorleiter bekommen Männerstimmen am besten, wenn sie die »Kantate zum Mitsingen« anbieten, für die eine oder zwei Proben genügen. Ein reiches und erfülltes Leben bedeutet die immer schneller rotierende Abwechslung. Wir schaffen es, indem wir möglichst viel gleichzeitig betreiben. Vergleichzeitigung als die Möglichkeit, der Begrenztheit unseres Lebens durch die Zeit zu entfliehen!

Zeitgewinn durch Vergleichzeitigung

Was ist der Grund für diese Sucht? Vermutlich das, was den Menschen seit jeher zu seinem technischen Tun antreibt. Er sieht sein Leben eingegrenzt in Raum und Zeit und kann somit in jedem Augenblick nur an einer Stelle sein. Diese Begrenzung versucht er aufzuheben, indem er die Zeitabschnitte seiner räumlichen Gebundenheit kürzt. Einem modernen Geschäftsmann kommt es kaum noch in den Sinn, für seine Termine nicht das Flugzeug zu benutzen, kann er sich doch so z.B. innerhalb Europas in 2 Stunden praktisch überallhin verfügen. Alles, was uns noch schneller zum Ziel bringt, hat Zukunft: der Hochgeschwindigkeitszug Transrapid, das Menu, das in 5 Minuten in der Mikrowelle zubereitet wird, die Haarfarbe, die nicht mehr 30, sondern nur noch 15 Minuten Anwendungszeit benötigt ...

Die Zeit erinnert uns fortwährend an unsere Endlichkeit. Es gibt ein Früher und ein Später; es gibt ein Zu spät. Wir gehen dagegen an, indem wir diese lästige Zeitenfolge einkürzen. Die Ereignisse werden immer kürzer und damit »vergleichzeitigen« wir gleichsam die Welt. In ein und demselben Augenblick erleben und konsumieren wir heute das, wofür frühere Generationen ein halbes Leben oder mehr aufwenden mußten. Keiner muß tage- oder wochenlang auf einen Brief warten. Er wird weggefaxt und ist Sekundenbruchteile später beim Empfänger. Moderne Kommunikation ermöglicht es, einen jeden von uns in jedem Augenblick überall anzutreffen, am deutlichsten sichtbar im allgegenwärtigen Handy. Immer schneller und treffsicherer können wir kommunizieren, moderne Telefone lassen sich nicht nur schneller wählen, sie zeigen auf ihrem Display, wer am anderen Ende der Leitung ist. Über Konferenzschaltung können wir weitere Personen in unser Telefonat einbeziehen. Moderne Kommunikation hebt unsere räumlichen und zeitlichen Grenzen auf. Wir sind zwar nicht als ganze Personen ubiquitär, aber zumindest Teile von uns, wie unsere Stimme oder unser Abbild in der Videokonferenz.

Die Rolle der Kommunikation für die Zeitverdichtung

Es ist kein Zufall, daß Kommunikationsvorgänge unserem Hunger nach Zeitverdichtung besonders entgegenkommen. Kommunikation hat mit Informationsweitergabe und -annahme zu tun. Information als spezielles Muster, das allem Gegenständlichen und Nicht-Gegenständlichen zu eigen ist, beinhaltet in besonderem Maße zeitunabhängige Komponenten, die sich miniaturisieren lassen und außerordentlich schnell verfügbar gemacht werden können. Unser Jahrhundert wird als eine Phase der Menschheit in die Geschichte eingehen, in der die Handhabung informationeller Anteile erkannt und mit atemberaubender Geschwindigkeit fortentwickelt wurde. Es gibt praktisch kein Gebiet mehr im täglichen Leben, in Wissenschaft, Kunst oder sonstwo, das ohne Rückgriff auf Informationstechniken auskommt. Wir haben damit begonnen, die Welt in Informationsströme aufzulösen. Vieles, das uns materiell von Bedeutung ist, kann als bloße Information ökonomischer und wirksamer gehandhabt werden. Geld z.B. wird eigentlich nicht in Form von Geldscheinen oder Münzen benötigt. Sie signalisieren nur ein bestimmtes Haben. Es genügt, daß eine allgemein verbindliche Stelle, z.B. eine Bank, mein Habenkonto in ihrer Software bestätigt. Davon leitet sich dann jeglicher Kredit, etwa der meiner Kreditkarte ab. In Zukunft werden wir nicht mehr Regale und Schubladen mit Musik-Kassetten oder CDs unser eigen nennen müssen, um bei Gelegenheit auf ein Musikstück zurückzugreifen. Wir werden es via Satellit oder Kabel von einer Stelle anfordern, die es in riesigen Speichersystemen vorrätig hält. Wir benötigen keine Städte- oder Länderkarten, um uns mit unserem Auto an die gewünschte Stelle zu verfügen, sondern greifen auf ein entsprechendes Verkehrsleitsystem zurück. Vieles ist einfach nur Information, wozu benötigen wir noch Theaterkarten, Flug- und Museumstickets?

Es gibt kaum etwas Effektiveres als die Information, sie kann erstaunlich verdichtet und auf miniaturisierten Trägern festgehalten werden, kann beliebig vervielfacht und mit Lichtgeschwindigkeit überall hingebracht werden. Sie trägt die Hauptverantwortung dafür, daß immer mehr Vorgänge in unserem Leben in immer kleinere Zeiteinheiten gepreßt werden und zur Vergleichzeitigung beitragen.

Informationstechniken verbinden das Gestern und das Morgen mit dem Heute. In der Filmtechnik gelingt es bereits heute, einen abgebildeten Menschen beliebig zu animieren und in andere Umgebungen zu versetzen. Man benötigt dann gar nicht mehr den Originalschauspieler, sondern nur noch sein Bild. Verstorbene kann der Regisseur auferstehen lassen und eine Marilyn Monroe oder einen Humphrey Bogart in ganz neuen Bilderfolgen auftreten lassen.[2] Das gilt nicht nur für das Bild, es ist ebenso gültig für Sprache, Geräusch und Musik. Die zeitgleiche Übertragung von Sprache in das geschriebene Wort wird in Kürze üblich sein und ebenso die simultane Übersetzung einer Sprache in irgendeine andere der Tausenden von Sprachen auf unserem Globus.[3]

Immer mehr kann gleichzeitig geschehen!

Die Mannigfaltigkeit unseres Lebens kann in beträchtlichem Umfang auf Informationsmuster zurückgeführt werden. Sie sind in den typischen Desoxyribonucleinsäure-Sequenzen eines jeden Lebewesens festgehalten. Immer neue Techniken ermöglichen die Konservierung dieser Muster und damit die Herauslösung ihrer zeitlichen Bedingtheit. So lassen sich spermatogene Stammzellen isolieren, einfrieren und zu jedem späteren Zeitpunkt in funktionstüchtige Spermien verwandeln. Das Erbgut eines Mannes kann somit beliebig vervielfacht und zu jedem gewünschten Zeitpunkt zum Einsatz gebracht werden[4] – ein Schritt auf dem Weg zur Unsterblichkeit des Menschen, wie manche euphorisch behaupten.

Das ist schon erstaunlich genug, ist aber nur ein Anfang dessen, was wir nach Entdeckung des Wesens der Information bewerkstelligen können.

2 Müller, Patricia: Auferstanden von den Toten; CHIP (Würzburg) (1995), Nr. 2, S. 40–42, 44.

3 Guten Tag! Bonjour! Good day! .... Computerworld 26 (1992) Nr. 38, S. 28.

4 Lemonick, Michael D.: The Sperm that Never Dies; TIME (1996) Vol. 147, No. 24, S. 59.

Wir erleben die Welt über unsere Sinne. Sie signalisieren, was um uns und in uns ist, vermitteln Informationen, die an entsprechenden Stellen des Körpers (vor allem im Gehirn) erkannt und verarbeitet werden. Es ist diesen Stellen gleichgültig, wie die Information zustande kommt, ob eine reale Welt, ein Traum, eine Halluzination oder eine simulierte Welt als Stimulans dient. Gegenwärtig lernt die Menschheit, virtuelle Welten als Informationsbündel zu erzeugen, die wir wie echte Realitäten erleben. Selbst die kühnste Phantasie kann sich nicht ausmalen, wie sich unser Leben ändern wird, wenn wir immer öfter auf die reale Gegebenheit verzichten können. Jetzt schon können wir Hörbares und Visuelles virtuell dem Realen so täuschend ähnlich darstellen, daß sie kaum noch zu unterscheiden sind. Ein Flugsimulator ist ein treffendes Beispiel. In Zukunft werden wir uns Städte- und Kulturreisen sparen können, weil wir das, was wir hierbei erleben wollen, aus unserer virtuellen Umgebung wirksamer, individueller, weniger mühevoll und preiswerter beziehen können.[5]

Wir werden uns in Zukunft dauernd zwischen der realen und virtuellen Welt hin und her bewegen, werden unsere Vorstellungen und Wünsche in einem Augenblick realisieren. Die virtuelle Welt wird uns bei unserem Drang nach Vergleichzeitigung der Vorgänge in unserem Leben kräftig unterstützen.

Bisher kann nur das den Augen und Ohren Zugängliche virtuell dargestellt werden. Unsere anderen Sinnesorgane vermitteln ähnliche (elektrochemische) Impulse – nur an andere Regionen des Gehirns. Indem wir entsprechende Impulse von außen generieren, werden wir auch körperhaft fühlen, schmecken und riechen können und können damit die reale Welt völlig durch

5 Schieb, Jörg: Stadt im Netz; CHIP (Würzburg) (1995), Nr. 5, S. 148–150.

eine virtuelle ersetzen.[6] Wir können dann unsere Welt nach Bedarf wechseln und unserer Sucht nach größtmöglicher Abwechslung frönen.

Aber auch hierbei werden wir nicht stehen bleiben. Unsere Begrenztheit wird uns schmerzlich durch unsere Unwissenheit und, damit verbunden, unsere Informationslücken bewußt. Um diese Informationslücken aufzufüllen, bedarf es des Lernens, eines zeitintensiven Vorgangs. Wer wenig weiß, erlebt auch wenig! Wenn erst die Verbindung unseres Hirns, das sich elektrochemischer Vorgänge bedient, mit externen Rechnern gelingt, werden wir über Wissen verfügen, ohne uns dem zeitgebundenen Streß des Lernens unterworfen zu haben.[7] Wir können uns dann in allen Sprachen unterhalten, verstehen auch komplizierte mathematische Vorgänge, erleben Musik aufgrund unserer Harmonielehre-Kenntnisse viel tiefgreifender.

Der Mensch auf der Suche nach seiner Entgrenzung! Er ist weit gekommen und wird noch Erstaunliches erfahren. Und dennoch: Er bleibt ein Gefangener des Raumes und der Zeit. Im Vergleich zu früher hat er unendlich viel mehr hineingepackt – und stößt dabei auf ein interessantes Phänomen. Sein nur noch kurzweiliges Leben verliert gleichsam die Zeit aus den Augen. Er fragt sich, wo die Zeit geblieben ist, sie gibt sich ihm nicht mehr zu erkennen. Erschrocken stellt er fest, wieviel er auch hineinpackt, wie stark er mit der Vergleichzeitigung aller Dinge erfolgreich war, irgendwie bleibt alles irrelevant. Seinen verzweifelten Wunsch nach Rückbesinnung auf die eigenen Wurzeln, die Sehnsucht, sich eingebunden zu wissen in einem größeren Zusammenhang, kann er nicht erfüllen. Wir reisen auf der Datenautobahn nach Tokio und surfen im Internet bis Togo. Die Welt wird

6 Strauss, Holger: SCATIS – virtuelle Eindrücke für Gehör und Tastsinn; Spektrum der Wissenschaft (1995), Nr. 10, S. 18–19, 22.

7 Fromherz, Peter: Interfacing Neurons and Silicon by Electrical Induction; Ber. Bunsenges. Phys. Chem. 100 (1995), No. 7, S. 1093–1102.

kleiner, und die Sehnsucht wächst. Je kürzer wir uns fassen und je mehr wir in unsere Lebenszeit hineinpacken, desto vielgestaltiger aber auch unbeantwortbarer wird das Fragenbündel: Wer bin ich, und wo komme ich her? Was ist Sinn und Ziel meines Daseins?

II. Zeitspannung

Unternehmens-Identität und Stil

Klaus Backhaus/
Holger Bonus

»Menschen gehen durch ein ganzes Leben, durch Zeit und Raum; sie wechseln den Arbeitsplatz, gehen neue Partnerbeziehungen ein; sie verändern sich in ihren Bedürfnissen und Überzeugungen, und ihr Verhalten mag von einer Situation zur nächsten höchst unterschiedlich sein. Und doch wissen sie um ihre eigene Kontinuität, und doch erleben sie sich im Wandel der Zeiten und im Fluß der Geschehnisse noch immer als die gleiche Person ... Jeder Mensch stellt für sich die einzige ›Invariante‹ im Angesicht von Wandel und Veränderlichkeit über die Zeiten hinweg dar«.[1]

Diese »Invariante«, die wir mit Müller als menschliche Identität oder Ich-Identität bezeichnen,[2] erleichtert unser soziales Zusammenleben gerade in Zeiten immer größerer und diskontinuierlicher Entwicklungsschübe in unserer Umwelt, speziell in Technik und Wissenschaft. Vielleicht ist Identität sogar die Institution, die uns in turbulenter werdenden Zeiten Überleben überhaupt erst ermöglicht.[3] Woran liegt es, daß Turbulenz zugleich Invarianz erfordert?

Je schneller technische Entwicklungen in marktreife Produkte umgesetzt werden, um so weniger ist der einzelne in der Lage,

1 Filipp, S.H. (1983), Vorwort zu: Hausser, K., Identitätsentwicklung, New York 1983, S. 10.

2 Müller, Werner R. (1981), »Führung und Identität«, Bern, Stuttgart 1981 und ders. (1987), »Identität und Führung«, in: A. Kieser, G. Reber, R. Wunderer (Hrsg.), Handwörterbuch der Führung, Stuttgart 1987 Sp. 1097ff. Vgl. auch Erikson, Erik, H. (1970), Identität und Lebenszyklus, New York 1970, S. 12ff.

3 Bonus, H.(1995), »Europäische Identität aus ökonomischer Sicht«, S. 75–77 in: W. Henrichsmeyer, K. Hildebrand, B. May (Hrsg.), Auf der Suche nach europäischer Identität, Bonn 1995.

Vor- und Nachteile dieser Entwicklungen für sich und die Gesellschaft beurteilen zu können. Er muß sich in seinem Urteil auf die Urteile anderer verlassen, von denen er annehmen kann, daß sie mehr von der Sache verstehen.[4] Das kann jedoch schiefgehen. Ein trauriges Beispiel liefert das Unglück von Eschede. Hochgeschwindigkeitstechnik auf der Schiene galt bisher als unproblematisch – bis uns die Realität eines besseren belehrt hat. Die Folgen für die Deutsche Bahn AG werden viel dramatischer sein als die in Zahlen ausgedrückten zusätzlichen Kosten und die entgangenen Erlöse: Hochgeschwindigkeitstechnik wird generell hinterfragt werden. Ist die Technik zu unbedacht und damit zu schnell eingeführt worden? Ist das alte Schienensystem mit konventionellen Weichen den neuen Geschwindigkeitsdimensionen überhaupt gewachsen?

Wieder einmal ist deutlich geworden, daß man nicht allen Expertenurteilen gleichermaßen trauen kann. Das gilt in allen Bereichen: Wie wichtig ist denn wirklich die Schutzwürdigkeit eines Feuchtbiotops, das der Verlängerung einer Flughafen-Startbahn Platz machen soll? Rein quantitativ betrachtet sind drei Gutachten für die Verlängerung der Startbahn, zwei halten die Erhaltung des Biotops für dramatisch wichtiger. Oder haben wir den Beteuerungen der Atomwirtschaft nicht viel zu lange geglaubt, daß die Castor-Transporte unbedenklich seien?

Je mehr wir auf die Glaubwürdigkeit von Expertenurteilen angewiesen sind, um so wichtiger wird die Identität der Experten, die im »Wechsel der biographischen Zustände und über verschiedene Positionen im sozialen Raum hinweg die Kontinuität und Konsistenz sichert« und damit belastbare Zuordnungen ermöglicht.[5] Dem

4 Vgl. Bonus, H. (1998a), »Wenn die Vertrauensbildung zum Schlüsselfaktor wird – Kulturökonomische Überlegungen zum Wirtschaftsstandort Deutschland«, Neue Zürcher Zeitung Nr. 146, 27./28. Juni 1998, S. 61.

5 Vgl. dazu Bonus H./Ronte D. (1997b), »Credibility and Economic Value in the Visual Arts« in: Journal of Cultural Economics 12/1997. Döbert, R./Habermas, J./Nunner-Winkler, G. (1980) (Hrsg.), Entwicklung des Ichs, 2. Aufl. Königstein i.T. 1980.

Experten mit einer bestimmten Sozialisation und Geschichte ordnet man aufgrund seiner Identität eine bestimmte Individualität zu. So wird man von einem Künstler eher Exzentrizität und Phantasie als von einem Beamten erwartet, und es hat relativ lange gedauert, bis deutlich wurde, daß die Identität der Ärzte nicht nur durch Hilfsbereitschaft und Sorgfalt, sondern auch durch Einkommensmotive geprägt ist.[6]

Die Frage nach Identität ist gerade heute von besonderer Aktualität, weil wir in einer unüberschaubarer gewordenen Welt eine Vertrauensbasis brauchen, von der es abhängt, ob die Aussagen von Experten für uns glaubwürdig sind oder nicht. Ich-Identität hat Stabilität und ist somit belastbar. Sie kann nicht wie ein Anzug den Gelegenheiten angepaßt werden. Sie unterliegt keinen Modetrends und grenzt opportunistisches Verhalten ein – wenn wir Opportunismus als das Fehlen verläßlicher Normen und Werte interpretieren.[7] Jemandem mit ausgeprägter Identität kann man vertrauen, weil er über verläßliche Werte und Normen verfügt – nicht aber jemandem ohne Ich-Identität, bei dem man nie wissen kann, woran man ist mit ihm.

Ich-Identität wird im Laufe der Zeit (langsam) erworben. Sie ist Ausdruck verinnerlichter Normen und Werte, für die ein Individuum steht. Seine Ich-Identität erwirbt der einzelne in seinem sozialen Umfeld, dessen Werte und Normen ihn prägen. Gruppen von Individuen mit evolviertem gemeinsamen Selbstverständnis, mit einem *Wir-Gefühl*, das sich aus innerer Verbundenheit mit den Werten und Normen der Gruppe ergibt, entwickeln eine *Gruppenidentität*, welche der Gruppe inneren Halt gibt und nach außen ähnlich wirkt wie die Ich-Identität eines

6 Vgl. auch KRAPPMANN, L. (1988), Soziologische Dimensionen der Identität: Strukturelle Bedingungen für die Teilnahme an Interaktionsprozessen, Stuttgart 1988, S. 7.

7 Zum Opportunismus in ökonomischer Sicht vgl. etwa WILLIAMSON, O.E. (1985), The Economic Institutions of Capitalism, New York 1985, S. 47–49.

Menschen.[8] Wenn es sich bei der Gruppe um die Menschen eines Unternehmens handelt, entsteht auf diese Weise eine *Unternehmenidentität*, die von ebenso grundlegender Natur ist wie die Ich-Identität eines Individuums. Unternehmensidentität ist eine fundamentale Institution,[9] die sich langsam herausbildet und – wie alle fundamentalen Institutionen – schwer zu beeinflussen ist. Wenn wir mit *Edgar Schein* mehrere Schichten von Unternehmensidentität wahrnehmen, so besteht ihr Kern im *kulturellen Paradigma* des Unternehmens. »This patterning of basic assumptions, or the cultural paradigm, becomes the deepest and most strongly held level of culture because of the human need for consistency and order«.[10] Während die äußeren Schichten der Identität modifiziert werden können – solange die Änderungen durch das kulturelle Paradigma gestützt werden –, ist das Paradigma selbst resistent gegen Beeinflussungen. Es handelt sich um die innerste Vision des Unternehmens von sich selbst. Die Genese von Unternehmensidentität ist ein pfadabhängiger Prozeß, der in evolutorischen Sackgassen enden kann.[11]

Von fundamentalen Institutionen unterscheiden wir mit *Dietl* sekundäre Institutionen.[12] Letztere sind dem Zugriff des Managements zugänglich. Beispiele wären etwa der organisatorische Aufbau oder die Logistik eines Unternehmens. Allerdings können sich ursprünglich sekundäre Institutionen so sehr verfestigen, daß sie, zum Beispiel als *Traditionen*, nunmehr fundamentaler Natur werden und nicht mehr direkt zu gestalten sind. So

8 Vgl. den Abschnitt »Identität und Unternehmenskultur« in Bonus, H. (1998b), »Die Langsamkeit von Spielregeln« im vorliegenden Band, S. 48ff.

9 Vgl. dazu Dietl, H. (1993), Institutionen und Zeit, Tübingen 1993, S. 71ff. und Bonus, H. (1995), a.a.O., S. 78–81.

10 Schein, E. (1985), Organizational Culture and Leadership – A Dynamic View, San Francisco 1985, S. 244.

11 Zur Pfadabhängigkeit vgl. North, Douglass C. (1990), Institutions, Institutional Change and Economic Performance, Cambridge, New York 1990, S. 93ff.

12 Dietl, H. (1993), a.a.O., S. 71ff.

mag ein Unternehmen durch und durch bürokratisch geworden sein und dadurch an Flexibilität eingebüßt haben. Auch noch so brutal angelegte Reengineering-Programme vermögen dies nicht zu verändern, wie die Vielzahl empirischer Beispiele für gescheiterte Reengineering-Projekte belegt.

Wie an anderer Stelle in diesem Buch ausgeführt,[13] müssen sich sekundäre Institutionen im Unternehmensbereich auf die Identität des Unternehmens stützen, wenn sie wirksam sein wollen. Von einer *gespaltenen* Unternehmenskultur sprechen wir, wenn sekundäre und fundamentale Institutionen miteinander in Konflikt liegen. Besonders interessant ist der Fall des *identitätslosen Unternehmens*, dessen Identität sich im Laufe der Zeit aufgelöst hat. Ein solches Unternehmen hat keine Vision mehr von sich selbst, seinen Mitarbeitern fehlt das Wir-Gefühl, gemeinsame Normen und Werte gibt es nicht mehr. Ein solches Unternehmen steht für nichts.[14] Früher oder später verliert es seine Orientierung und verfolgt einen unklaren Kurs. Seine Konturen verschwimmen, ihm fehlt das Besondere. Für seine Mitarbeiter ist es nicht mehr attraktiv, da sie für nichts einstehen können. Eine Zukunft hat das identitätslose Unternehmen nicht, da es als Partner nicht verläßlich sein kann.

Für potentielle Geschäftspartner, die in eine Beziehung spezifisch investieren müssen, ist die Identität eines prospektiven Partners von größter Bedeutung. Sie müssen sich darauf verlassen können, daß er *Wort hält*, weil sie Kapital binden müssen, das ganz oder teilweise verlorengehen könnte, wenn sich der Partner später als nicht kooperativ erweist. Ähnlich wie in der Ehe muß man sich vorher der Identität des Partners vergewissern; wenn man sich erst einmal festgelegt hat, ist es dafür zu spät. Auch alle späteren »Heilungsversuche«, bei denen ein Ehepartner versucht, den anderen so zu verändern, daß er seiner Identitätsvorstellung

13 Vgl. Bonus, H. (1998b), a.a.O., S. 48ff. im vorliegenden Band.
14 Vgl. hierzu Bonus, H. (1995), a.a.O.

entspricht, sind zum Scheitern verurteilt. Der Partner kann seine Vergangenheit nicht ablegen und sie nicht einfach einer neuen Konfiguration anpassen. Dabei müßte er sich selbst aufgeben.

Was für die Ehe gilt, trifft auch auf andere Koalitionen zu. Warum legt ein Zulieferant die Automobilproduktion von Ford für ein paar Tage still, obwohl er prinzipiell lieferfähig ist? Die Zeitungen spekulieren öffentlich darüber : »Normalerweise rollt bei *Ford* in Köln jede Minute ein Fiesta vom Band. Doch was war in den vergangenen Tagen schon normal bei Ford? Weil eine Lieferung Türschlösser der mittelständischen *Kiekert AG* ausblieb, mußte der Autogigant seine Produktion für mehrere Tage unterbrechen. Nun drohen Einnahmeausfälle in dreistelliger Millionenhöhe. Ob die Lieferprobleme bei Kiekert durch einen Softwarefehler ausgelöst wurden, oder ob das Unternehmen aus Heiligenhaus Druck auf laufende Verhandlungen über Folgeaufträge ausüben wollte, wie Branchenexperten vermuten, ist noch offen«.[15]

Es mehren sich die Anzeichen dafür, daß der Automobilfabrikant in der Vergangenheit Maßnahmen ergriffen hatte, die zwar im Trend der Zeit lagen, zugleich aber das Selbstverständnis des Zulieferers, seine Identität, so schwerwiegend angegriffen haben, daß dieser nunmehr zurückschlägt. Identität wirkt als Konstante stabilisierend in einer Welt, die Werte als jederzeit austauschbar zu handhaben versucht. Wer das versteht, weiß auch, daß identitätslose Partner keine guten Partner sind, weil sie für nichts stehen.

Nun wird sich das identitätslose Unternehmen als solches nicht ohne weiteres zu erkennen geben, da es sonst nicht länger ins Geschäft kommen könnte. Vielmehr wird es Tarnung suchen, also *vorgeben*, von ausgeprägter Identität zu sein. Es mag eigens eine Unternehmensberatung damit beauftragen, ihr eine passen-

15 Brors, P. (1998), »Wird der Lopez-Effekt zur Falle für die Hersteller?«, Handelsblatt v. 18. Juni 1998, S. 16.

de Corporate Identity zurechtzuschneidern, von der räumlichen Gestaltung der Eingangshalle über das Lächeln des Portiers bis hin zur Meldung der Sekretärinnen am Telefon. Die Mitarbeiter werden entsprechend trainiert. Alles wird auswendig gelernt, einstudiert und oft geprobt, bis es sitzt. Wenn die Unternehmensberatung professionell vorgeht, wird in dieser künstlichen Vision alles zueinander passen, Inkonsistenzen sind eliminiert. Gleichwohl ist das Unternehmen nach wie vor identitätslos, weil seine Mitarbeiter an die neuen Werte nicht glauben, es besser wissen und täglich anders verfahren. Propagierte und nur vorgespielte Normen und Werte bleiben buchstäblich unverbindlich. Die oktroyierte Unternehmensphilosophie verwächst nicht mit dem sozialen Körper des Unternehmens, sie ist ihm übergestülpt und kann jederzeit abgelegt werden. Wenn es später einmal darauf ankommt, kann man mit einem solchen Geschäftspartner üble Erfahrungen machen. Der US-amerikanische Präsident Abraham Lincoln hat das Problem auf den Punkt gebracht: »You can fool some people all of the time. You can fool all people for some time. But you can't fool all the people all of the time.«

Identität als fundamentale Institution kann nicht auf dem Reißbrett *gemacht* oder manipuliert werden. Sie ist das Resultat von Geschichte und steht zu niemandes Disposition, auch nicht der eigenen.[16] Schon gar nicht ist sie ein »Kommunikationsprogramm«, mit dessen Hilfe man »in zehn Arbeitsschritten die eigene Identität finden und umsetzen kann«.[17] Sie wächst nur langsam und kann verlorengehen. Menschen wie Unternehmen ändern sich im Zeitablauf. Um sich selbst gleich bleiben zu können, muß man sich wandeln. Nicht die Unwandelbarkeit von

16 Vgl. LÜBBE, H. (1979), »Zur Idee der Historie«, S. 277–292 in: O. MARQUARD, K. STIERLE (Hrsg.), Identität – Politik und Hermeneutik, Arbeitsergebnisse einer Forschungsgruppe VIII, München 1979, S. 280; ebenda, S. 280f.

17 ACHTERHOLT, G., Corporate Identity: In zehn Arbeitsschritten die eigene Identität finden und umsetzen, 2. Aufl., Wiesbaden (1991).

Werten und Normen macht also Identität aus, sondern die Gewißheit eigener Konstanz inmitten des Wandels. In diesem Sinne kommt es auf *Integrität* an. Die Veränderungen verinnerlichter Werte und Normen müssen allerdings hinreichend *langsam* erfolgen, damit eine sich wandelnde Persönlichkeit von sich selbst und anderen als gleichbleibend und verläßlich erlebt werden kann. Wenn es zu schnell geht, wird es leicht unglaubwürdig.

Es gibt Ausnahmen. Ein Saulus, der zum Paulus wird, muß diesen raschen Wandel so vollziehen, daß er *glaubhaft* wird. Der Außenwelt muß überzeugend deutlich werden, daß ein spektakuläres Ereignis die *Vision des Saulus von sich selbst* durchgreifend verändert hat, was der Namenswechsel symbolisiert. Wodurch überzeugt Paulus? Offenbar durch schlüssigen Stil: was er sagt und wie er es tut, Tonfall und Körpersprache müssen in sich *stimmig* sein, eines muß zum anderen passen. – Identitätswandel ist Vertrauenssache, da er von der Umwelt mitvollzogen und anerkannt werden muß. Gesundes Vertrauen aber ist nicht blind, sondern beruht auf der Erfahrung, daß jemand in der Vergangenheit Gelegenheiten nicht wahrnahm, den eigenen Vorteil in opportunistischer Weise zu verfolgen.[18] Daraus schließt man, daß er stabile Werte und Normen verinnerlicht hat, die sein Verhalten auch künftig bestimmen werden. Wenn es aber darum geht, *gewandelte* Identität zu signalisieren, gelten insoweit neue Werte und Normen, deren Verläßlichkeit man noch nicht erfahren konnte. Kommt der Wandel ohne überzeugende Gründe abrupt, so steht die Umwelt buchstäblich vor einem Rätsel und wird kein Vertrauen entwickeln können. Da man einen Identitätswandel nicht objektiv beobachten kann, kommt es für das Vertrauen der Außenwelt auf Stil an.[19]

Unter *Stil* verstehen wir das besondere, unverwechselbare Grundmuster, das bei allen Veränderungen stets erkennbar bleibt.

18 Vgl. LUHMANN, N. (1973), Vertrauen – Ein Mechanismus der Reduktion sozialer Komplexität, Stuttgart, 2. Aufl. 1973.

19 Vgl. dazu BONUS, H. (1998a), a.a.O.

Stil ist das Resultat eines überzeugenden und stimmigen Entwurfs von sich selbst; man folgt einer inneren Vision, die nicht willkürlich montiert ist, sondern in der Identität verankert ist. Stil kann man ebensowenig *fabrizieren* wie Identität. Wenn »die Form die Kontur des Inhalts« ist, läßt sich Stil von Identität nicht ablösen. »Was ein Gebilde nicht von innen durchdringt, kann man ihm von außen nicht aufprägen«.[20] Stil ist eine jener Erscheinungen, die man nicht auf direktem Wege ansteuern, sondern nur als Nebenfolge (*by-product*) von etwas anderem erreichen kann (in diesem Falle von Identität). Es handelt sich um »... states that cannot be brought about intelligently and intentionally«.[21] Stil ist die unwillkürliche Ausstrahlung von Identität. Demgegenüber ist die Fassade einer fabrizierten *Corporate Identity* eine Fälschung, die nicht hält, was sie verspricht, und auf die man nicht hereinfallen darf.

Wie aber identifiziert man Fälschungen? Wie kann man herausbekommen, ob eine vorgezeigte Identität echt ist oder nicht? Fälschungen entlarven sich durch stilistische Unstimmigkeit.[22] *Phrasen* (d.h. inhaltsleere Behauptungen) erkennt man am Mißverhältnis zwischen Ton und Inhalt.[23] Wenn die Mitarbeiter etwas vorspielen müssen, das ihnen fremd ist, werden ihnen Stilfehler unterlaufen. Da sie anders empfinden, als sie sich darstellen, werden sich ihre eigentlichen Gefühle und Auffassungen unwillkürlich in Körpersprache und Gesten, durch falsches Betonen und durch Versprechen verraten. Wenn der Sprecher einer

20 REINERS, L. (1943), Stilkunst – Ein Lehrbuch deutscher Prosa, München 1943, S. 48.

21 ELSTER, JON. (1983), Sour Grapes: Studies in the Subversion of Rationality, Cambridge, London 1983, S. 56; vgl. auch RONTE D./BONUS, H. (1993), »Werbung«, S. 251, Hamburger Jahrbuch für Wirtschaft- und Gesellschaftspolitik 38, 1993, S.243–259.

22 Vgl. BONUS H./RONTE, D. (1997a), Die Wa(h)re Kunst , 2. Aufl., Stuttgart 1997, S. 229 – 234.

23 REINERS, L. (1943), a.a.O., S. 169.

großen deutschen Bank Millionensummen, um die mittelständische Unternehmen durch ihre Mitschuld geprellt wurden, kurzerhand als *peanuts* abtut, macht er damit unwillentlich klar, daß der Bank solche Kunden nicht besonders am Herzen liegen. Wenn ein Industrievertreter auf Podiumsdiskussionen die Möglichkeit eines *Waldsterbens* summarisch abtut, ohne auf entgegenstehende Evidenzen einzugehen, beweist er damit ein bedenkliches Fehlen von Sensibilität und Nachdenklichkeit, auf die es im Umgang mit der Natur aber gerade ankommt. Er zerstört so die Glaubwürdigkeit der Industrie insgesamt – selbst wenn er objektiv im Recht ist, was das Waldsterben angeht. Falscher Stil entlarvt den Lügner; und einem Lügner glaubt man besser nicht.[24]

Als es auf dem Gelände der Firma Ciba Geigy in Schweizerhalle zu einem spektakulären Unfall kam, in dessen Verlauf das Rückhaltebecken durch Löschwasser überflutet wurde und Gifte in den Rhein gelangten, gab es ein riesiges Medienecho. Wenige Tage darauf hielt der Verband der deutschen Chemiker – das Bindeglied zwischen Chemischer Industrie und Hochschullehrern der Chemie – seine Jahrestagung ab. Während des informellen Abendessens drehten sich alle Gespräche um diesen Unfall. Auf der Tagung selbst wurde das Ereignis jedoch mit keinem Wort erwähnt. Zufällig fiel ein Referent aus; und das hätte Gelegenheit zur Aussprache über den Unfall gegeben, der alle bewegte. Statt dessen wurde eine Multimedia-Show über die Sicherheitsvorkehrungen eines großen Unternehmens der Chemischen Industrie gegeben. Tenor: Es kann überhaupt nichts schiefgehen! Auf diese Weise bewies die Industrie – entgegen ihrer eigenen Intention –, daß sie bei Gefahr dazu neigte, angestrengt wegzusehen, was nun in der Tat beunruhigen mußte.

Solche Stilfehler verraten viel über die wahre Identität der Akteure: Schlechter Stil zeigt plastisch, daß hinter der Fassade von Wohlanständigkeit etwas nicht stimmt. Thomas Manns

24 Vgl. Bonus H. (1998a), a.a.O.

Hochstapler Felix Krull spricht vom »zart Schwebenden« seiner Existenz. In seiner »Unwirklichkeit« ist es ihm nicht erlaubt, »es mit der Wirklichkeit aufzunehmen« und etwa um seine Geliebte Zouzou zu freien. Krull, mit feinem Stilempfinden ausgestattet, kennt die möglichen Folgen seiner Verstellung und beachtet sorgfältig die Restriktionen, die sich daraus ergeben. Er ist ein Betrüger *mit Stil*, den man über stilistische Fehler nicht ertappen wird. Krull ist nur er selbst, wenn er in eine fremde Existenz hineinschlüpft; in einem bürgerlichen Leben wäre er *nicht er selbst*. Indem er sich verstellt, offenbart er seine wahre Identität. Er *ist* tatsächlich die Figur, die er gerade darstellt; und deshalb ist sein Stil makellos. Sonst aber erkennt man den Betrüger an Stilbrüchen, wie sie sich ergeben, wenn *Worte aus einer falschen Stilschicht* verwendet werden.[25]

Ludwig Reiners Buch *Stilkunst* stützt sich auf ein Zitat *Nietzsches*: »Den Stil verbessern – das heißt den Gedanken verbessern und nichts weiter!« Wer aber fehlerhaft denkt, schreibt schlechten Stil, so *Reiners*, und ersetzt Einzelheiten durch Abschweifungen, welche die Leere verhüllen sollen. »*Phrasen* umlauern uns überall ..., wo ein Schwindel angestellt werden soll«.[26] Dabei liegt das Wesen der Phrase für *Reiners* nicht im Wortlaut, sondern im *Mißverhältnis* zwischen Ton und Inhalt. Im Redemanuskript eines Bundestagsabgeordneten soll sich als Regie-Hinweis die Bemerkung gefunden haben: »hier Stimme heben, da Argument schwach!« Hingegen lebt Stil nach *Reiners* vom Opfer, vom *Weglassen*, er ist »Kind des Rotstifts«.[27]

Wie also entlarvt man das identitätslose Unternehmen mit gefälschter Corporate Identity? Der Fälscher weiß nicht, was er weglassen soll, da der Kern fehlt, auf den er sich zu beschränken hätte. Darzustellen ist eine Identität, die es in Wahrheit nicht gibt.

25 Vgl. Reiners, L. (1943), a.a.O., S. 211.
26 Reiners, L. (1943), a.a.O., S. 169.
27 Reiners, L. (1943), a.a.O., S.254.

Also muß er die Leere verhüllen. Da die Hülle bereits alles ist und es sonst nichts gibt, gilt es die Hülle zu verteidigen. Es gibt keinen Kern, auf den man sich zurückziehen könnte, um Unwesentliches streichen zu können. Alles ist gewissermaßen gleich wichtig. Die Folge sind Phrasen, die der Realität nicht standhalten. Also muß man das vom prospektiven Partner Vorgezeigte auf Phrasen abklopfen, um seine Identität auf Echtheit zu prüfen.

In der unternehmerischen Realität scheitern viele Corporate Identity-Programme genau an solchen Stilfragen. Mitarbeiter haben offenbar ein feines Gespür dafür, wann das Management Phrasen drischt und wann nicht. In bleibender Erinnerung sind die Äußerungen eines Vorstandsmitglieds der Volkswagen AG anläßlich der Vorstellungsrede des gerade neu berufenen Einkaufschefs Lopéz: »Der Vortrag dauerte ungefähr drei Stunden. Nach zwei Stunden habe ich mich gefragt, was ist an seinen Konzepten eigentlich neu, das ist doch alles längst bekannt. Am Ende wurde mir aber klar: der meint es ernst.«

Hier wird dramatisch der Unterschied zwischen Rolle und Identität deutlich. Wie Schauspieler schlüpfen Manager ständig in neue Rollen: tagsüber ist man der harte Einkaufschef, abends der smarte Gastgeber und am Wochenende der verständnisvolle Familienvater, der mit seinem Sohn zum Fußballspiel geht. Aber in alle diese Rollen nehmen wir jeweils unsere Identität mit, die unser Selbstverständnis im Kern ausmacht und bei ausgeprägter Identität einen Übergang vom rollenkonformen zum prinzipiengeleiteten Handeln ermöglicht.[28] Dabei sind Häutungen in der Regel nur sehr langsam möglich, so daß der Stil *glaubhaft* verändert wird. Das, was wir nicht wirklich für alle Interessierten nachweisbar (vor)leben, degeneriert statt dessen zur Phrase. Der Vorstandsvorsitzende, der stärkere Kundenorientierung proklamiert, sie aber nicht selbst lebt, wird als Phrasendrescher entlarvt. Keiner im Un-

28 Vgl. auch MARCIA, J. E., »Identity in Adolescence«, in: Handbook of Adolescent Psychology, hrsg. v. ABELSON, J., New York, 1980, S. 159ff.

ternehmen kümmert sich um seine Sprüche. Denn jeder weiß, daß morgen schon ein neues Schlagwort die vermeintliche Corporate Identity prägen kann. Die Aussagen ruhen nicht auf einem soliden Fundament, das sorgfältig und mit Bedacht errichtet wurde. Es sind eher potemkinsche Dörfer; Fassaden, die man heute abreißen und morgen durch neue ersetzen kann. Sie dokumentieren keine überdauernden Werte, auf die man bauen kann.

Solches stillose Phrasengedresche findet sich auch häufig in Politikerreden. Fritz J. Raddatz hat in DIE ZEIT, Nr. 23, 1998, unter dem Stichwort »Der Patriarch« das Phrasengestammel der Kohlschen Parteitagsrede analysiert. Und in einem Leserbrief in der Nr. 26 werden die Phrasen nochmals enttarnt: »Am 3. Mai 1998 hat Bundeskanzler Kohl zum Abschluß der Sondertagung des Rates der Europäischen Union in Brüssel vor der Presse eine Erklärung abgegeben. Ich habe den Text im Bulletin des Presse- und Informationsamtes der Bundesregierung nachgelesen, weil ich mir kurze Informationen über die Beschlüsse erhoffte. Was mir geboten wurde, war der übliche ›nasse Lappen‹ (Fritz J. Raddatz) der Kohlschen Redeweise.«

»Man kann jeden Satz der Erklärung durchgehen: es ist stets dasselbe Bild. Nehmen wir ein ›schönes‹ Zitat zur Hand: ›Unsere Antwort heißt, daß wir in Brüssel ... das regeln und entscheiden, was man in Europa und in Brüssel am besten, auch bürgernah, tun kann.‹ Ich weiß mir's nicht in Sinn zu übersetzen, kann höchstens mit der Schlußformel des Kanzlers ausdeuten: ›... wir in der Bundesregierung in all dieser Zeit ganz klar ..., mit großer Entschiedenheit ... insbesondere ich selbst ...‹ Klarer geht es nicht. Der Herr hat gesprochen.«

Das Ergebnis: Eine aufgeblasene Hülle ohne bleibenden Kern. Auch eine Identität?

Manchmal werden die Phrasen allerdings auch für bare Münze genommen. Insbesondere dann, wenn andere Identitäten vermutet werden. So schmiegt sich in der bildenden Kunst ein Fälscher zeitgemäßem Wertempfinden genau an und unterläuft so das Stilempfinden der Zeitgenossen, die sich im Artefakt wiederfinden und Phrasen nicht als solche erkennen. Gezielt beantwortet der Fälscher die im Augenblick gestellten Fragen. Aber das gefälschte Artefakt wächst nicht mit der Zeit, es kann nicht Schritt halten mit neuen Entwicklungen; spätere Fragen kann es nicht beantworten. Sein Wert zerbricht an Falschheit[29] – Ähnlich ist es in manchen Fällen mit gefälschter Identität. Sie entspricht dem Zeitgeist und mag deshalb vorübergehend für echt gehalten werden. Aber der Zeitgeist ändert sich rasch; und jetzt wird die Falschheit der vorgespiegelten Identität offenbar. Die Antworten von gestern wirken heute lächerlich. Wahre Identität wandelt sich, sie wächst mit der Zeit, weil sie die unwillkürliche Äußerung von etwas Lebendem ist, das Fragen immer wieder neu stellt und beantwortet.

Große Unternehmer werden sich durch sicheres Stilempfinden auszeichnen und identitätsstarke Unternehmen Stil haben. Demgegenüber werden identitätslose Unternehmen auch stillos sein. Man kann die Zusammenhänge zwischen Kunst, Stil, Kultur und Unternehmenskultur noch weiter ziehen. Das Unternehmen bewegt sich in einem kulturellen Umfeld. Sein Erfolg hängt nicht alleine davon ab, daß die Mitarbeiter gut rechnen und verkaufen können. Das Unternehmen muß seine Umwelt mit offenen Augen wahrnehmen. Kunst aber ist ein Seismograph, sie offenbart geistige und politische Entwicklungen oft lange, bevor sie sich in der Realität niederschlagen. Das Unternehmen muß seine Sinne für das schärfen, was vorgehen wird, sich von ferne ankündigt; denn dies wird sich später auch im eigenen wirtschaftlichen Umfeld niederschlagen. Ein Unternehmen, das solches Gespür kultiviert und kulturelle Entwicklungen bewußt verfolgt, wird die erworbene Sensibilität der Zukunft gegenüber später auch in geschäftliche Erfolge umsetzen.

29 Bonus H./Ronte D. (1997a), a.a.O., S. 234–245.

Die Langsamkeit von Spielregeln

Holger Bonus

Fundamentale und sekundäre Institutionen

Was ist eine *Institution*? Die Neue Institutionenökonomik, der ich hier folgen möchte, sieht in ihr einen Satz von Regeln und Normen – seien sie förmlich oder informell –, die mit Sanktionen für den Fall von Verstößen bewehrt sind.[1] Der Nobelpreisträger *Douglass C. North* vergleicht Institutionen mit Spielregeln.[2] Denken Sie sich ein Fußballspiel, in dem die Regeln während des Spiels fortwährend geändert würden. Das wäre nicht gut; die Spieler würden kaum noch spielen, sondern am Rande des Spielfeldes stehen und darüber palavern, welche Regeln gelten sollen. Damit das Spiel zügig ablaufen kann, müssen die Regeln während des gesamten Spiels die gleichen bleiben. Auf die Regeln muß Verlaß sein; und dazu müssen sie Bestand haben. Zwar werden die Regeln hier und da geändert; aber das Tempo, in dem dies geschieht, muß wesentlich *langsamer* sein als der eigentliche Spielverlauf.

Ein Blick auf die Sprache verdeutlicht, worum es geht. Die »Institution« wurzelt sprachlich im lateinischen *instituere*, was so viel heißt wie aufstellen. Die Statue, einmal am Ort, bleibt ste-

1 Vgl. NORTH, D.C. (1981), Structure and Change in Economic History, New York, London 1981, S. 201f.; RICHTER, R. (1990), Sichtweisen und Fragestellungen der Neuen Institutionenökonomik, in: Zeitschrift für Wirtschafts- und Sozialwissenschaften 110, 1990, S. 571–579; SCHMIDTCHEN, D. (1993), Neue Institutionenökonomik internationaler Transaktionen, in: SCHLIEPER, U./SCHMIDTCHEN, D. (Hrsg.), Makro, Geld & Institutionen, Tübingen 1993, S. 57–84.

2 Vgl. NORTH, D.C. (1990), Institutions, Institutional Change and Economic Performance, Cambridge, New York 1990, S. 3.

hen, und zwar für lange Zeit; gerade dafür ist sie geschaffen. *Institutionen* also wandeln sich nicht – oder doch nur langsam. Sie prägen sich ein und ermöglichen so Kontinuität, Verläßlichkeit, sei es im Guten oder im Schlechten. Institutionen etablieren Nebenbedingungen für menschliches Handeln und sind damit eminent ökonomischer Natur; denn Ökonomie ist nicht zuletzt die Kunst des Handelns unter Restriktionen. Durch ihr verläßliches *Stehenbleiben* begrenzen Institutionen die Ungewißheit der Welt.

Dietl macht die glückliche Unterscheidung zwischen fundamentalen und sekundären Institutionen.[3] Fundamentale Institutionen sind das Ergebnis langjähriger Evolutionsprozesse und nicht rational zu planen. Ein Beispiel wäre das Rechtsempfinden. Das können wir nicht fabrizieren; wir finden es vor und müssen damit leben. Auch das Rechtsempfinden wandelt sich, was zu Umwälzungen im Alltag führen kann – man denke etwa an die durchdringende Verrechtlichung des Arbeitslebens. Aber solche Wandlungen erfolgen allmählich, eher unmerklich, sehr langsam.

Sekundäre Institutionen hingegen werden gemacht, oft im Hauruck-Verfahren, und mehr oder weniger gut in den durch fundamentale Institutionen vorgegebenen Rahmen eingebettet. Im geplanten Sinne bewirken können sekundäre Institutionen nur dann etwas, wenn sie durch fundamentale Institutionen unterstützt werden. Ein Gesetz etwa, das dem Rechtsempfinden zuwiderläuft, wird seinen Zweck nicht erreichen können. Eine Kollision zwischen fundamentalen und sekundären Institutionen führt zu gespaltenen Kulturen.[4] Denken Sie etwa an den Mezzogiorno, wo die Gesetze zwar stringent sind, aber nicht beachtet werden.

3 Vgl. Dietl, H. (1993), Institutionen und Zeit, Tübingen 1993, S. 71.

4 Vgl. Bonus, H. (1994), Das Selbstverständnis moderner Genossenschaften, Tübingen 1994, S. 9.

Institutionen überbrücken Zeiträume; und das können sie nur, wenn der Prozeß ihres Wandels hinreichend langsam ist. Sie wachsen aus der Geschichte (deswegen hat die Geschichte einen so großen Einfluß auf unser Leben), sie werden von der umgebenden Kultur geprägt und prägen wiederum diese. Fundamentale Institutionen – also jene, auf die wir kurzfristig kaum Einfluß haben – evolvieren. *Dietl* ist nun in Hayeks Tradition überzeugt von der *evolutorischen Effizienz* fundamentaler Institutionen.[5] Während sekundäre Institutionen stets der menschlichen Unvollkommenheit unterliegen, gehen für Dietl im Verlauf der Evolution aus negativen Selektionsprozessen immer die relativ effizienteren Institutionen hervor, die dann im weiteren Verlauf durch andere und *noch* effizientere ersetzt werden können.[6]

Aber diese im Gefolge *Darwins* gewachsene Überzeugung kann den bahnbrechenden Forschungsergebnissen von North nicht standhalten.[7] In einer arbeitsteiligen Wirtschaft ist es von zentraler Bedeutung, daß man sich auf Vereinbarungen verlassen kann, weil sonst die erforderlichen Koalitionen nicht entstehen, jene komplexen Verträge, ohne die eine moderne Ökonomie nicht funktionsfähig wäre. Gebraucht werden also Credible Commitments,[8] verläßliche Bindungen, die aber ihrerseits geeignete Institutionen voraussetzen.

Nun ist überhaupt nicht gesagt, daß solche Institutionen in der Tat evolvieren. Man kann fundamentale Institutionen eben

5 Vgl. DIETL, H. (1993), a.a.O., S. 92ff.
6 Vgl. DIETL, H. (1993), a.a.O., S. 94.
7 Vgl. NORTH, D.C. (1990), a.a.O.; NORTH, D.C. (1993), Institutions and Credible Commitment, in: Journal of Institutional and Theoretical Economics 149, 1993, S. 11–23. Der vorliegende Abschnitt stützt sich vor allem auf den letzteren Titel.
8 Vgl. dazu insbesondere NORTH, D.C. (1993), a.a.O., S. 11–23.

nicht nach Bedarf maßschneidern; und es mag geschehen, daß die falschen Institutionen evolvieren. Wenn dies geschieht – und das ist häufig genug der Fall – dann bleibt eine Wirtschaft hartnäckig das, was wir von unserem Standpunkt aus unterentwikkelt nennen. Die Geschichte zählt, so North – nicht nur, weil wir aus ihr lernen können, sondern vor allem, weil Gegenwart und Zukunft durch die Kontinuität gewachsener Institutionen mit der Vergangenheit zusammenhängen.[9] Daher werden unsere ökonomischen Entscheidungen von heute und morgen durch unsere Vergangenheit mitgeformt, ob wir es wollen oder nicht.

North untersucht beispielhaft für zwei Kulturkreise – den nord- und den lateinamerikanischen –, wie die für sie prägenden Institutionen in der Geschichte evolviert sind. Das ökonomische Schicksal eines Kulturkreises hängt davon ab, ob sich in ihm Institutionen herausbilden, die Kooperation begünstigen, oder ob das nicht geschieht. Wie wir bereits sahen, ist intensive Kooperation die Voraussetzung für wirtschaftliche Weiterentwicklung; und wenn ein dafür ungünstiges Klima entsteht, können die institutionellen Rahmenbedingungen Stagnation und Niedergang induzieren. Vor dem Hintergrund des zerfallenden Sowjetimperiums ist diese Analyse von unerhörter Aktualität.

Wie also kommt es, daß Ökonomien wie die USA und Lateinamerika sich so radikal anders entwickelt haben? Wir beobachten zwei verschiedene Entwicklungspfade, von denen der eine zu nachhaltigem wirtschaftlichem Erfolg führte, der andere in permanentes wirtschaftliches Scheitern. Kurz gesagt, kam es in den USA zu nachhaltigem Wirtschaftswachstum, weil von den evolvierenden institutionellen Rahmenbedingungen fortwährend Anreize ausgingen, sich in produktiven Aktivitäten zu engagieren, um dadurch die eigenen Chancen zu verbessern. Davon profitierte das Land insgesamt nachhaltig.

9 Vgl. North, D.C. (1990), a.a.O., S. VII.

Ganz anders sieht der Weg ins permanente ökonomische Scheitern aus, wie ihn neben Lateinamerika viele Länder der Dritten Welt gegangen sind und auf dem auch die Staaten der ehemaligen Sowjetunion zu wandeln scheinen. Hier sehen die institutionellen Rahmenbedingungen so aus, daß von ihnen immer neue Anreize ausgehen, sich in redistributiven (statt in produktiven) Aktivitäten zu engagieren – man denke an die Mafia –, Monopole (statt kompetitive Bedingungen) zu schaffen und die Möglichkeiten für den Einzelnen zu restringieren (statt sie auszudehnen). Solche institutionellen Rahmenbedingungen induzieren nur selten Bildungsinvestitionen, welche die Produktivität steigern würden. Auch hier werden die Beteiligten allmählich effizienter – aber eben nur darin, die Gesellschaft noch unproduktiver zu machen und die institutionellen Rahmenbedingungen noch ungünstiger zu gestalten, so daß produktive Aktivitäten immer stärker entmutigt werden.

Ein solcher Entwicklungspfad kann persistent sein. Der institutionelle Rahmen ist dann so gelagert, daß er eine Entwicklung in Richtung auf höhere Produktivität dauerhaft blockiert. Heute ist der weitaus größere Teil der Menschheit in solchen sich selbst perpetuierenden Fehlentwicklungen gefangen. Auch darin liegt Langsamkeit; aber jetzt legt sie sich lähmend auf das Land.

Für den ökonomischen Erfolg, so North, braucht man Institutionen, die anonyme, unpersönliche Tauschakte über Raum und Zeit erleichtern. Solche Institutionen evolvierten nach der Renaissance in den Niederlanden, in England und später in Nordwesteuropa. Sie evolvierten jedoch nicht in Spanien, in Afrika, in China und in Lateinamerika. Warum nicht?

Für North liegt der Schlüssel in der Möglichkeit zu Credible Commitments, zu wirklich glaubhaften, verbindlichen Festlegungen der Wirtschaftspartner auf bestimmte Verhaltensweisen. Nur dann nämlich, wenn man sich auf vertragliche Zusagen auch verlassen kann, ist eine arbeitsteilige Wirtschaft funktionsfähig. Ob sich aber die Akteure an Zusagen gebunden fühlen, hängt von den institutionellen Rahmenbedingungen ab. Damit förmliche Regeln tatsächlich wirken können, müssen sie durch entsprechende informelle Konventionen und Normen unterlegt sein (die im wesentlichen den fundamentalen Institutionen Dietls entsprechen). Es muß also eine in dieser Hinsicht günstige Kultur geben. Diese bildet gewissermaßen den Humus, auf dem eine Wirtschaft sich entweder entfalten kann oder aber nicht. Wenn förmliche und informelle Normen nicht zueinander passen, haben wir – wie bereits gesagt – eine gespaltene Kultur, als deren Resultat sich politische Instabilität einstellt.

Entwicklungshilfe bringt in solchen Fällen wenig. Das wohlmeinend hereingebrachte ausländische Kapital flüchtet sofort in sichere Gefilde, also nach New York oder Zürich – oder es geht in die Korruption, wodurch sich die Malaise verschlimmert. Was wir beobachten, ist eine Entwicklungsfalle. Jetzt gereicht es einer Kultur nicht mehr zum Segen, daß die Evolution fundamentaler Institutionen so langsam erfolgt und zudem nicht steuerbar ist. Für eine Entwicklung in Richtung Demokratie und Wohlfahrt brauchte Rußland wohl andere fundamentale Institutionen; aber die kann man nicht herstellen. Identität steht »zu niemandes Disposition, auch nicht zur eigenen«, sagt Lübbe.[10]

Ich-Identität

Das bringt mich auf einen anderen Aspekt des Themas *Institution und Langsamkeit.*[11] Im individuellen Bereich wird die Funktion, die in der Sphäre der Gesellschaft durch Institutionen wahr-

10 Lübbe, H. (1979), Zur Identitätspräsentationsfunktion der Historie, in: Marquard, O./Stierle, K. (Hrsg.), Identität, München 1979, S. 277–292.

11 Die Diskussion in den Abschnitten 3 und 4 folgt im wesentlichen Bonus, H. (1994), a.a.O., Teil 1.

genommen wird, durch *Ich-Identität* ausgefüllt.[12] Dabei handelt es sich um das Gefühl eines Menschen, sich selbst gleich zu sein. Man findet sich selbst in Ordnung und glaubt im übrigen, man verdiene durchaus das Vertrauen der Umwelt in die eigene Person.[13] Das Identitätsgefühl eines Menschen – die Gewißheit eigener Konstanz also – bildet den Kern seiner innersten Gesundheit und Leistungsfähigkeit. Wie die fundamentale Institution ist auch die Ich-Identität das Resultat von Geschichte.[14] Die geglückte Identitätsbildung schlägt sich in einer *Biographie* nieder.[15] Diese schafft »einen beständigeren Rahmen von Handlungsorientierungen, als ihn isoliert nebeneinanderstehende Handlungssituationen anbieten«.[16] Man macht sich ein konsistentes Bild seiner selbst und holt sich in Krisensituationen Rat an der eigenen Kontinuität.

In der Biographie eines Menschen sind die eigenen Werturteile, Normen und Erfahrungen niedergelegt. Sie bilden einen Filter, mit dessen Hilfe eingehende Informationen sortiert und eingeordnet werden. Identität begründet deshalb eine ganz bestimmte und sehr persönliche Sicht der Dinge, die sich von derjenigen des Nachbarn ausgeprägt unterscheiden kann.[17] Jeder Mensch

12 Vgl. hierzu im einzelnen Erikson, E.H. (1973), Identität und Lebenszyklus, Frankfurt/Main 1973; Erikson, E.H. (1984), Kindheit und Gesellschaft, Stuttgart 1984; Claessens, D. (1983), Gruppe und Gruppenverbände: Systematische Einführung in die Folgen von Vergesellschaftung, Darmstadt 1983.

13 Vgl. Erikson, E.H. (1984), a.a.O., S. 243.

14 Vgl. Lübbe, H. (1979), a.a.O., S. 280.

15 Vgl. Krappmann, L. (1982), Soziologische Dimensionen der Identität: Strukturelle Bedingungen für die Teilnahme an Interaktionsprozessen, Stuttgart 1982, S. 9.

16 Krappmann, L. (1982) a.a.O., S. 9.

17 Vgl. Brocher, T. (1980), Gruppendynamik und Erwachsenenbildung – Zum Problem der Entwicklung von Konformismus oder Autonomie in Arbeitsgruppen, Braunschweig 1980, S. 34.

wandelt in seiner eigenen Welt und nimmt etwas anderes wahr; und eine Brücke zwischen diesen subjektiven Welten braucht nicht zu existieren. Wenn die Weltbilder benachbarter Menschen krass unterschiedlich und so gehalten sind, daß die Nachbarn als feindlich und lebensbedrohend empfunden werden, kann dies bis zum Bürgerkrieg führen, wie wir ihn in Jugoslawien erleben.

Die Identitätsbildung kann mißglücken, und erworbene Identität kann sich auch wieder auflösen.[18] Sie bleibt immer gefährdet; Identitätskrisen sind normal und für die Entwicklung erforderlich.[19] Ich-Identität, der bleibende Kern der Persönlichkeit, bietet dem Menschen Halt und Orientierung, was nur bei hinreichender Langsamkeit des Wandels möglich ist. Zur Schnelligkeit im Erkennen und Handeln und zur Kreativität braucht man gesicherte Identität – und damit Langsamkeit. Um beweglich zu sein, muß man zu sich selbst nach Hause kommen können, man muß in sich ruhen. Ohne Langsamkeit gibt es keine Innovation.

Identität und Unternehmenskultur

Erstaunlicherweise ist Ich-Identität, der persönlichste Kern von Individualität, zugleich ein gruppenpsychologisches Phänomen.[20] Ich-Identität setzt nämlich auch voraus, daß sich der Mensch einer *Gruppe* zugehörig fühlt. Anthropologisch sind Ich-Identität und Gruppe eng miteinander verklammert. Das liegt daran, daß der frühe Mensch auf Gedeih und Verderb von einer Grup-

18 Vgl. BROCHER, T. (1980), a.a.O., S. 40.
19 Vgl. BROCHER,T. (1980), a.a.O., S. 34.
20 Vgl. ERIKSON, E.H. (1973), a.a.O., S. 17f.; CLAESSENS, D. (1977), a.a.O.

pe abhing, der er zugehörte. Überleben konnte er nur als Gruppenmitglied; er war also darauf angewiesen, von der Gruppe *erkannt* und zugleich *anerkannt* zu werden.[21]

Die damalige Gruppe hatte strikte Normen, weil man sehr aufeinander angewiesen war und auf engstem Raum zusammenleben mußte. Um als Gruppenmitglied anerkannt zu werden, mußte man sich die Normen der Gruppe zu eigen machen. Claessens formuliert: die Gruppe »nistet sich in der Psyche der Individuen auch als fordernde Instanz ein«.[22] So kam es zur »Prägung der individuellen Psyche durch den ständig erlebten Gruppenzusammenhang«.[23] Der Mensch war im Verhältnis zur Gruppe verletzlich, und sein Selbstwertgefühl mußte davon abhängen, daß sie ihn als einen der ihren erkannte.[24]

Während also der einzelne Mensch Gruppen braucht, deren Normen er teilt, hat die Gruppe, der er angehört, als solche zunächst keine Identität. Wie sollte eine Gruppe auch etwas fühlen? Das können immer nur Individuen. Und dennoch gibt es kollektive Identität; sie ist sogar von vitaler Bedeutung, wenn es um Unternehmen geht. Kollektive Identität spielt für das Unternehmen die gleiche Rolle wie Institutionen für die Gesellschaft und Ich-Identität für das Individuum. Es handelt sich um ein Gruppenphänomen, um Groupness, wie Edgar Schein es ausdrückt.[25] Ohne Identität gibt es keine Gruppe, sondern nur eine Ansammlung von Menschen. Identität bildet sich in dem Maße heraus, wie aus der Ansammlung eine Gruppe wird, und konstituiert sich darin, daß die Gruppenmitglieder ein Wir-Gefühl ent-

21 Vgl. CLAESSENS, D. (1980), Das Konkrete und das Abstrakte – Soziologische Skizzen zur Anthropologie, Frankfurt/ Main 1980, Abschnitt 2.1.3.

22 CLAESSENS, D. (1980), a.a.O., S. 71.

23 CLAESSENS, D. (1980), a.a.O., S. 75.

24 Vgl. CLAESSENS, D. (1980), a.a.O., S. 78.

25 Vgl. SCHEIN, E. (1985), Organizational Culture and Leadership, San Francisco 1985, S. 50.

wickeln, sich also als Teil eines größeren Ganzen empfinden, mit dessen Werten und Normen sie sich identifizieren.[26] Eine Gruppe, die über Identität verfügt, ist auf diese Weise verwurzelt in der Ich-Identität ihrer Mitglieder, sie ist Teil dieser Mitglieder, was eine überaus starke anthropologische Klammer darstellt. In Kleingruppen bildet sich Gruppenidentität spontan,[27] während sie in größeren Organisationen kultiviert werden muß.

Weil es für Unternehmen auf Identität ankommt, ist Unternehmenskultur so wichtig. Ihre Aufgabe ist es, die Identität des Unternehmens zu pflegen, sie augenfällig und greifbar zu machen, sie zu ritualisieren und die abstrakten Werte mit Fleisch und Blut zu erfüllen.[28] Angesichts der anthropologischen Hintergründe verwundert es nicht, daß der Einfluß von Unternehmenskultur auf die Mitarbeiter kaum zu überschätzen ist. Beim Wechsel des Unternehmens kann ein Mitarbeiter einen regelrechten Kulturschock erleiden, der zum persönlichen Scheitern führen kann, weil sich der Mitarbeiter in der fremden Kultur nicht zurechtfindet.[29] Wer von einer Unternehmenskultur in eine andere wechselt, braucht selbst eine neue Ich-Identität – die sich nicht immer wie gewünscht einstellen mag, wenn die Kluft zwischen beiden Kulturen zu groß ist.

Auch die Bildung kollektiver Identität kann mißlingen; oder die erworbene Identität eines Unternehmens kann verlorengehen. Dann entstehen Unternehmen ohne Identität. Das identitätslose Unternehmen kennt keine geteilten Normen mehr; in den Augen seiner Mitarbeiter und Geschäftspartner ist es ein-

26 Vgl. BROCHER, T. (1980), a.a.O., S. 87.

27 Vgl. hierzu im einzelnen SCHEIN, E. (1985), a.a.O., Abschnitt 8.

28 Vgl. OUCHI, W.G. (1981), Theory Z – How American Business Can Meet Japanese Challenge, Reading/Mass. u.a. 1981, S. 41f.

29 Vgl. DEAL, T.E./KENNEDY, A.A. (1982), Corporate Cultures – the Rites and Rituals of Corporate Life, Reading/Mass. u.a. 1982, S. 16.

fach nichts Besonderes. Etwas Entscheidendes fehlt ihm, es ist nicht mehr attraktiv für fähige Mitarbeiter – und damit nicht widerstandsfähig. Das ist der Anfang vom Ende.

Erst Identität nämlich – das Sich-selbst-gleich-sein – gibt auch dem Unternehmen inneren Halt. Es muß ständig enorme Spannungen aushalten und dazu in sich selbst ruhen. Um sich schnell orientieren und entschlossen handeln zu können und als Partner verläßlich zu sein, muß es über eine gesicherte Identität verfügen: es muß sich seiner selbst gewiß, und das heißt, an gewachsenen Werten orientiert und in diesem Sinne langsam sein. Identitätslosigkeit ist hohem Blutdruck vergleichbar. Sie tut nicht weh. Aber wenn es hart auf hart geht, dann folgt der Infarkt. Einem Chamäleon gibt niemand Kredit.

Transaktionskosten als Reibungsverluste

Jetzt komme ich auf einen ganz anderen Aspekt der Langsamkeit in einer Wirtschaft zu sprechen, den wir dem Nobelpreisträger *Ronald H. Coase* verdanken. Es geht um die *Transaktionskosten.* Die neoklassische ökonomische Theorie kennt diese Kategorie und damit auch Langsamkeit nicht. Sie kreist um die beiden Pole Haushalt und Unternehmen, die sich aber, bei Licht betrachtet, in ihrem Lehrgebäude als dimensionslose Punkte erweisen. Diese Theorie braucht den *Haushalt,* weil von ihm die Nachfrage ausgeht, die erklärt werden muß. Umgekehrt wird das *Unternehmen* benötigt, weil es für die Produktion und damit für das *Angebot* zuständig ist. Angebot und Nachfrage bestimmen das Marktergebnis; und deshalb kommt diesen beiden Polen innerhalb des Gebäudes der neoklassischen Theorie eine tragende Rolle zu. Die Theorie versäumt es aber, beide Pole *als Institutionen* zu sehen.

Im wirtschaftlichen Bereich entsprechen die Transaktionskosten den *Reibungsverlusten* physikalischer Systeme. Als Transaktion bezeichnen wir den Übergang eines Wertes über eine technisch separierbare Schnittstelle.[30] Wir haben es mit einem ökonomischen Grenzübergang zu tun. Die separierbare Schnittstelle kann als Wertgrenze interpretiert werden, an der eine Wertsphäre endet und eine andere beginnt.[31] Wenn der Wert im Zuge einer Transaktion die Grenze überschritten hat, könnte der Empfänger an der Schnittstelle die beiden Sphären voneinander separieren und den Transfer des Gegenwertes unterlassen; oder er könnte im Gegenzug heimische Werte herausgeben, die aber in der Fremdsphäre keinen Wert haben, d.h. nicht konvertibel sind. Vorkehrungen sind nötig, um sich gegen solchen Mißbrauch abzusichern; und diese Vorkehrungen sind institutioneller Art. Besonders wichtig werden sie, wenn es sich nicht um einzelne Transaktionen handelt, sondern um lange Transaktionsketten, die hohe Investitionen erfordern. Wenn die Kette abreißt, sind solche Investitionen verloren. Da man auf diese Weise vom Wohlverhalten des Transaktionspartners abhängt, ist die Neue Institutionenökonomik – die sich mit diesen Zusammenhängen beschäftigt – zugleich eine Ökonomik von Abhängigkeiten.

Die arbeitsteilige Wirtschaft ist nun von einem engmaschigen Netz fortwährender Transaktionen durchzogen, die nicht reibungslos erfolgen, sondern Kosten verursachen. Diese ergeben sich nicht zuletzt aus dem Erfordernis der institutionellen Absicherung. So entsteht aus Reibungsverlusten Langsamkeit. Ohne ein geeignetes institutionelles Umfeld werden die Reibungsverluste zu hoch. Transaktionskostenhürden legen sich über den Markt, der dadurch zum Erliegen kommen kann. Jetzt geht die

30 Vgl. Williamson, O.E. (1985), The Economic Institutions of Capitalism – Firms, Markets, Relational Contracting, New York, London 1985, S. 1f.

31 Vgl. Bonus, H./Ronte, D. (1991), Die Wa(h)re Kunst – Markt, Kultur und Illusion, Erlangen u.a. 1991, K 128–131; Bonus, H./Ronte, D. (1992), Transaktionen, Konventionen, Kunst, in: Homo Oeconomicus IX 2, 1992, S.195–197.

Langsamkeit in Starrheit über. Damit eine Marktwirtschaft entstehen und erhalten bleiben kann, ist eine Vertrauenskultur erforderlich, welche die Transaktionskosten hinreichend niedrig hält. Pacta sunt servanda: eine solche kulturelle Tradition ist unbezahlbar, weil sie glaubhafte Bindungen ermöglicht. Hierher gehören auch Treu und Glauben und die Sitte, daß man sein Wort hält. In diesem Zusammenhang erweist es sich als fatal, daß der reale Sozialismus durch allgemeines Mißtrauen geprägt war.

Die Coase-Welt

Ronald H. Coase, der Entdecker der Transaktionskosten,[32] machte in seinem berühmten Aufsatz *The Problem of Social Cost*[33] ein Gedankenexperiment. Er nahm die neoklassische Theorie gewissermaßen beim Wort, indem er das, wovon sie stillschweigend ausgeht, nunmehr explizit als besonders bemerkenswerte und diskutable Prämisse einführte, nämlich die Abwesenheit von Transaktionskosten. Das Ergebnis war erstaunlich und führte weltweit zu jahrzehntelangen, erhitzten Debatten. Die *Coase-Welt* war geboren – die Welt der Neoklassik – jetzt aber gesehen mit einem durch Kenntnis der Transaktionskosten geschärften Blick.

Ohne Transaktionskosten, so zeigte Coase, braucht man weder Institutionen noch Verträge.[34] Der Grund ist, daß etwaige Fehler sofort erkannt und entsprechend korrigiert werden. Zu Abhängigkeiten kann es nicht kommen, weil man durch nichts

32 Vgl. COASE, R.H. (1937), The Nature of the Firm, in: Economica N.S. 4, 1937, S. 386–405.

33 Vgl. COASE, R.H. (1960), The Problem of Social Cost, in: Journal of Law and Economics 3, 1960, S. 1–44.

34 Vgl. hierzu auch COASE, R.H. (1988), The Firm, the Market and the Law, Chicago, London 1988, S. 14f.

gehalten wird und das unheilträchtige Arrangement im Handumdrehen revidieren kann. Wo heute Firmen operieren, um Transaktionskosten einzusparen, da würden sich in der Coase-Welt blitzschnell Teams zusammenfinden, deren Zusammensetzung sich rasch an wechselnde Begebenheiten anpassen würde. Solche Teams wären stets optimal komponiert und würden sich durch ein charakteristisches Profil komparativer Vorteile – durch ein jeweils charakteristisches Talentmix – voneinander abheben. Solche Teams brauchten sich nicht wechselseitig durch Verträge abzusichern, weil jeder Abgang eines Mitglieds unmittelbar durch einen neuen Zugang kompensiert würde. Die Produktionsteams wären auch an keinen besonderen Ort gebunden, ja ihre Mitglieder brauchten nicht einmal in derselben Region zu arbeiten, da es Transportkosten – eine besondere Form von Transaktionskosten – nicht gäbe.

Michael Jensen[35] bringt ein schönes Beispiel für virtuelle Organisationen. In solchen Konfigurationen kommt man zusammen – und sei es durch Telekommunikation –, um eine bestimmte Aufgabe zu erledigen. Danach geht man auseinander und wendet sich anderen Aufgaben zu. Man arbeitet für diesen einen Zweck mit den dafür am besten geeigneten Spezialisten zusammen und umgeht durch geeignete Standortwahl die Überregulierung, denen permanente Strukturen ausgesetzt sind. Hemmende Rigiditäten können etwa in weitgehenden Vorschriften bestehen, aber auch in starren Hochlohnstrukturen und in starkem Gewerkschaftsdruck. Aufgrund von enormen Verbesserungen in der Telekommunikation (Computer-Netzwerke, electronic mail, Telekonferenzen und nicht zuletzt Telefax) kommt es viel weniger als früher darauf an, wo man sich geographisch aufhält. Das

35 Vgl. JENSEN, M. (1993), Presidential Address: The Modern Industrial Revolution and the Challenge to Internal Control Systems, in: The Journal of Finance 48, 1993, S. 831–880.

von Jensen betreute Journal of Finance hat sieben Herausgeber an drei verschiedenen Universitäten der USA. Das Redaktionsbüro befindet sich wiederum an einem anderen Ort in den USA; der Verleger sitzt in Holland, der Druck erfolgt in Indien, und Versand wie Rechnungswesen operieren von der Schweiz aus. So etwas wäre früher unmöglich gewesen und ergibt sich im Gefolge dramatisch gesunkener Transaktionskosten.

Ronald H. Coase, der Entdecker der Transaktionskosten, hat die neoklassische Position ad absurdum geführt, indem er demonstrierte, daß eine Welt ohne Transaktionskosten ebenso fremdartig wäre wie eine physikalische Welt ohne Reibungsverluste, in der es bekanntlich das perpetuum mobile gibt. Alle wirtschaftlichen Prozesse könnten in dieser Welt so beschleunigt werden, daß eine Ewigkeit innerhalb von Nanosekunden zu erleben wäre. Diese denkwürdige und künstliche Welt, so Coase, ist nichts anderes als die Welt der Neoklassik. In ihr brauchte man keine Institutionen, man brauchte keine Langsamkeit.

Man täusche sich nicht: als Asymptote ist die neoklassische Position – jetzt aber als Coase-Welt gesehen – gleichwohl von höchster Aktualität. Diese einigermaßen gespenstische Welt ohne Transaktionskosten – eine Welt ohne Langsamkeit – ist in raschem Vordringen begriffen, während andererseits die Transaktionskosten und mit ihnen die Langsamkeit ebenfalls zunehmen. Wallis und North haben berechnet,[36] daß die Transaktionskosten in den USA 1970 über 45 Prozent des Sozialprodukts ausmachten. Sie haben deutlich zunehmende Tendenz: 1870 waren es in den USA nur 25 Prozent des Sozialprodukts. In einer solchen Welt kommt es allerdings sehr auf Institutionen an.

36 Vgl. WALLIS, J.J./NORTH D.C. (1986), Measuring the Transaction Sector in the American Economy, 1870–1970, in: ENGERMANN, S.L. und GALLMANN, R.E. (Hrsg.), Long-Term Factors in American Economic Growth, Chicago 1986.

Dies wollte Coase demonstrieren. Indem er gewissermaßen im luftleeren Raum die eigenartigen Gesetze einer Welt ohne Institutionen aufzeigte, wollte er verdeutlichen, von welch großer Bedeutung Institutionen tatsächlich sind, und daß man sie in der ökonomischen Analyse explizit berücksichtigen muß, um zu realitätsnahen Ergebnissen zu gelangen. So entstand die Neue Institutionenökonomik.

Die Coase-Welt, die aus der Überzeichnung der neoklassischen Fehler entstand, ist gleichwohl von großer theoretischer Bedeutung – und vor allem von dramatisch wachsender Aktualität. Sie nimmt nämlich in dem Maße Züge der Realität an, wie die Transaktionskosten sinken. Dies ist, wie gesagt, dem allgemeinen Trend zuwider augenblicklich in vielen Bereichen der Fall. Die bereits erwähnte virtuelle Organisation ist ein Geschöpf der Coase-Welt. Auf den internationalen Finanzmärkten breitet diese Welt sich rasant aus; und tatsächlich werden in einigen Märkten Firmen und Organisationen durch rasch wechselnde und kurzlebige Teams ersetzt. Es kommt zu einem Langsamkeitsschwund, dessen Folgen heute niemand von uns übersehen kann.

Entschleunigung

Georges Fülgraff

Am Nachmittag sah er zu, wie drei betrunkene Ruderer mit den Strömungen unter der London Bridge nicht fertig wurden. Das Boot schlug gegen den Pfeiler und zerbrach, alle ertranken. Plötzlich hatten da die Leute Zeit zum Schauen. Die Zeitknappheit war nichts als eine Mode, hier der Beweis.

Nadolny, Die Entdeckung der Langsamkeit

Schnell sein, um Zeit zu sparen

»Leben Sie deswegen so schnell, damit es schneller vorbei ist?«, so vernahm ich kürzlich die freundlich besorgte Frage eines Kirchenmannes. Zu dieser Frage paßt, daß immer mehr Menschen in Deutschland glauben, daß die Zeit heute schneller vergehe als früher. Sie klagen darüber, daß sie ihnen zu schnell vergehe.

Natürlich vergeht Zeit weder schnell noch langsam, vielmehr wird an der Zeit gemessen, ob etwas schnell oder langsam ist. Bewegung kann Zeit nicht erklären oder definieren, da sie selbst in der Zeit verläuft.

Mit dem »Gefühl« vom schnelleren, vom zu schnellen Vergehen der Zeit korrespondiert, daß über 80% der Bundesbürger finden, alles verändere sich zu rasch. Aus der Alltagssprache übersetzt bedeutet diese Klage, die Geschwindigkeit des Entstehens und des Verschwindens von Umständen, Mitteln und Zielen des Lebens, das heißt von Gegenständen ebenso wie von Informationen, sei zu hoch. Dennoch gilt offenbar Karl Valentins Entdeckung auch heute, daß nämlich jeden Tag gerade so viel passiere, wie in eine Zeitung passe.

Selbst junge Leute klagen über die zu hohe Veränderungsgeschwindigkeit, darüber, daß sie, nachdem sie sich gerade mit einem Betriebssystem und den neuesten Text-, Grafik- und Rechenprogrammen vertraut gemacht haben, von nur drei Jahre Jüngeren mit neueren und aktuelleren Versionen ausgetrickst werden. Aber auch denen wird das Lachen vergehen, wenn sogleich die nächsten Systeme erscheinen werden. Normal begabten Anwendern reichen Kompetenz und Kapazität gerade noch, um mit Installation, Implementation und Erprobung auf dem Laufenden zu bleiben; die tatsächliche Anwendung und Nutzung des Gelernten entfällt; dazu bleibt keine Zeit. Eine paradoxe Situation: Die Verarbeitungsgeschwindigkeit der Geräte wird immer größer und mit ihr die Möglichkeiten der Anwendung. Aber gerade die durch die Geschwindigkeit ermöglichte Komplexität verhindert, daß die Menschen mit Hilfe der Maschinen ihre Arbeit effizienter, und das heißt auch schneller, verrichten können.

Ähnlich ist die Paradoxie der Automobile. Die Kraftstehzeuge in den Städten sind als Hochgeschwindigkeitspanzer ausgelegt, verbringen aber ca. 80% ihrer Betriebszeit im Stadtverkehr. Wegen der Sicherheit der Insassen bei hohen Geschwindigkeiten sei es erforderlich, daß die Autos größer und schwerer würden; so lauten die Verkaufsargumente. Im Ergebnis stauen und behindern sich schnelle Panzer in den Städten, übermotorisiert und bedrohlich für die Menschen außerhalb der Fahrzeuge. Um individuell und schnell den gewünschten Ort erreichen zu können, werden große und schnelle Autos gebaut, so viele, daß ein Vorankommen auf den Straßen kaum möglich ist. Verkehrswissenschaftler haben längst herausgefunden, daß das höchste Transportvermögen einer Straße nicht dann erreicht wird, wenn alle Autos sehr schnell fahren, sondern bei eher mäßigen Geschwindigkeiten. Zwingt uns die Ausnutzung von maximaler Geschwindigkeit wieder zurück in die Langsamkeit?

Ich erinnere mich eines Fluges von Paris nach New York in einem überschallschnellen Flugzeug namens Concorde. Der Flug war in etwa gleichem Maß weniger komfortabel wie er teurer war als ein normaler Flug 1. Klasse, vor allem war er letztlich langsamer trotz Überschallgeschwindigkeit. Angekommen hieß es längere Zeit stehend an einem Hinterausgang des Flughafens warten, bis das gleichartige Flugzeug verspätet aus London eintraf. Gemeinsam mit den Neuankömmlingen ging es im Helikopter nach Manhattan, wo wir zwischen stillgelegten Gütergleisen am East-River in Höhe der 34. Straße abgeladen wurden. Da standen dann die Herrschaften mit ihrem Gepäck ohne Taxen oder sonstige Betreuung und sahen ihren Zeitvorsprung schwinden. Der Geschwindigkeitsvorteil verkehrt sich in einen Geschwindigkeitsnachteil, weil nicht das ganze System beschleunigt wird, sondern nur Teile. Der subjektiv empfundene Bremseffekt wirkt um ein Vielfaches verstärkt.

Ich erwähnte das Gefühl, das wir alle kennen, die Zeit verginge mal rascher, mal langsamer, und immer dann, wenn man zum Augenblick sagen möchte »verweile doch, du bist so schön«, zu schnell. In diesem Empfinden drückt sich die reziproke Beziehung von Geschwindigkeit und Intensität aus. Man kann nur beispielsweise entweder schnell reisen oder intensiv. Goethe beklagte in einem Brief von einer seiner italienischen Reisen, daß die Postkutschen zu schnell führen, als daß man eine Landschaft wirklich wahr- und aufnehmen könne. Von einem IC aus kann man nicht einmal mehr die Stationsschilder durchfahrener Bahnhöfe entziffern. Fragt man die Menschen, warum sie so schnell unterwegs sind, dann antworten sie: Um Zeit zu sparen. Ein schöner Traum: Zeit sparen zu können. Ein Sparkonto für Zeit, dann zu nutzen, wenn die Zeit zu Ende geht; oder wenn die Zeit gekommen ist. Das erinnert an Augustinus, dessen Seele danach brannte zu wissen, was Zeit ist.

Man kann also hin und wieder die Beobachtung machen, daß höhere Geschwindigkeit einen geringeren Nutzeneffekt zur Folge hat, wenngleich diese Folge zugegebenermaßen keine notwendige ist. Immer mehr Menschen kommen immer schneller irgendwo an, wo sie immer kürzer bleiben. Oder, wie Helmut Qualtinger in einem Lied über einen Motorradfahrer den gelegentlich auftauchenden Gegensatz von Geschwindigkeit und Nutzeneffekt beschreibt: »Ich weiß zwar nicht, wo ich hin will, aber dafür bin ich schneller dort.«

Was nun ist der gemeinsame Nenner der bisherigen Beispiele? Wenn sich die Umwelt rascher ändert, als es den Menschen lieb ist, empfinden sie Unsicherheit. Wenn sich die Technik rascher ändert, als die Menschen sie lernen können, verlangsamt die schnelle Technik die Handlungen der Menschen. Wenn die Menschen sich in ihren Autos zu schnell von A nach B bewegen wollen, kommen alle letztendlich langsamer voran. Also können wir sagen: Die Grenze des Nutzens höherer Geschwindigkeit ist dann erreicht, wenn eines der beteiligten Systeme mit der hohen Geschwindigkeit überfordert ist, sei es der Mensch oder das Straßennetz. Dann schlägt Schnelligkeit ins Gegenteil um.

Unser ökonomisches Prinzip: Schneller, weiter, höher

Besonders deutlich und fast schon lebensbedrohlich erscheint uns dieses Prinzip bei der Betrachtung unseres Wirtschaftssystems und seiner Umweltauswirkungen.

Wir leben in einem System, in dem es als rational gilt, mehr und schneller zu produzieren, mit immer weniger Leuten immer härter zu arbeiten... und nicht darüber nachzudenken, wozu. Dabei ist es fast schon ein Dogma, die »Kräfte des Marktes« sich ungehindert entfalten zu lassen. Eingriff in oder Behinderung des Spiels der Marktkräfte wird mehr und mehr zu einem Totschlagargument in politischen und ökonomischen Diskussionen. Es gibt eine beachtliche Gleichzeitigkeit des Verschwindens bzw. der Regulierung real existierender Märkte und einer romantisch-verklärten, fast religiösen Marktrenaissance in Wissenschaft und Theorie.

Aber für wen produzieren wir? Wo fehlt noch etwas? Wo fehlt noch etwas, bei den Menschen und in den Gesellschaften, von denen die Produkte auch bezahlt werden können? Der Verbrauch von Verbrauchsgütern ist nicht beliebig steigerbar – wir wollen beispielsweise nicht mehr Schnupfen, um mehr Papiertaschentücher verbrauchen zu können – und bei den Gebrauchsgütern gibt es fast nur noch Ersatzbeschaffung.

Aber es heißt, wir brauchen Wirtschaftswachstum. Daher sollen Investoren nicht verärgert werden, darum gibt es ein Investitionserleichterungsgesetz, mit dessen Hilfe Investitionen beschleunigt werden sollen. Investitionen haben einen Wert an sich. Ist ein Denken und Handeln rational, dem es um die Beschleunigung von Investitionen an sich geht? Es erinnert mich an manche Auswüchse der Transplantationschirurgie, in der man vorübergehende Publizität erlangen kann durch den erstmaligen gleichzeitigen Ersatz einer neuen Höchstzahl von Organen. Demnächst werden wir hören, daß die erste Totaltransplantation eines Menschen gelungen ist.

Zurück zum Beispiel des Straßenverkehrs. Es ist offensichtlich, daß schnelle Autos nicht nur mehr Benzin verbrauchen und mehr Gewalt erzeugen, sondern auch noch die Gesamttransportkapazität der Straßen herabsetzen. Wollte man die Negativwirkungen dämpfen, müßte man kleinere und leichtere Autos bauen, die weniger Kraftstoff verbrauchen und die von vornherein nicht schneller fahren können, als es einer allgemein für sinnvoll gehaltenen Geschwindigkeitsgrenze entspricht, wie sie in allen zivilisierten Ländern dieser Erde gesetzlich besteht. Man bräuchte dann auch keine Polizisten, die die zulässige Höchstgeschwindigkeit überwachen. Autos wären einfach nicht zulassungsfähig, wenn sie schneller fahren könnten als es der Höchstgeschwindigkeit entspricht. Leichtere, kleinere und weniger schnelle Autos verteilen das Risiko gerechter zwischen den Insassen und den anderen Menschen draußen und zwingen erstere zu mehr Rücksicht. Von solchen Autos ginge auch weniger strukturelle Gewalt aus in Form von Lärm, Abgasen etc.

Aber ich höre sie »Zeter« rufen, unsere Marktökonomen. Der Markt verlange offensichtlich schnelle Autos, sonst gäbe es sie ja nicht. Der Markt müsse selbst zu mehr Rationalität finden. Notfalls könne man über die Mineralölsteuer ein maßvolles Signal setzen, das aber nicht prohibitiv wirken dürfe, also gar nicht. Eine Zwangsbegrenzung der Hub- und Schubkräfte hingegen stelle eine Form von Freiheitsberaubung dar, zugleich auch eine Uniformierung und damit einen ganz und gar unzulässigen Eingriff in die Mechanismen des Marktes. Darum werden nach wie vor alle wesentlichen Entwicklungsziele unserer Gesellschaft von ökonomischen Interessen diktiert.

Die Auseinandersetzungen um den Benzinpreis im Wahljahr 1998 haben den heuchlerischen Charakter der Diskussion um ökologische Marktsignale – »Preise müssen die ökologische Wahrheit sagen« – einmal mehr enthüllt. In allen Parteien hielten die Vordenker einer nachhaltig zukunftsverträglichen Entwicklung spürbare Erhöhungen der Energie- und vornehmlich der Benzinpreise für erforderlich. In allen Parteien wurden sie von den Führungen zurückgepfiffen. Nur keine Ernüchterung der mobilitätsberauschten Wähler, obwohl diese ihren Traum, wie alle Berauschten, ohnehin mehr in der Fantasie, denn in der Realität erfüllen konnten. Als DIE GRÜNEN in ihrer noch erinnerlichen Zweck-Mittel-Verkennung einen Benzinpreis von 5 DM/l in 10 Jahren nannten, überrollte sie eine Walze öffentlichen Mißmuts. Übersehen wurde freilich, daß die Kosten der Auto-Mobilität gleichgeblieben wären unter der allgemein geteilten Annahme, daß zum Zeitpunkt 2008 Automobile weniger als ein Drittel der Kraftstoffmenge der Automobilgeneration des Jahres 1998 verbrauchen würden. Sie wären freilich auch leichter, kleiner und langsamer.

Die Kapitulation der Umwelt

Natürlich wäre die Goethe'sche Forderung nach mehr Intensität beim Reisen allein kein Grund, über die Reduktion von Lokomotionsgeschwindigkeiten nachzudenken. Aber höhere Reisegeschwindigkeiten erlauben mehr und weitere Reisen, machen schwerere Fahrzeuge mit höherem Treibstoffverbrauch erforderlich, und dies bei allen miteinander konkurrierenden Verkehrsträgern. Dadurch wird der Fortschritt der Motorentechnik aufgezehrt, und der Verbrauch von Erdöl zum Zwecke der Mobilität nimmt weiter zu. Je höher die Geschwindigkeit, desto größer die Belastung der Umwelt, und zwar nicht linear, sondern weit überproportional.

Die ökologische Rationalität spricht jedenfalls für Minderung und Verstetigung der Geschwindigkeit aller Verkehrsträger, was bei Kraftfahrzeugen leicht zu erreichen wäre, indem das konstruktive Nichtüberschreitenkönnen dieser Geschwindigkeitsgrenze Zulassungsvoraussetzung wäre. Wenn man in den USA, einem Land mit begrenzter und verstetigter Reisegeschwindigkeit nach einer Entfernung fragt, wird die Antwort in der Regel nicht in Meilen, sondern in Zeit gegeben.

Schließlich wird alles, was wir benutzen, eines Tages zu Abfall, den wir entsorgen lassen. Ein Entsorgungspflichtiger hat von da an die Sorge mit unserem Müll. Die fünfzig- bis achtzigtausend sicherungs- und sanierungsbedürftigen Standorte alter Kippen und Deponien zeugen davon, wie sich die letzten Generationen des Problems entledigt haben.

Wirtschaften wird als Einheit von Produktion, Distribution und Konsum verstanden. Den Rest überlassen auch die Ökonomen gern den Müllmännern.

Als der Club of Rome vor Jahrzehnten seine ersten Prognosen abgab, stand die Endlichkeit der Rohstoffe, insbesondere der fossilen Energieträger, im Vordergrund des Interesses. Das hat sich seither geändert. Nicht die Ressourcenknappheit droht dem Wirtschaften Grenzen zu ziehen, sondern die Knappheit der Senken für die Endprodukte von Produktion und Konsum. Die Trägerfunktion der Umwelt ist erschöpft. Das gilt für Kohlendioxid ebenso wie für feste Abfälle. Ein beteiligtes System, unsere Umwelt, ist an ihre Grenze gestoßen. Und auf einmal ist die hohe

Produktions- und Konsumgeschwindigkeit unserer Gesellschaft schädlich auch für uns selbst.

Jahrelange Diskussionen, nachdem u.a. das Dahinsiechen der Wälder, die Klimakatastrophe, das Schwinden der atmosphärischen Ozonschicht, die Verschmutzung der Meere – gibt es einen Plural von Pest? – die Versauerung der Böden und das Aussterben von Arten erkannt waren, haben nur bewirkt, daß heute geprüft wird, welche Auswirkungen die Realisierung wirtschaftlicher Ziele auf die Umwelt hat. Es wird entschieden: Ein Kraftwerk hier, ein Tagebau dort, eine Autobahn hier, ein Transrapid dort, eine Müllverbrennungsanlage hier ... und im besten Falle folgt dann eine Untersuchung, wie sich Umweltauswirkungen gering halten lassen. Gemeint ist oft: Wie läßt sich die Zahl von Gruppen und Personen, die öffentlichkeitswirksam gegen ein Projekt auftreten und Widerstand mobilisieren können, klein halten?

Ein Würfel kann nur wachsen, wenn seine drei Kanten in gleicher Weise zunehmen. Eine Gesellschaft, die sich dem Leitbild der nachhaltig zukunftsverträglichen Entwicklung verschrieben hat, muß darauf achten, daß von den drei Dimensionen der ökonomischen, sozialen und ökologischen Entwicklung keine allein wächst und keine zurückbleibt. Je zwei der drei Dimensionen setzen der dritten Grenzen oder jede einzelne den beiden anderen, bis eine Dynamik erreicht wird, in der alle drei miteinander im Gleichgewicht wachsen können.

Internalisierung der externen Kosten für Umweltgüter, das ist das einzige, worüber Marktökonomen mit sich reden lassen. Will man das praktisch machen, erweist sich, daß die Theorie aus der Frühzeit der Eisenbahn stammt, als die Dampflokomotiven kohlebefeuert und funkensprühend durch die Landschaft fuhren und Brandnarben rechts und links der Gleise zurückließen. Internalisierung hieß damals, die Kosten dieser Brände der Eisenbahn anzulasten. Nur leider sagt die Theorie nichts darüber aus, wie dem ICE die Kosten für spezifisch höheren Lärm anzulasten seien, oder dem Personen- und Güterverkehr auf der Straße die

Kosten der Verkehrsinfrastruktur und die geschwindigkeitsabhängigen »Kosten« der Emission von Stoffen und Lärm.

»Wirtschaft braucht Wachstum«, ist einer jener axiomatisch-normativ-wissenschaftlich schillernden Sätze der Ökonomie. Traumhaft wäre ein garantiertes, stetiges Wirtschaftswachstum von, sagen wir, 6%. Was aber bedeutet das? Sind wir uns eigentlich alle darüber im klaren und einig, was Wachstum bedeutet?

1.000 DM für 6% angelegt bringen im 1. Jahr 60 DM Zinsen. In 20 Jahren also 60 x 20 = 1.200 DM. Aus 1.000 DM sind also in 20 Jahren 2.200 DM geworden.

Wunderbar und dennoch falsch. In Wirklichkeit werden aus 1.000 DM in 20 Jahren bei 6% Verzinsung 3.200 DM.

Wachstum ist keine lineare, sondern eine exponentielle Funktion. Im 20. Jahr sind 6% nicht mehr 60 DM wie im 1. Jahr, sondern 192 DM, und im 24. Jahr hat sich der ursprüngliche Betrag vervierfacht.

Statt DM können wir Produktionszahlen wie t Getreide oder Stahl oder Stück Automobile nehmen oder das Bruttosozialprodukt und statt Zinsen das jährliche Wachstum. Bei dauerhaft 6% Wachstum hat sich das Volumen der Wirtschaft in 24 Jahren vervierfacht. Die gleich und stetig klingenden 6% sind im Jahr 24 in absoluten Zahlen viermal so groß wie im Jahr 1 oder anders ausgedrückt, die Wirtschaft wächst im Jahr 24 um einen Betrag, der einem Viertel des Bruttosozialprodukts des Jahres 1 entspricht.

Stetiges Wachstum entspricht in physikalischer Sprache nicht der Geschwindigkeit sondern der Beschleunigung. In der Ökologie weiß man, daß Systeme in Beschleunigung plötzlich und unerwartet umkippen können. Weiß man das in der Ökonomie? Weiß der politisch versierte und gebildete Zeitungsleser, was es bedeutet, wenn ein Wirtschaftssystem über längere Zeit ein Wachstum von x% erlebt oder anstrebt?

Es bedeutet die BESCHLEUNIGUNG von Stoff- und Energiedurchsätzen; »schneller, höher, weiter«; taumeln von Rekord zu Rekord, Beschleunigung von Verbrennung, von Transportleistung, von Naturverbrauch, Straßenbau, Wohnungsbau, Raubbau,....Beschleunigung der Bewegung auf der Einbahnstraße von geordneten Rohstofflagern auf vermischte Deponien mit den Zwischenstufen Produktion und Konsum und den Zwischenlagern Handel und Haushalt. Mehr und schneller.

Es wird notwendig sein, den Gewaltbegriff zu überdenken. Ein Schubs gegenüber einem Kind ist Gewalt, persistente Halogenkohlenwasserstoffe, die das Kind mit der Milch seiner Mutter aufnimmt, werden nicht als Gewalt angesehen. Sind Abgasfahnen keine Gewalt oder Teer an Badestränden?

Strukturelle Gewalt übt derjenige aus, der Umweltgüter zu Lasten Dritter nutzt. Oder ist es etwa keine Gewalt, wenn die Abgase eines Busses oder eines Lkw beim Überqueren einer Straße Hustenreiz auslösen? Subtile Fernwirkung, aber körperlich spürbare Beeinträchtigung. Ölpest auf den Meeren, verseuchte Strände, wild entsorgte Abfälle stellen Formen von Gewalt dar, die ein Verursacher ausübt, und die auf meist unbeteiligte und eher zufällig betroffene Dritte einwirken. Bei Sommersmog, d.h. gesundheitlich bedenklichen bodennahen Ozonkonzentrationen, ergeht die Warnung vor körperlicher Bewegung, obwohl diese gerade an sonnigen Sommertagen Freude machen würde. Das ist repressive strukturelle Gewalt, vorzugsweise gegenüber Kindern, alten und kranken Menschen, zugunsten einer immer schneller werdenden »freien Fahrt für freie Bürger«.

Wir sind abgestumpft gegenüber struktureller Gewalt, die aus immer dramatischer werdenden Beschleunigungsvorgängen entsteht. Die Gewöhnung hat die Köpfe verdreht. Man ißt Eier, die aus fast federlosen biologischen Legemaschinen stammen. Autofahrer haben zunehmend ein gutes Gewissen, weil ihr Katalysator manche Stoffe nachverbrennt; aber eine Tonne Platin hinterläßt in den Erzeugerländern ca. 400.000 t Abraum- und Bergematerial.

Zwar verurteilt die Gesellschaft direkte körperliche oder Waffengewalt, aber sie duldet die strukturelle Gewalt der rasenden Panzer, der Abgasfahnen, der schäumenden Flüsse, der Allergene in Luft und Nahrung, der atmosphärischen Ozonzerstörung, der bodennahen Ozonbildung, der Klimaveränderung. Wir werden immer schneller – bis in den Tod.

Die Zeitdimensionen von Ökonomie und Ökologie

Betrachtet man die momentane Situation, so muß man zu dem Schluß kommen: Ökologie hat gegen Ökonomie keine Chance.

Die Hauptursache liegt in einem entscheidenden Handicap der Ökologie gegenüber der Ökonomie:

Die Kurzfristigkeit der Prozesse und Entscheidungen in der Ökonomie gegenüber der sinnlich nicht erfahrbaren Langfristigkeit großer Folgen in der Ökologie.

Das politische System, so heißt es, ist unfähig, den großen Problemen der Zeit gerecht zu werden, weil diese den Zeithorizont der 4-Jahres-Wahlperioden überschreiten. Was nicht innerhalb von 4 Jahren erkennbar Erfolg verspricht, ist in diesem System nicht lösbar.

Die Zeiteinheit der Wirtschaft ist das Geschäftsjahr, in den USA das Quartal. Über Erfolg oder Mißerfolg entscheidet die jährliche Bilanz. Die Folgen von Entscheidungen werden in der Bilanzpressekonferenz öffentlich. Ihr Ergebnis schlägt sich im Börsenkurs nieder. Also heißt die Devise: Kosten senken und mehr verkaufen und immer schneller!

Im Vergleich dazu sind ökologische Systeme langsam und stetig. Es hat Jahrzehnte gedauert, ehe das Ökosystem Wald durch die fortdauernden Schadimpulse in einen Zustand gelangt war, in dem alle mobilisierbaren Abwehrkräfte und Kompensationsmöglichkeiten soweit erschöpft waren, daß das System durch einen beliebigen letzten Schadimpuls zusammenbrach und seine Schäden von außen erkennbar wurden.

Es wird Jahrzehnte dauern, bis der Abbau des Ozonschutzschildes um den Planeten Erde für seine Bewohner unmittelbar dadurch sinnlich erfahrbar wird, daß jedermann und jedefrau im eigenen Bekanntenkreis an Hautkrebs erkrankte und daran gestorbene Menschen kennt. Die Generation, die das erfährt, ist nicht mehr dieselbe, wie die, deren Kühlschränke und Klimaanlagen mit FCKW arbeiteten. Die heute in der Atmosphäre vorhandenen FCKW-Spuren werden auch dann, wenn ab sofort kein FCKW mehr freigesetzt würde, noch für Jahrzehnte Ozonmoleküle knacken.

Es wird Jahrzehnte dauern, bis die langsame, aber stetige und unaufhaltsame Erwärmung der Erdatmosphäre für die ganze Menschheit sinnlich erfahrbare Katastrophen auslösen wird: Das langsame Versinken von Küstenstädten und -landschaften und die Wanderung von Vegetationszonen, durch die nicht abschätzbare Mengen von Pflanzen- und Tierarten verloren gehen werden, weil sie die Geschwindigkeit dieser Wanderung nicht mitmachen können.

In der Mitte des 21. Jahrhunderts werden sich die Menschen, die bis zum Gürtel im Wasser stehen, unter einer Sonne, deren UV-Strahlen nicht von atmosphärischem Ozon gefiltert werden, sich nicht mehr an die Rezession der 90er Jahre des 20. Jahrhunderts erinnern, aber sie werden die damaligen Menschen verfluchen, die die Weichen in einer Mischung aus Eigennutz und Glaube an den Markt so gestellt haben, daß sie, die 60 Jahre später Lebenden, nur noch resignieren können. Wir müssen gar nicht so weit in der Zeit gehen: Schon in wenigen Jahren werden wir nicht danach beurteilt, ob und wie wir die Krise überlebt haben, sondern danach, mit welchen neuen Ideen und Konzepten wir den neuen Herausforderungen begegnet sind.

Die Zeitzyklen von Ökonomie und Ökologie sind grundverschieden. Die Natur war und ist immer in Veränderung. Veränderung ist das Kennzeichen von Evolution. Durch die zunehmende Dominanz der Species homo sapiens über die Natur hat die Geschwindigkeit der menschlichen Eingriffe in die Natur zugenommen. Sie hat von einer Kulturstufe zur nächsten eine Beschleunigung erfahren, von den Sammlern und Jägern zu den Ackerbauern und Viehzüchtern, von diesen zur Kultur der Städte und von dieser zur Kultur von Technik und Industrie. Der Ökologe Wolfgang Haber spricht in diesem Zusammenhang von der Geschwindigkeit der Veränderung in der Natur, während die Veränderung der Geschwindigkeit von Menschen zu verantworten sei.

Die Unterschiede in der Größenordnung der Zeitrahmen liegen zu einem großen Teil in der Linearität ökonomischer Entscheidungen gegenüber der Komplexität ökologischer Prozesse. Ökonomie versucht sich am Theoriemodell der Naturwissenschaften des 19. Jahrhunderts zu orientieren; lineare Ursache-Wirkungsketten, d.h. die Wirkung ist unmittelbar (und damit tendenziell rasch) zu erkennen. In der Ökologie hat man es mit Netzen, mit Wirkungsgefügen zu tun. Neben- und Fernwirkungen sind nicht immer bekannt, und auch da, wo sie bekannt sind, ist davon auszugehen, daß es noch viele weitere geben kann, die irgendwann erkennbar werden können, und zwar im allgemeinen ex post, d.h. wenn wieder einmal eine unerwartete neuartige Schädigung eines Systems aufgetreten ist.

Je komplexer oder vernetzter ein System ist, desto unübersichtlicher werden Zeitabläufe. Komplexe Systeme lassen sich nicht wie mit einem Schalter an- und abstellen. Verzögerungen der Wirkung sind vielmehr die Regel; so sehr, daß ein Beobachter das Ereignis B nicht ohne weiteres als (mit)verursacht von Ereignis A erkennen kann.

Ein Mehr und Schneller sei nötig, um die Wirtschaft am Leben zu erhalten. Da beißen sich die Hauptsätze der Ökonomie und der Thermodynamik. Gleichviel und langsam, da stirbt die Wirtschaft den Kältetod, und mehr und schneller, das treibt die Menschheit in den Wärmetod.

Wieder kommt der Unterschied der Fristigkeit zum Tragen. Darum akzeptieren die heute lebenden Menschen, das Mehr und Schneller der Wirtschaft zuliebe, weil die Menschheit den Wärmetod erst dann stirbt, wenn von den Heutigen keiner mehr zur Rechenschaft gezogen werden kann.

Auf welchem Weg wir sind und wie ein besserer Weg aussehen könnte, wird deutlich am Beispiel des Abfalls. Im Vordergrund der abfallpolitischen Diskussion steht heute nicht das Vermeiden, sondern das Aussortieren und Verwerten von Stoffen und Materialien. Mit kaum einem Begriff wird soviel Schindluder, Irreführung, ja geradezu betrügerischer Umgang getrieben wie mit dem der Verwertung und des Recycling. Das fängt bei der Benennung der Verbrennung als thermischer Verwertung an, obwohl bei einer Verbrennung mit Abgasreinigung, Salzrückgewinnung und Filter- und Schlackenbehandlung nach dem Stand der Technik keine Energie gewonnen wird.

Seit dem Aufbau des Dualen Systems Deutschland, DSD, das man besser als Demotivierungs-System Deutschlands für eigenverantwortliches, umweltverträgliches Handeln bezeichnen sollte, wird von einem Patentausweg aus dem Müllnotstand geredet, der es erlauben würde, beim Konsum, jedenfalls der Menge nach, so weiterzumachen wie bisher und dennoch quasi in einer abfallfreien Welt zu leben. Das Sesam-Öffne-Dich zu dieser schönen Welt heißt Kreislaufwirtschaft.

Kreislaufwirtschaft hat 2 Aspekte: Die Führung von Produktions- und Behandlungsprozessen im Kreislauf und die kreislaufförmige stoffliche Verwertung von Produkten. Bei ersterer ist die Wirtschaft innovativ auf gutem Wege, bei letzterer, die die Konsumgüter betrifft, dominiert das Schlagwort die Realität wegen fehlender Voraussetzungen.

Nichts wäre einzuwenden gegen eine gut ausgebaute, und gegenüber dem heutigen Stand sehr viel breitere Verwertungswirtschaft. Im gegebenen System jedoch erinnern die Begriffe Kreislaufwirtschaft und Verwertung an Shakespeare: Viel Lärm um Nichts. Abfallvermeidung heißt in Konsequenz weniger produzieren, weniger umsetzen; nicht immer mehr Materie und Energie immer schneller umsetzen. Da Vermeidung, in diesem Sinne konsequent betrieben, wirtschaftliche Interessen verletzen könnte, kommt der scheinbare Ausweg der Verwertung gelegen. Damit bleibt das Schwungrad der immer schnelleren Produktion in Bewegung, der Kessel unter Dampf; welcher Art aber ist die Verwertung, der im DSD gesammelten vermischten Kunststoffverpackungen? Weder gibt es eine Möglichkeit nachträglicher sortenreiner Trennung noch sinnvolle Verwertungswege für gemischte Kunststoff-Fraktionen. Parkbänke und Blumenuntersetzer werden als die Endlager des Verpackungsmülls angeboten, mittels derer die gemischte Kunststoff-Fraktion des Hausmülls in der Umwelt fein verteilt werden könnte. Also erfolgt die »Verwertung« der im Rahmen des DSD gesammelten Verpackungen überwiegend thermisch, d. h. sie werden verbrannt. Lohnt das die getrennte Sammlung neben einem Restmüll, der ebenfalls verbrannt wird?

Dabei könnte eine Art DSD sehr sinnvoll sein. Dann nämlich, wenn sich die Höhe der Einzahlung, die für die in den Verkehr gebrachten Verpackungen geleistet werden muß, tatsächlich an der besseren oder schlechteren stofflichen Verwertbarkeit des Materials bemessen würde. Dem ist aber nicht so. Die Einzahlung richtet sich nur nach der Größe der Verpackung und ist materialunabhängig.

Es geht also um die Reduktion der Energie- und Stoffflüsse oder »Umsätze« in Produktion und Konsum; nicht nur um ein Abbremsen der Dynamik der Leistungssteigerung, sondern um eine differenzierte Reduktion des Materieflusses; nicht nur wegen der vollen Senken, sondern auch aus Gründen der Entwicklung: Stellen Sie sich vor, alle Menschen dieser Erde würden bei Energie, Verkehr, Fleischverzehr oder allgemeinem Konsum auf dem Mengenniveau Europas leben. Wir bräuchten über Umwelt und über Leben nicht mehr zu diskutieren. Also sind Abfallvermeidung, Kreislaufführung, ökologisches Produktdesign, Langlebigkeit notwendige, aber nicht hinreichende Voraussetzungen. Es gilt auch zu hinterfragen, ob bestimmte Produkte sinnvoll sind, ob bestimmte Zwecke nicht auch auf andere Weise erreicht werden können oder vielleicht gar nicht erreicht werden müssen.

Auch wenn die Wirtschaft es nur schwer akzeptiert, die Ökologie mit ihrer Forderung nach Langsamkeit ist stärker. Widersetzen wir uns ihrer Forderung, entziehen wir nicht nur dem Wirtschaftsleben, sondern bald jedem Leben die Grundlage auf unserer Erde.

Bisher setzen wir Ziele für die wirtschaftliche Entwicklung und akzeptieren die Umweltauswirkungen oder minimieren sie höchstens in einer Nebenbedingung. Versuchen wir es doch einmal umgekehrt: Setzen wir Ziele für Überleben, Selbstbestimmung, Förderung von Gesundheit, Erhaltung von Natur- und Kulturgütern, und fragen wir dann: Welche wirtschaftlichen Aktivitäten einschließlich Mobilität und Transport sind möglich und auf welche Weise.

Welches die unabhängige und welches die abhängige Variable ist, Umwelt oder Wirtschaft/Investitionen, ist eine normative Entscheidung und keine wissenschaftlich abgeleitete. Es macht den Umgang mit der Ökonomie als Wissenschaft so schwierig, daß in ihr normative, axiomatische und abgeleitete Sätze amalgamiert sind und mit gleichem Wahrheitsanspruch proklamiert werden. Man könnte auch den zweiten Weg gehen, den langsameren, Umwelt vor Wirtschaft/Investitionen, aber das widerspräche einem normativen Satz. Das wäre nicht schlimm, denn normative Sätze sind diskursfähig; also darf der Satz kein normativer, sondern muß ein wissenschaftlich abgeleiteter sein. Damit gewinnt er Anspruch auf Autorität. Setzen wir uns die normative Entscheidung, daß Umwelt die frei vorgebbare Variable ist!

Alljährlich im September treffen sich ökologisch orientierte Wissenschaftler aus Italien, Deutschland, Österreich und der Schweiz in Südtirol zu den »Toblacher Gesprächen«. Im Jahre 1993 haben sie bei dieser Gelegenheit 12 Thesen verabschiedet, von denen ich die Vierte zitieren möchte:

»Die ökologischen, sozialen und ökonomischen Krisen sind Ausdruck der Krise unseres Wachstumsmodells. Die Antworten greifen weniger denn je. Die Hoffnung, Arbeitslosigkeit durch ein Ankurbeln des Wachstums bekämpfen zu können, ist doppelt trügerisch: Wachstum wird keine Arbeitsplätze schaffen, dafür aber die Umweltkrise verschärfen. Jede Zunahme des Bruttosozialprodukts geht mit Umweltvernichtung einher. Wir müssen grundsätzlich neue Fragen stellen und nach neuen Antworten suchen. Wofür arbeiten wir? Warum arbeiten wir so viel und so hart, wenn so viele Menschen ohne Erwerbsarbeit sind? Und was ist das für eine Arbeit, die vielfach nicht glücklich, sondern krank macht und unsere Lebensgrundlagen zerstört? Arbeit ohne Umweltzerstörung ist die Herausforderung. Arbeit und ökologischer Wohlstand das Ziel. Wir brauchen eine neue Kultur der Arbeit.«

Bisher jedenfalls scheint mir die industrielle Ökonomie durch das Akronym DEBIL gekennzeichnet. DEBIL steht für

Dynamik,
Entgrenzung
Beschleunigung
Identitätsverlust
Leistungsdruck.

Ich bin geneigt, den Kolleginnen und Kollegen aus der Ökonomie und besonders deren heutigen Schülern und Studierenden zuzurufen: Führen Sie die Ökonomie in Wissenschaft und Praxis aus ihrer Rationalitätsfalle, in der sie mit geschlossenen Augen sitzt und die letztlich eine Beschleunigungsfalle ist. Öffnen Sie ihr die Augen, konfrontieren Sie sie mit der Realität. Die langsame Natur klagt ihr Recht ein und wir tun gut daran, uns an ihr Tempo anzupassen.

Leiten Sie die Dynamik in Innovationen, die unsere Industriekultur so verändern, daß sie wirklich für die sich entwickelnden Teile der Welt Beispiel sein kann.

Nutzen Sie Ihre kreative Fantasie, für eine Theoriebildung der Entschleunigung anstelle des chaotischen Wachstumsmodells.

Ersetzen Sie Identitätsverlust durch Lebensqualität, durch den Vorrang des Seins vor dem Haben und ersetzen Sie den Leistungsdruck durch Begrenzung in beispielgebender Bescheidenheit.

Dann hieße das neue Akronym TISBE, zu schön, um wahr zu sein, eben ein Sommernachtstraum:

Theoriegeleitete Fantasie,
Innovative Dynamik,
Sein vor Haben,
Begrenzung in Bescheidenheit,
Entschleunigung.

Kritik der Entschleunigung

Peter Glotz

1.

Entschleunigung, so ist meine These, wird zur aggressiven Ideologie einer gerade in der Entstehung befindlichen, rapide wachsenden Klasse (oder sozialen Schicht) von Modernisierungsopfern. Der Tatbestand stellt sich roh zusammengefaßt folgendermaßen dar: Der Computer als Medium der Medienintegration senkt die Transaktionskosten der Wirtschaft, indem er eine Verdichtung von Zeit und Raum, eine »Time-Space Compression« ermöglicht. In den dominierenden Branchen der Wissensgesellschaft werden die Tanker (riesige Unternehmen mit bis zu sieben Managementebenen) durch Schnellboote (kleine Unternehmenskerne, die mit virtuellen Unternehmen, also Ad hoc-Teams zusammenarbeiten) ersetzt.[1] Nicht mehr der Große schluckt den Kleinen; vielmehr schlägt der Schnelle den Langsamen. Diese Entwicklung, greifbar zum Beispiel in der Welt der neuen Finanzdienstleistungen und Finanzprodukte, der Online-Kooperation deutscher oder amerikanischer Ingenieure mit indischen Softwarespezialisten oder der Pre-Announcement-Politik der Computerbranche, produziert Rationalisierungsmöglichkeiten, Out-Sourcing-Prozesse und Internationalisierungs-Effekte, die zu einem spürbaren Ansteigen der Arbeitslosenzahlen in vielen entwickelten Industriegesellschaften führen. Die innere Hierarchie dieser Gesellschaften verändert sich. Man kann zwischen einer schmalen Schicht (ein halbes Prozent) von Vermögensbe-

1 Vgl. Davidow, W. H./Malone, M. S.: Das virtuelle Unternehmen. Der Kunde als Co-Produzent, 2. Aufl., Frankfurt am Main 1996.

sitzern und ihren angestellten Topunternehmern, einer wachsenden (die Zwanzigprozentmarke aber nicht übersteigenden) Zahl von Symbolanalytikern, den Restbeständen der Agrar- und Industriegesellschaft, also vor allem den alten Kernbelegschaften (um die vierzig Prozent) und einer immer stärker anwachsenden »neuen Unterschicht« unterscheiden. Diese Unterschicht braucht eine neue Ideologie; und die wird ihr gerade formuliert. Und woraus besteht diese Unterschicht? Ihr Kern sind nicht nur die schon lange gedemütigten und nach unten gedrückten Obdachlosen, Sozialhilfeempfänger und Langzeitarbeitslosen, sondern der schwächere Teil jener »Selbstangestellten« (Peter Fischer), die die Gewerkschaften immer noch polemisch als »Scheinselbständige« bezeichnen.[2] Es ist klar, was dieses untere Drittel der Gesellschaft braucht: Eine eigene Welt von Werten und Normen, die sich von denen der virtuellen Klasse und ihrer Zuarbeiter unterscheidet. Die virtuelle Klasse lebt schnell, ist mobil, flexibel und ubiquitär. Ihr Symbol sind sozusagen die Senatorkarten unterschiedlicher Luftfahrtgesellschaften, vielleicht auch gut gesicherte Wohnungen in den Sicherheitsghettos verschiedener Kontinente. Das Zauberwort, das die Lebensweise dieser virtuellen Klasse entlarven soll, heißt Entschleunigung.

Natürlich ist diese neue Unterklasse noch im Entstehen, also nicht formiert. Ihr Marx und ihr Engels sind noch nicht aufgetreten. Wir stehen noch bei den Frühsozialisten. Als neuen »Bund der Kommunisten« könnte man die »Glücklichen Arbeitslosen«[3] werten, die neuerdings immer mehr von sich reden machen. Diese Bewegung ist in Berlin entstanden, ihr Manifest soll schon einhundertfünfzigtausend Mal nachgefragt worden sein, ihr Verbandsorgan heißt »Müßiggangster« und bezeichnet sich selbst als »Kontemplationsblatt«. Natürlich ist der Ton aggressiv und

2 FISCHER, P.: Die Selbständigen von Morgen. Unternehmer oder Tagelöhner? Frankfurt am Main 1997.

3 Vgl. FAZ vom 5. März 1997.

richtet sich sowohl gegen die »schwachsinnige« und »leere« Hast der Manager wie gegen die »dümmlichen« Gewerkschaftsfahnen, »herzzerreißenden« (linken) Wahlkampfreden und das ganze überlieferte Arbeitsethos der Industriegesellschaft. »Nachdenklichkeit«, »Sinn«, »Leben jenseits der Ökonomie«, »Ökologie«, »Gemeinsinn« und eben »Entschleunigung« sind die Schlüsselworte dieser neuen Ideologie. Sie wird der virtuellen Klasse um die Ohren geschlagen werden wie ein nasses Handtuch.

2.

Nun ist die Entwicklung einer Ideologie für eine Unterklasse selbstverständlich legitim. Man muß sich wehren dürfen. Denn diesen Leuten wird ja entgegengehalten, sie seien faul und untüchtig und hätten die »Tugenden« des Industrialismus verraten. Dabei wird nicht gefragt, was man im digitalen Kapitalismus mit den Tugenden des Industriekapitalismus eigentlich anfangen könnte. Nichts zeigt deutlicher die aggressive Selbstentschuldung der mittleren und oberen Klassen als die oft genug bösartige Debatte um Zumutbarkeitsregelungen für Arbeitslose. Erklärlich, warum Leute, die lange genug nach einer sowohl ernährenden als auch befriedigenden Tätigkeit gesucht haben, schließlich und endlich auf Paul Lafargues »Lob der Faulheit« zurückgreifen und sich gegen den seine Arbeitszeit genau einteilenden und voll ausbeutenden Manager als lebenskluge, nachdenkliche, ressourcen-schonende und menschlich-einfühlsame Ökologen profilieren.

Zum Teil ist diese Argumentation ja nicht nur verständlich, sondern auch richtig. Es gibt gehetzte Existenzen, die sich blind von einer Aktion in die nächste stürzen. Für den gleichmäßigen Verkehrsfluß, der auf amerikanischen Highways die Geschwindigkeitsbegrenzung auf 55 Meilen produziert, gibt es eine Reihe von guten Argumenten. Wenn Marktpräsenz-Zeiten von Produkten (zum Beispiel in der Mikroelektronik) so kurz sind, daß die Nachfrage das neue Produkt nicht mehr als solches identifizieren kann, wird die Innovation sinnlos. Insofern macht die vielzitierte »Entdeckung der Langsamkeit« (bei der der Titel Sten Nadolnys Roman hin- und hergewendet wird) gelegentlich durchaus Sinn.

Es muß aber erlaubt sein, auch die Ideologie unterdrückter Klassen – jenes unteren Drittels der Zwei-Drittel-Gesellschaft – auf ihre Folgerichtigkeit, Berechtigung und Gerechtigkeit zu untersuchen. Die Entschleunigungstheorie ist ein aufgepäppeltes Stiefkind des Zeitgeists; nicht ganz so erfolgreich wie das neoliberale Deregulierungs-Paradigma, aber doch umsichtig gefördert und geschickt inszeniert. Es darf der kritischen Debatte nicht entzogen werden.

Vor allem drei Einwände verdienen eine ruhige Abwägung. Sie beziehen sich sowohl auf die Erfolgschancen als auch auf die geistesgeschichtlichen Hintergründe und die argumentative Überzeugungskraft des Entschleunigungs-Verlangens.

- Erstens muß man – banal genug – fragen, was geschähe, wenn eine reife Industriegesellschaft versuchen würde, den Übergang zur Informations- und Wissensgesellschaft mit ihrer hohen Rate der Geschwindigkeitsänderung bewußt zu verzögern. Der Computer ist die kulturprägende Technologie des späten 20. und frühen 21. Jahrhunderts. Natürlich sind die bengalisch beleuchteten Großprognosen – »Das Ende der Arbeit« (Jeremy Rifkin)[4] – abwegig. Die neue Welt ist eine Teil-Welt. Es bleiben noch allerhand behelmte Bau- und Metallarbeiter übrig. Das Beharren auf altindustriellen Rahmenbedingungen – und die damit verbundene Blockade der digitalen Innovationen – würde aber ein Castro-Dilemma hervorrufen. Die Langsamkeit als Gesamtstrategie verursachte schmerzhafte Wohl-

4 Vgl. Rifkin, J.: Das Ende der Arbeit und ihre Zukunft. Frankfurt am Main 1997.

standsverluste. Ein (genereller) Entschleunigungspfad wäre in einer globalisierten Wirtschaft nur mit abenteuerlichem Aufwand und in großer Formation (zum Beispiel in der EU) durchsetzbar. Derartige Heldentaten sind nur unter extremen Bedingungen mehrheitsfähig. Das aber heißt: Die Entschleunigungsbotschaft bleibt angesichts der Realität des digitalen Kapitalismus die kräftige Sonntagspredigt eines redegewandten, aber nicht arg durchsetzungsfähigen Superintendenten.

- Zweitens werfen viele Vorschläge der Entschleuniger Freiheitsprobleme auf. Die Parole »freie Fahrt für freie Bürger« ist sicherlich holzgeschnitzter Ellbogenliberalismus. Ist die Idee, nur noch Autos zuzulassen, die achtzig oder einhundert Stundenkilometer fahren (Georges Fülgraff)[5] aber nicht andererseits patriarchalische Betreuungspolitik, durchsetzt mit einem Schuß ressentimentsgeladener Sanftmut? Man sollte niemanden zwingen wollen, im Wettbewerb der internationalisierten Funktionseliten mitzuspielen. Aber muß der Softwareingenieur nicht die Chance haben, achtzig oder hundert Stunden in der Woche an der Entwicklung eines neuen »Intelligent Agent« zu basteln, ohne als Ratte im »rat-race« verunglimpft zu werden? Man muß das Zusammenleben von Beschleunigern und Entschleunigern in einer Gesellschaft höchst umsichtig organisieren. Versuchte die eine Partei die andere zu ihrem Lebensstil und ihrer Lebensphilosophie zu zwingen, bräche ein Kulturkampf aus, der sich gewaschen hätte.
- Drittens ist die »philosophische« Anthropologie, die hinter der Entschleunigungsthese steckt, alles andere als unbestreitbar, vielleicht nicht einmal plausibel. Im Grunde ist es der Todtnauberg-Mensch, der da propagiert wird: tief, nachdenklich, natürlich, im Rhythmus der Natur lebend, seinsversessen. Polemisiert wird gegen die »Sucht nach Abwechslung«, das »Kurzweilige«, die »Entgrenzung«, die »Geschwindigkeit«, das »Spiel

5 Vgl. Fülgraff, G., in diesem Band, S. 57ff.

mit virtuellen Welten«, die »Zapping-Gesellschaft«. Aber ist die kontemplative Existenz, die sich nach »Rückbesinnung auf die eigenen Wurzeln« sehnt, die »sich eingebunden ... wissen (will) in einen größeren Zusammenhang« (Peter Busch)[6] wirklich ein evidenteres Leitbild, das gar nicht in Frage gestellt werden kann? Man denkt an Pascal; das ganze Unglück der Menschen rühre daher, daß er nicht ruhig an einem Platz verharren könne. Im Kontext der katholischen Idee des Seelenheils hatte das seine innere Logik. In (mehr oder weniger) glaubenslosen Gesellschaften aber wirkt die Polemik gegen die Außenleitung, das Tempo und das Gemachte (»Künstliche«) seltsam bodenlos. Walter Benjamin hat Menschen gefeiert, deren »Geistesgegenwart« durch das Betrachten von Eisenstein-Filmen gestählt wurde. Die Entschleuniger dagegen feiern das, was Marx und Engels im Manifest den »Idiotismus des Landlebens« genannt haben. Der Langsamkeitskult ist eine Halbschwester der (deutschen) Innerlichkeit. Wollte man ihm so aggressiv begegnen wie die Entschleuniger auf das Projekt der Moderne reagieren, müßte man den trockenen Humor des Berliner Proletariats bemühen: »Jeh in dir, Mensch.« »War ick schon, is ooch nischt los.«

»Entschleunigung« mag in manchen Biographien, Arbeitsprozessen oder Branchen dringend notwendig sein. Als Universalschlüssel zur Lösung vieler oder gar aller Probleme der späten Industrie- oder frühen Informationsgesellschaft ist diese These und Attitüde gänzlich ungeeignet. Viele Beispiele zeigen, daß eine pauschale Geschwindigkeitskritik zu irritierenden Kurzschlüssen, modischen Bocksprüngen und quasi-religiösen Heilsversprechungen führt. Hier seien – unter Auslassung des weitverbreiteten New-Age – Sekten-Consulting und Tagungs-Schwindels – zwei Exempla aus der seriösen Welt der politischen und wissenschaftlichen Eliten angeführt.

6 Vgl. BUSCH, P., in diesem Band, S. 15ff.

- Bundespräsident Roman Herzog hatte in seiner Adlon-Rede vom April 1997 die Starrheit des deutschen politischen Systems kritisch aufgegriffen. Er schilderte sich selbst perpetuierende Fehlentwicklungen: die Selbstblockade des beigebrachten Föderalismus, bürokratische Bedenkenträgerei, Überregulierung. Bei einer Reihe von Problemen seien sich die Funktionseliten über die Notwendigkeit und die Grundrichtung von Änderungen einig; trotzdem geschehe nichts. Der strategische Begriff gegen die Verholzung des ökonomischen Entwicklungspfads der Bundesrepublik war der »Ruck«, der durch die deutsche Gesellschaft gehen müsse. Typisch für das reflexartige Einrasten der Entschleunigungsphilosophie war nun eine Stellungnahme der »Vereinigung Deutscher Wissenschaftler«.[7]

Die Antwort der »Vereinigung« geht auf die Diagnose Herzogs kaum ein. Die Lähmung wichtiger Entscheidungsmechanismen wird nicht bestritten, geschweige denn widerlegt. Mit Begriffen wie »konkurrenz- und innovationstoll« oder »Tun-und-Machens-Drang« wird Herzogs Hinweis auf die Starrheit der staatlichen Strukturen in Deutschland dennoch ironisiert. Die Stellungnahme versammelt alle Schlüsselworte der Entschleunigungsphilosophie, so die positiv aufgeladenen Begriffe »Nachdenklichkeit«, »Ökologie«, »skrupulös abwägende Langsamkeit«, »Ruhe« und die negativ aufgeladenen wie »Tempo«, »mehr«, »weiter«, »schneller«, »ex und hopp«. Kein Wort aber darüber, daß höchst unterschiedliche Konstellationen denkbar sind – solche, die mehr Langsamkeit, andere, die mehr Tempo erfordern. Wie soll aber – um ein einziges Beispiel aufzugreifen – das brennende Problem der Massenarbeitslosigkeit in Deutschland wirksam bekämpft werden, wenn die mit Händen zu greifende Unfähigkeit, vernünftige Rahmenbedingungen für die Umsetzung der Grundlagenfor-

7 Vgl. Vereinigung Deutscher Wissenschaftler, Offener Brief an Bundespräsident Roman Herzog, abgedruckt in Neues Deutschland 3. Juli 1997.

schung oder die Gründung neuer Unternehmen zustandezubringen, als »Nachdenklichkeit« gefeiert wird? Das Paradigma der »Langsamkeit« hat sich so eingefressen, daß es selbst ein Wissenschaftlerverband wie eine Fahne benutzt, nach dem Motto: Wenn die Fanfare erklingt, ist der Verstand in der Trompete.

- Extremer ist noch die Publikation eines deutschen Professors für Experimentalphysik in einer renommierten Zeitschrift.[8] Die Analyse ist die übliche, die Schlußfolgerung allerdings ausgefallen. Ton und Vokabular solcher Elaborate sind interessant, weil sie sich als gesunkenes Kulturgut in der Emotions-Kommunikation der Massenpresse wiederfinden.

Die Analyse des Experimentalphysikers lautet folgendermaßen: »Die ständig zunehmende Innovationsgeschwindigkeit führt zu einer zunehmenden Verknappung der Zeit und einem sich steigernden Leistungsdruck. Dies führt an biologische Grenzen, sofern wir den Menschen nicht biologisch ›härten‹, sprich genetisch ›verbessern‹ wollen. Wenn ich mich umschaue, sehe ich nur den ›Wettlauf der Besessenen‹. Nichts scheut offensichtlich der moderne Mensch mehr als die Ruhe, in der er nachdenken könnte. Alles muß schneller gehen. Der vermeintlichen Macht der Fakten folgen alle in blindem Gehorsam – und unsere technokratischen Eliten verkaufen dies als Fortschritt. Die gewaltsame Veränderung der Welt mithilfe der Technik verschlingt den Sinn des Lebens. Streben wir die Bewußtlosigkeit an?«

Selbstverständlich sind das die altbekannten Formeln romantischer Kulturkritik, wenngleich in beispielhaft stolzer Schlichtheit. Gerade die Schlichtheit aber sichert die Durchschlagskraft bei Menschen, die von der Arbeitswelt im digitalen Kapitalismus zurückgewiesen werden oder sich in prekären Arbeitsverhältnis-

8 RÖSSLER, E.: Forschungsfreiheit oder versiegende Lust auf Technik. in W+F 1/98, S. 67ff.

sen dahinfretten müssen. Die Entschleunigungs-Theorie verspricht Ruhe, Natürlichkeit, Lebendigkeit, Gefühl.

Die Schlußfolgerung unseres Experimentalphysikers ist dann schon sektenhaft; sie überzeugt nur noch den lunatic fringe: »Die Zukunft braucht also keine Naturwissenschaft beziehungsweise wer die Naturwissenschaft retten will, muß auf die heutige Technisierung verzichten, und wer die Zukunft gewinnen will, muß ganz andere Wege gehen. Vor diesem Hintergrund bekenne ich mich zu einer Technikfeindlichkeit.« Solche Selbstentblößungen sind selten. Sie sind auch nicht die notwendige Folge der Entschleunigungs-These. Aber eine mögliche.

3.

Nun wäre es unangemessen, die Entschleunigungs-These nur an Zufallsprodukten des Tages zu messen. Man muß zurück zu den Quellen. Die prominenteste ist die Geschwindigkeitskritik Paul Virilios, eines (1932 geborenen) Pariser Urbanisten, Rektor der Ecole d'Architecture Speciale, der mit einer Reihe vielfach übersetzter Schriften eine prominente Rolle in der »neueren Medientheorie« spielt. Natürlich kann man sagen: Auch Virilio ist keine »Quelle«, sondern ein Fluß, der schon ziemlich viel Treibgut mit sich führt. Die Quellen sind Martin Heidegger oder Ludwig Klages. Die breite Debatte über diesen katholischen Grübler, dessen wichtigste Schrift den programmatischen Titel »Rasender Stillstand«[9] trägt, rechtfertigt aber doch die genauere Analyse dieses elegant-erfolgreichen Werks.

Virilios Texte sind dunkel, assoziationsreich, sprunghaft und stellen überraschende Zusammenhänge her. Versucht man, die wichtigsten Thesen aus ihrem sprachlichen Kokon zu lösen und

9 Virilio, P.: Rasender Stillstand. Essay München/Wien 1992.

in einer einfachen Beschreibungssprache wiederzugeben, kommt man zum Beispiel zu folgenden Argumentationslinien:

- Im Zentrum von Virilios Medientheorie steht eine Kulturkritik der Fotografie. Fotografie bedeute Einfrieren der Zeit, Unterbrechung des Zeitflusses, Zerstörung einer »direkten« »wirklichen« Wahrnehmung. »Natürliche« Bilder seien einmalig, körperlich, technisch nicht reproduzierbar. Optische Instrumente dagegen brächten natürliche Bewegungen zum Erliegen, vernichteten also das »natürliche Sehen und Empfinden«. Geschwindigkeitskritik: Die Fotografie ist (nicht nur durch das »Blitzlicht«) schneller als das menschliche Auge. Deswegen reklamieren die Fotografen für ihre Bilder die ganze Wahrheit. Virilio dagegen bezichtigt die Fotografie einer Abtreibung der Vielfalt von »mentalen Bildern«. Noch schlimmer bei der Kinematographie: Der viereckige Horizont des Bildschirms habe unsere Wahrnehmung so gestört, daß sich der mentale Zustand der Menschen grundlegend verändere. »Der virtuell sichtbare Horizont der Telekommunikation verdammt uns zu einer endgültigen Seßhaftigkeit an den Terminalen, um telepräsent auf der ganzen Welt zu sein. (Kloock)«[10]
- In direktem Zusammenhang mit dieser Kritik mechanisch-kinematographischer und elektronisch-synthetischer Bilder steht seine These vom Cocooning. Die Menschen, so prophezeit Virilio, bewegten sich bald aus ihrer Wohnung nicht mehr fort. Sie lebten in der »intelligenten Wohnung«, die Bestandteil einer interaktiven Stadt sei. Ihre Zimmer glichen Kapseln, wie es sie heute schon im Hotel Kotobuki in Osaka (Japan) gäbe, Zellenzimmer, drei Quadratmeter groß, in denen man nicht aufrecht stehen könne, die aber ausgestattet seien mit Telefon und Fernseher. Es gäbe keinen Blick nach draußen,

10 Vgl. Kloock, D.: Von der Schrift zur Bild(schirm)kultur. Analyse aktueller Medientheorien. Berlin 1995.

statt aus dem Fenster schaue man auf den Bildschirm. Ein Punkt sei zentral in dieser intelligenten Wohnung, der Monitor nämlich als eine Art Terminal, von dem aus die Menschen alles erledigten, mit wenigen Ausnahmen. Kein Tageslicht erhelle die Zimmer, auch kein elektrisches, sondern die indirekte Strahlung der Bildschirme. Auf einem Stuhl oder einer Liege würden die Menschen vor dem Terminal liegen und sich an fiktiven Fahrten und elektronischen Halluzinationen berauschen, deren banalstes Beispiel der Flugsimulator sei. Schlußfolgerung: »Der Blinde und der Gelähmte sind nunmehr Vorbilder dieses Sehbehinderten, dieses Bewegungsbehinderten der intelligenten Wohnung.«[11]

- Ausgangspunkt für diese Thesen ist die Theorie, daß »echte« Kommunikation nur bei physischer Präsenz der Menschen möglich sei; die »heiligen« Kommunikationsmittel seien die Sprache und die Schrift. Virilio wörtlich: »Zunächst einmal muß man die physische Präsenz der Menschen mit den Menschen bewahren, das »Hic et nunc«. Der Dialog fordert die physische Präsenz.«[12] Daß daraus eine Abwertung aller technischen Tele-Medien folgt, ergibt sich als logische Konsequenz. Im Grunde knüpft Virilio bei Kafka an, der schon Briefe als Störung oder Zerstörung menschlicher Kommunikation wertete. Die technischen Apparaturen, die die Menschen ersonnen haben, um miteinander über Entfernungen kommunizieren zu können und Bewegungsillusionen zu erzeugen, werden als Verfälschung originärer Raum- und Zeiterfahrung gewertet. Kameras sind für Virilio wie Waffensysteme – Werkzeuge der Manipulation der Perzeption.

Natürlich entstellt die Übersetzung in eine normale Sprache die Begriffsdichtung Virilios. Seine Wertungen beruhen ja nicht auf empirischen Beobachtungen, sondern auf philosophischen De-

11 Virilio, S. 116f.
12 Kloock D., S. 220.

zisionen, für die man sich mehr oder weniger dämonisch entscheiden muß, zum Beispiel für die Hochschätzung der Kommunikation unter den Bedingungen physischer Präsenz. Natürlich, so würde ein empirischer Kommunikationsforscher sagen, gibt es kommunikative Situationen, die physische Präsenz sinnvoll machen oder verlangen; das philosophische Gespräch zum Beispiel, die Liebeserklärung, der Abschied vor dem Tod, die Austragung eines lebensentscheidenden Konflikts. Warum aber soll der Abschluß eines Geschäfts, die Mitteilung über eine technische Neuerung, die Besprechung eines Termins nicht über technische Prothesen erfolgen? Unbestreitbar: Es gibt einen Unterschied zwischen natürlich direkter und maschinell indirekter Wahrnehmung. Aber was rechtfertigt die Behauptung, daß der Verlust kinetischer und taktiler Eindrücke, der Verlust von Geruchseindrücken das Ortsgedächtnis oder die Unterscheidung zwischen drinnen und draußen zerstören müsse? Das Problem dieser Art »Medientheorie« sind die intellektuell korrupten Interpolationen. Mag sein, daß Menschen in der Stadt des 21. Jahrhunderts viele Aktivitäten, für die sie früher das Haus verlassen mußten, von ihrer »intelligenten Wohnung« aus erledigen. Aber warum müssen sie deswegen »Bewegungsbehinderte« werden? Schon möglich, daß in der Mediengesellschaft des 21. Jahrhunderts die Bilder in der Kommunikationspraxis der Menschen eine stärkere Rolle spielen werden als im 18. Jahrhundert; daß die Schrift (mäßig) zurückgestuft wird. Aber warum ist die Schrift »heilig«? Welche empirischen Befunde sprechen dafür, daß die Schrift durch den Bildschirm »bedroht« werde? Wesentliche Teile der computervermittelten Kommunikation funktionieren über die Schrift; zum Beispiel auch alle textbasierten Spiele. Wenn Kinder zwei Stunden lang am Bildschirm lernen, hindert sie niemand daran, weitere drei Stunden im Matsch zu spielen und auf Bäume zu klettern. Zwar verschafft nur die »große These« die Prophezeiung einer »Mutation«, die Entdeckung eines »epochalen Bruchs« wirkliche Prominenz. Gegen Virilio (und manche seiner Brüder im Geiste) muß man aber darauf bestehen, daß auch große Thesen ein Minimum an empirischer Rechtfertigung bedürfen. Die Behauptung, daß die Beschleunigung unserer Kultur durch die modernen Medien der Ursprung allen Übels sei, bleibt bei Virilio eine aparte, geistreich instrumentierte, aber ganz und gar unbelegte Hypothese, geschuldet der Grundhaltung: »Für mich heißt, sich für Technik zu interessieren, sich für ihre Negativität zu interessieren.« Wer diese Haltung für »philosophisch« hält, verwendet einen seltsam-kruden Begriff der Philosophie.

Natürlich kommt dem Kultur- und Sozialwissenschaftler bei der Lektüre der Texte von Virilio häufig der Verdacht, daß er schlicht naturwissenschaftlich nicht ausreichend gebildet sei. Viele Ableitungen aus der Relativitätstheorie, der Quantenmechanik oder der Optik versteht er nicht. Da ist es beruhigend, daß kürzlich zwei Naturwissenschaftler Virilios Texte (und insbesondere seine Bezugnahme auf die Physik) untersucht haben. Ihr Urteil: »Seine Sätze enthalten ein kleines bißchen mehr Sinn als die von Deleuze-Guattari, doch was einem als »Wissenschaft« präsentiert wird, ist eine Mischung aus monumentalen Verwechslungen und haarsträubender Phantasterei. Zudem sind die wissenschaftlichen Analogien so willkürlich wie nur irgendmöglich, wenn der Autor nicht gleich in einen reinen Wortrausch sinkt.«[13] Die »philosophische« Grundlegung der Geschwindigkeitskritik (und der Entschleunigungs-These) ist ziemlich haltlos.

4.

Kein Zweifel, der Computer als Kommunikationsmittel und wissenschaftliches Instrument zugleich wird unsere Gesellschaften tiefgehend verändern. Er ist die prägende Technologie unse-

13 Sokal, A., Bricmont, J.: Impostures intellectuelles. Paris 1997, S. 191 (eigene Übersetzung).

rer Jahre, nur vergleichbar mit Instrumenten wie der Uhr oder der Dampfmaschine. Erst als Uhren auf allen Kirchtürmen angebracht waren, entstand so etwas wie eine rational geordnete Arbeitszeit. Diese veränderte den Alltag der Menschen radikal. Insofern wird die »Telematische Gesellschaft«, die sich derzeit entwickelt, eine ganz andere Kommunikationskultur verlangen als die industrielle. Die entscheidenden Aktivitäten des Menschen werden sich unter neuen Bedingungen vollziehen: Arbeiten, Spielen, sich unterhalten, Lernen, Kommunizieren, Politisieren. Und selbstverständlich wäre die Behauptung, daß die Entwicklung zur telematischen Gesellschaft konfliktlos verliefe – oder gar: daß sie den Menschen nur Vorteile brächte – haltlos. Die Times-Space-Compression muß Punkt für Punkt, Fall für Fall analysiert werden. Wie alle technischen Neuerungen enthält sie Emanzipations- und Destruktionspotentiale. Wer sie als Apokalypse interpretiert, produziert eingängige, aber fragwürdige Welterklärungen.

Er gefährdet im übrigen auch das (einigermaßen) friedliche Zusammenleben moderner Gesellschaften. Deren Spaltung zur Zweidrittelgesellschaft deutet sich seit zwei Jahrzehnten an. Die neue virtuelle Klasse wird die Kernbelegschaften der alten Industriegesellschaft kooptieren. Im unteren Drittel werden Arbeitslosigkeit, Arbeitsknappheit und Not beherrschend sein. Es ist verständlich (und unausweichlich) daß sich dieses untere Drittel, in dem sich im Unterschied zu früheren Unterschichten viele vorzüglich ausgebildete Akademiker befinden werden, ein eigenes Wertesystem sucht. Die Entschleunigungstheorie wird in diesem Wertesystem eine wichtige Rolle spielen. Spiritualität statt Effizienz, Familienorientierung statt Leistungswettbewerb, Nachdenklichkeit statt Geschwindigkeit, Natürlichkeit statt Künstlichkeit, Bescheidenheit statt Gewinnsucht, Null-Wachstum statt Wachstum werden die Parolen sein. Und für viele der Entscheidungsprobleme, mit denen die Menschheit konfrontiert wird, werden sich diese Parolen als durchaus plausibel erweisen; allerdings keineswegs für alle. Der generelle Verdacht gegen Geschwindigkeit, Effizienz, Wachstum wäre so dogmatisch wie der generelle Verdacht des Sozialismus gegen Privateigentum, Elite und Profit. Deswegen muß man das gute Gewissen der ideologischen Entschleuniger erschüttern. Sie müssen lernen, daß sie keineswegs über eine auf alles anwendbare, generell überlegene Philosophie verfügen. Nur wenn sie das begreifen, werden sie bereit sein, mit den Beschleunigern Kompromisse zu schließen. Und ohne solche Kompromisse entstünden Kulturkämpfe, deren Erbitterung nicht geringer wäre als die der religiösen und sozialen Kriege im Bismarck-Reich oder der Weimarer Republik.

Rechte Zeit

Bernhard Großfeld

»Eile mit Weile«

Einleitung

Gewiß kennen wir – beginnend mit Pythagoras, Zenon und Aristoteles – tiefgründige Untersuchungen zur Zeit (»Was messen Uhren?«); auch zu »Recht und Zeit«; es gibt sogar ein »Gesetz über Zeitbestimmung« (»Zeitgesetz«). Das Thema »Zeit« ist uns Juristen also nicht neu. Doch: Die Zeit ist etwas Göttliches, deren wahres Wesen nicht begriffen werden kann! (Gale nus, 129–199 n.Chr.). Für die Rechtsvergleichung hat mein Lehrer Fikentscher das Thema behandelt: Er macht das verschiedene Zeitbewußtsein der Kulturen (zielgerichtet linear: ewig kreisend!) zu einer Basis seiner vergleichenden Methodenlehre. Uns Wirtschaftsrechtler hat »just in time« aktiviert[1].

Zeitfalle

Der Laie neigt dazu, das Recht als etwas Statisches anzusehen und Molière zuzustimmen: Die Zeit tut nichts zur Sache (Misanthrope). Je länger man sich aber mit dem Recht befaßt, je mehr wird einem das Zeitmoment im Recht deutlich. »Bedenkt die Zeit« lehrt der Religionsjurist Paulus. Auch wir Juristen sitzen in

1 Die Arbeit beruht auf folgenden Schriften: GROSSFELD, B. (1995), Zeichen und Zahlen im Recht, 2. Aufl., Tübingen 1995; DERS. (1989), »Grundfragen der Rechtsvergleichung«, in: FS Lukes, Köln u.a. 1989, S. 657; DERS. (1991), Grundfragen des Internationalen Unternehmensrechts, Heidelberg 1991; GROSSFELD, B./WESSEL, L. (1990), in: ZVglRWiss 89, 1990, S. 498.

der Zeitfalle: Recht soll »rechtzeitig« sein – aber die »rechte Zeit« (vgl. Psalm 1,3; 104, 27) läßt sich kaum allgemein bestimmen. Sollen wir Juristen beschleunigen oder sollen wir verzögern? Offenbar beides – aber: zugleich oder nacheinander? Der Volksmund verlangt, daß »kurzer Prozeß« gemacht wird, hält schnelles Recht für gutes Recht. Doch »gut Ding will auch Weile haben« und im Recht finden wir nebeneinander Eilverfahren und lange Instanzenwege (bis hin zum Bundesverfassungsgericht und zum Europäischen Gerichtshof). Nach der Wiedervereinigung ging es in den neuen Bundesländern ohne Recht nicht schnell genug, zugleich aber verlangsamte das ausziselierte Bundesrecht viele Entscheidungen, erhöhte es die Transaktionskosten.

Recht muß einerseits auf neue Herausforderungen (z.B. Datenschutz, Gentechnologie) rasch antworten, es muß andererseits Vertrauenshaltungen beachten und neue heranwachsen lassen. Ohne viel Zeit entsteht kein Rechtsgefühl, auf das eine freiheitliche Ordnung nicht verzichten kann. Diesem Spannungsverhältnis begegnen wir vor allem beim Nebeneinander von einfachem Gesetzesrecht und Verfassungsrecht. Durch das Gesetzesrecht reagiert die Mehrheit der jetzt Lebenden auf die Forderungen von heute, das Verfassungsrecht beruft sich auf die Mehrheit der Toten und verlangsamt zumeist. Dadurch entsteht nicht nur ein Zeitkonflikt, sondern auch ein Generationenkonflikt – namentlich angesichts der ausufernden Stellung des Bundesverfassungsgerichts. Merkwürdig, daß der Wille der Toten (wenn es denn ihrer ist) sich stärker durchsetzen kann als der Wille der Lebenden! Eine säkularisierte Form der Ahnenverehrung?

Zeitprägung

Die Frage nach der rechten Zeit im Recht geht aber weit darüber hinaus. Unser Recht als großer kultureller Ordnungsrahmen ist zeitgeprägt. Darauf stoßen wir überall; wir denken Recht in Zeitverläufen. Das beginnt bei der Frage, ob man ein Gesetz historisch oder teleologisch auslegen muß. Von dort gehen wir zum Vertrag, der selbst ein Zeitakt ist. Goethe lehrt:

»Es rast die Zeit mit allen Sinnen fort,
und mich soll ein Versprechen binden?«

Wir stoßen auf die clausula rebus sic stantibus und auf die Lehre vom Wegfall der Geschäftsgrundlage; wir unterscheiden die Wirkung von Rücktritt (ex tunc) und Kündigung (ex nunc); uns beschäftigt, ob ein Vertrag auf unbegrenzte Zeit geschlossen werden kann. Zu erwähnen sind auch Altersstufen (§§ 2, 104, 107 BGB) und vor allem Fristen (§§ 186–193 BGB), namentlich Verjährungsfristen (§§ 194–225 BGB).

Wir kennen Rechtsinstitute, bei denen die Zeit das Problem schlechthin ist, z.B. beim Zins und Zinseszins, bei juristischen Personen als »ewigen Vermögensträgern«. Andere Institutionen sind allein durch die Zeit definiert, z.B. die Ehe – § 1356 Abs. 1 S. 1 »auf Lebenszeit geschlossen«; auch der Begriff »Treue« ist zu nennen. »Treu und Glauben« (§ 242 BGB) ist die Königsnorm unseres Rechts (Vertrauenskultur!). Einige Rechtsinstitute werden durch die Zeit voneinander abgegrenzt, z.B. der Kauf als Nutzungsüberlassung für »immer« von der Miete als Nutzungsüberlassung »auf begrenzte Zeit«.

Charakteristisch ist das Denken in genau bestimmten Zeitpunkten. Wir punktieren Zeit, sind »pünktlich«. Das Bürgerliche Gesetzbuch verwendet dementsprechend viel Mühe auf den »Zeitpunkt«, in dem eine Willenserklärung wirksam wird (§ 130 I 1, § 131 I 2) und ein Vertrag zustandekommt (§ 147 II); ebenso ist es bei Bedingungen (§ 158 II, § 159) und bei der Genehmigung (§ 184 I). Rechte gehen zu einem Zeitpunkt über; eine bestimmte Zeit ist wichtig für den gutgläubigen Erwerb (§§ 892, 932ff.). Durchgängig begegnen wir der Neigung, die Zeit abstrakt-punktförmig zu sehen, obgleich sie doch ein Kontinuum sein kann – oder was auch immer.

All das mag uns nicht als kulturelle Prägung erscheinen. Aber in Zweifel stürzt uns, daß wir Juristen arglos einen Zeitbegriff gebrauchen, den es in der Wirklichkeit nicht gibt: Die schon aus dem römischen Recht stammende »logische Sekunde«, die wir auch »juristische Sekunde« nennen. Hier sehen wir, wie unser Zeitverständnis kulturell gesteuert ist, wie wir selbst dort in Zeitpunkten denken, wo keine mehr sind – und man den Vorgang anders beschreiben könnte.

Es erstaunt nicht mehr, daß wir auch in das andere Extrem verfallen, in die Ewigkeit. Die »unsterblichen« Vermögensträger sind schon erwähnt, Art. 79 Abs. 3 GG nennen wir unbefangen die »Ewigkeitsklausel« der Verfassung. Wir benutzen einen Begriff, dessen Inhalt wir nicht ausschöpfen können:

> »Was ist die Ewigkeit?
> Sie ist nicht diß, nicht das,
> Nicht Nun, nicht Ichts, nicht Nichts,
> Sie ist, ich weiß nicht was.«
>
> (Angelus Silesius)

Zeit und Zahlen

In der Tat: Die Zeit, sie ist in allem: Zeit ist Leben, Leben ist Zeit; allwaltend herrscht der Zeitgott (Sophokles, Elektra). Aber ob man die Zeit in unseren Abschnitten und gleichsam »stakkato«, »sezierend« erleben muß, wie wir es tun, das kann man bezweifeln. Mir scheint, daß unsere mathematisch analysierende Kultur die Prinzipien des Zahlensystems und der Buchstabenschrift auf die Zeit überträgt. Mathematik, Geometrie, Zeit und Recht finden zur Einheit:

> »Ich will Recht als Meßschnur einsetzen«,

sagt Gott (nach Jesaja 28, 16 – Übersetzung Buber/ Rosenzweig). Eine Schlüsselstelle für unsere Kultur.

Die zahlenmäßige Prägung unserer Weltschau erweist sich vor allem im »zahlenhaften« Zeitdenken. Die Verschränkung von Zahl und Zeit schildert Platon:

»So sann er [Gott] darauf, ein bewegliches Abbild der Ewigkeit zu gestalten und macht, indem er dabei zugleich den Himmel ordnet, von der in dem Einen verharrenden Ewigkeit ein in Zahlen fortschreitendes ewiges Abbild, und zwar dasjenige, dem wir den Namen Zeit beigelegt haben«.

Die bewegten Dinge seien entstanden

»als Formen der die Ewigkeit nachbildenden und nach Zahlenverhältnissen umlaufenden Zeit«.

Nach Aristoteles ist die Zeit selbst eine Art Nummer, Thomas von Aquin nannte sie numerus movens. Ähnlich sagt es die Bibel:

»Alles hat seine Stunde. Für jedes Geschehen unter dem Himmel gibt es eine bestimmte Zeit«.

Die »rechte« Zeit (»Kairo's«; »Du gibst ihnen Speise zu seiner Zeit«): Ausdruck einer unabänderlichen großen Ordnung, auf die der Mensch bauen kann.

Zahlen sind klassische Zeitzeichen; Zahlenkränze definieren Zeitläufe:

»Sekundenzeiger

daß ich als ich
ein und zwei ist
daß ich als ich
drei und vier ist
daß ich als ich

wieviel zeigt sie
daß ich als ich
tickt und tackt sie
daß ich als ich
fünf und sechs ist
daß ich als ich
sieben acht ist
daß ich als ich
wenn sie steht sie
daß ich als ich
wenn sie geht sie
daß ich als ich
neun und zehn ist
daß ich als ich
elf und zwölf ist«.

(Hans Arp)

Das läßt sich leicht erklären: Der Rhythmus gliedert die Zeit, wie ihm der Mensch bei Sonne, Mond und Sternen begegnet. Zeitkreise regeln das Leben, sind Lebensrhythmen – wie nichts anderes; denn alle menschliche Ordnung steht in der Zeitlichkeit. Menschen wollen aber »über die Runden kommen«, wollen deshalb wissen, wie oft etwas passiert, wie oft es sich wiederholt – nur dann fühlen sie sich wohl, meinen sie, eine Umwelt zu beherrschen, die sie oft schreckt. Deshalb suchen Menschen gerade bei der Zeit »safety in numbers«, folgen sie Konventionen über Zahlensysteme und Zahlenwerte (Zahlenkränze). Durch die Verknüpfung mit der überaus stabilen Zeitsicht werden Zahlenkränze so überragend wichtig und stabil (das zeigt jedes Zifferblatt: 60iger System); werden sie Lebensrhythmen. Das erklärt z.B., warum die »christliche Mathematik« mit der Suche nach dem Ostertermin begann: Die Zeitrechnung galt als die »ars computandi«.

All das verschärfte sich seit 1309. In diesem Jahre wurde in Mailand die erste mechanische Uhr an einem Kirchturm montiert. Diese Uhr hat unser Leben verändert: Die Neuzeit kommt. Die Zeit steht jetzt an zentraler Stelle, um sie dreht sich alles in der Stadt. Damit entsteht ein neues Zeitgefühl: mit Eile, mit Tempo. In der Wirtschaft lernen wir, daß nicht die Großen die Kleinen fressen, sondern die Schnellen die Langsamen. Die Politik sieht es ähnlich:

> »Things may come to those who wait,
> but only the things left by those who hustle«.
> (Lincoln)

Aber Langsamkeit bleibt wichtig (»da ich keine Zeit habe, um mich kurz zu fassen, schreibe ich einen langen Brief«); sie allein macht Hochgeschwindigkeit produktiv. Wir alle müssen Bäume pflanzen, unter denen wir selbst nicht mehr sitzen werden. Jesaja lehrt (28, 16):

> »Wer vertraut, wird nichts beschleunigen wollen«.
> (Übersetzung Buber/Rosenzweig)

Trotz aller Zeitorganisation bleibt uns manches rätselhaft: Die Lebenszeit ist länger, die Arbeitszeit ist kürzer. Wir sparen überall Zeit – und haben immer weniger Zeit. Kamphausen erzählt[2]:

»Ein Mönch wurde gefragt, wie er bei seinen vielen Beschäftigungen noch so gesammelt sein könne. Seine Antwort: ›Wenn

2 Kamphausen F. (1992), Wo Zeit zu finden ist, in: ders., Wenn Gott zur Welt kommt, Freiburg u.a. 1992, S. 137.

ich stehe, dann stehe ich. Wenn ich gehe, dann gehe ich. Wenn ich sitze, dann sitze ich. Wenn ich spreche, dann spreche ich ...‹
›Das tun wir doch auch‹, fielen ihm die Fragesteller ins Wort. ›Nein‹, sagte der Mönch, ›Wenn Ihr sitzt, dann steht Ihr schon. Wenn Ihr steht, dann lauft Ihr schon. Wenn Ihr lauft, dann seid Ihr schon am Ziel‹.«

An einem Kirchenportal fand Kamphausen die Inschrift: »Hier stößt Eile auf Zeit«.

Sind das alles nur Theorien? Oder ist das praktisch wichtig? Alles hat seine Zeit; gibt es gar keine abstrakte Zeit? Eines ist klar: Die Zeit ist objektiv nicht oder schwer zu fassen, sie hat vor allem eine subjektive Seite. Die Zeit ist das im menschlichen Bewußtsein verschieden erlebte Vergehen von Gegenwart. »Die Zeit rast« oder »die Zeit steht still«. Was tut die Zeit? Die Zeit tut nichts – wir selber sind die Zeit!

Rechtsvergleichung

Wegen der subjektiven Komponente und der vielen Unwägbarkeiten müssen wir damit rechnen, daß Kulturen die Zeit unterschiedlich erleben, daß die Zeitrhythmen andere sind (»die Uhren gehen anders«). Zeitrhythmen sind für unser Lebensgefühl, für unsere Methoden entscheidend (Novalis: Alle Methode ist Rhythmus). Das erleben wir am Rhythmus der Sonntage, vor allem sehen wir es beim Übergang von dem natürlichen Zeitrhythmus des Mittelalters zum modernen Zeitrhythmus, der mechanisch gemessen und technisch genutzt wird. Anstatt den Dingen »ihre Zeit zu lassen«, wird Zeit »verplant«, wird sie »Zeitaufwand«, wird sie »money«! Uns trennt eine Welt von dem canonischen Zinsverbot (nach Deuteronomium 23, 20; Lk. 6, 35), wonach »nummus non parit nummos« und »tempus ex se pecuniam parere non potest«. Der Zinsnehmer galt als Dieb der Zeit, die Gott gehört, verstieß gegen das Gebot: »Im Schweiße deines Angesichts sollst du dein Brot essen« (Genesis 3, 18). Die allmächtige Zeit darf nicht als »Machtverstärker« von Menschen genutzt werden (wohl ein Grund des Zinsverbotes).

Die Stellung zur Zeit ist eine der stärksten kulturellen Prägungen, wird von den Kulturen selbst so empfunden. Das beginnt beim Stundenrhythmus: Als die ersten Europäer nach Japan kamen, begegneten sie dort der japanischen relativen Stundeneinheit: Die sechs Stunden des Tages waren im Sommer länger, im Winter kürzer; bei den Nachtstunden war es umgekehrt. Die europäischen Uhren mit der festen Stundenrechnung hatten daher in Japan keinen praktischen Wert. Mehr noch: Als es 1639 zur Abschließung des Landes kam, wurden die europäischen Uhren als »Instrumente der christlichen Häresie« zerstört. Gar nicht so fernliegend.

Man denke auch an unseren (abstrakt-mathematischen) Sieben-Tage-Rhythmus, und daran, daß die Wende vom Alten zum Neuen Testament sich in einer Zeitfrage offenbart: Vom Sabbat zum Sonntag als dem »ersten Tag der Woche« – der jetzt wieder in das »Wochenende« fällt. Die jüdisch/ christliche Bibel beginnt mit einer Zeitbestimmung, nämlich mit »Im Anfang«; das schließt die folgende Entfaltung des »Schöpfergottes«, des »Herrn der Zeit«, schon ein (vgl. Psalm 90, 2)! Das erste Wort Jesu bei Markus ist ein Wort über die Zeit: »Die Zeit ist erfüllt« (Mk. 1, 15). Im Credo der Messe heißt es: »Aus dem Vater geboren vor aller Zeit«; der Ausdruck »am Ende der Zeiten« ist geläufig.

Sie sehen: Die Jurisprudenz beruht gewiß auf Ideen, sehr stark aber auf »ungemalten« Bildern, auch beim Zeitbild[3]. Bild, Idee und Wort müssen ins Gleichgewicht kommen. Alle drei lassen sich nie ganz von einem Medium in das andere übertragen. Jedes Medium hat seine nichtaustauschbare, eigene Kraft (denken Sie

3 Grossfeld, B. (1995), Bildhaftes Rechtsdenken, Opladen 1995.

an die Übersetzung von Poesie). Musik läßt sich nicht voll in Begriffe fassen!

Bilanzrecht

Stichtage

Die Zeit ist nun im Bilanzrecht das allbeherrschende Thema. Denn hier wollen wir das wirtschaftliche Ergebnis einer genau definierten Periode ermitteln: Von Punkt zu Punkt! Wir begegnen einem »auf die Sekunde genau« gesteigerten Zeitbewußtsein. Angesprochen ist zunächst das Stichtagsprinzip, nach dem wir gemeinhin die Bilanz zum Ende des 31. Dezembers erstellen. Dieses Stichtagsprinzip (besser: Stichpunktprinzip) wird dem Verlauf eines Unternehmens nicht gerecht; denn das Leben schreitet beständig weiter und kümmert sich herzlich wenig um unsere Benennungen und Zeittakte. Daraus entstehen die Spannungen zwischen statischer und dynamischer Bilanz, zwischen Vermögensbilanz und Ergebnisbilanz. Das »auf die Sekunde genau« wird noch einmal auf die Spitze getrieben, nämlich auf einen Zeitpunkt, den es nicht gibt: Die »Zeit« »zwischen« 24 und 0 Uhr! Wieder so eine Art »juristische Sekunde«! Es begegnen sogar Überlegungen, ob in diesem »Zeitraum« bilanziell etwas »passieren« kann, d.h., ob die Anfangsbilanz um 0 Uhr anders aussehen mag, als die Schlußbilanz um 24 Uhr (Beispiel: Übergang von der RM-Bilanz zur DM-Eröffnungsbilanz). Sie sehen, wir Bilanzrechtler haben die Einsteinsche Relativitätstheorie hinter uns gelassen.

Das wird uns im Bilanzrecht deutlich – nicht nur bei Überschreiten der Datumsgrenze. Schon die Wahl der Stichtage kann kulturell gesteuert sein, etwa vom Termin des Hauptumsatzes. Zugespitztes Beispiel mag unser Weihnachtsfest (auf Schallplatte) sein:

»Deutsche Weihnacht,
Du sollst bleiben,
Unser allergrößter Schatz,
Ja, das woll'n wir unterschreiben,
Wort für Wort
Und Satz um Satz ...
um Satz, Umsatz!«

(Düsseldorfer Kommödchen)

Sie hören: Am Umsatz »hängt's«! Unterschiedliche Stichtage aber führen zu unterschiedlichen Unternehmensbildern.

USA

Gleiches gilt für die Länge der Zeitabschnitte. Dafür brauchen wir nicht weit zu gehen: Es genügt ein Blick auf die Vereinigten Staaten von Amerika[4]. Dort rechnet man mit kürzeren Zeiträumen; wir begegnen in der Bilanz einem Denken in Vierteljahresrhythmen. Thinking short kennzeichnet Nordamerika. Das erklärt mit die Scheu vor Investitionen, die sich erst langfristig auszahlen, erklärt aber auch die an kurzfristigen Ergebnissen orientierte Börsen-Hektik in Wall Street. Unterschiedliche Stichtage bewirken unterschiedliche Investitionsrhythmen. Das hat große praktische Bedeutung, etwa im Verhältnis Japan/USA für die Halbleiterentwicklung:

»Dabei kam der japanischen Industrie ›der lange Atem‹ einer langfristig angelegten Gewinnmaximierung zugute. Die amerikanischen Hersteller hatten derweil immer nur die Gewinnentwicklung des jeweils nächsten Quartals im Auge. Daraus ergaben sich unterschiedliche Verkaufsstrategien«.

4 Grossfeld, B. (1993), Comparative Accounting, in: Texas Int'l L. J., 28 (1993) S. 233.

Ähnlich erlebt es die deutsche Chemie: Die langwierige Entwicklung neuer Produkte mißfällt vielen amerikanischen Aktionären, die schnell eine Rendite sehen wollen:

»Manches Unternehmen hat, um auf dem amerikanischen Aktienmarkt zu bestehen, Teile von Produktionsanlagen verkauft und das Geld als Dividende verteilt. Damit tritt eine Entkapitalisierung ein, die das Unternehmen schließlich übernahmereif macht: Zum Beispiel für die längerfristig operierenden deutschen Chemie-Gesellschaften«.

Dem hired and fired, der Vermeidung von Anstellungsverträgen liegt ebenfalls ein anderes Zeitverständnis zugrunde; es wirkt in jedes unternehmerische Verhalten hinein. Daran sehen wir, wie wichtig die Kultur für die Wirtschaft ist: Die Kultur ist der entscheidende Produktionsfaktor!

Weltabschluß

Es verzerrt das Bild, wenn wir Bilanzen mechanisch zusammenfügen, die auf der Grundlage eines anderen Zeitbewußtseins entstanden sind. Der einheitliche Stichtag – wie ihn § 299 HGB vorschreibt – allein tut es nicht; wir können gerade dadurch das kulturspezifische Bild des ausländischen Unternehmen verfehlen. Ob man etwas jetzt oder später als Gewinn oder als Verlust erscheinen läßt, ist allgemein eine Frage des Zeitgefühls. Wir erfassen die fremde »Tatsächlichkeit« nur, wenn wir das dortige Zeitbewußtsein berücksichtigen. Das ist gemäß der Generalklausel des § 297 II 2 HGB bei allen Ansatzveränderungen (§ 300 HGB) und Umbewertungen (§ 308 HGB) zu beachten.

Oft übersehen wir die hier angesprochenen Grundvoraussetzungen des Weltabschlusses, weil wir unsere eigene Sicht für weltweit »selbstverständlich« halten. Ausland ist aber auch hier nicht Inland! Es fehlen häufig die »Übersetzungsmaßstäbe«. Wie können wir das ausländische »Zeitbewußtsein« erfassen? Wie übersetzen wir Zeit?

Ars

Diese Überlegungen mag der »Praktiker« des Rechts als fernliegend oder gar als »schöngeistig« empfinden. Aber die Erfahrung zeigt, daß gerade die »unpraktischen« Überlegungen, die spekulativen Erwägungen der Jurisprudenz neue Wege öffnen. Die »Praxis« orientiert sich am status quo – doch was ist Jurisprudenz anderes als angewandte Theorie und Denken in die Zukunft! Gerade deshalb ist ja die Jurisprudenz »Kunst« (»ars aequi et boni«), ist sie Kunsthandwerk! Sie ist der Zeit ausgesetzt, muß ständig beschleunigen und verlangsamen. Aus der Vergangenheit muß sie Zukunft gewinnen; die Gegenwart ist so kurz (immer schon vorbei), daß sie nur eine geringe Rolle spielt.

Schluß

Wir sehen: Das scheinbar so theoretische Thema »Zeit« ist ganz praktisch, für die Rechtsvergleichung sogar besonders wichtig. Zeit hat immer zwei Gesichter: Schnelligkeit und Langsamkeit, Eile und Weile. Kulturen können das eine oder das andere betonen, und es im Einzelfall auch anders machen. Eine funktionale Betrachtung fremder Ordnungen führt in die Irre, wenn wir die Funktion nach unseren Verständnissen, nach unseren »Namen« beurteilen; wir verfehlen dann das fremde Koordinatensystem. Dieses Koordinatensystem ergibt sich aus der anderen Umwelt, der anderen Sprache, der anderen Schrift, der anderen Religion, den anderen Tabus, dem anderen Zeitbewußtsein. Eines wirkt wechselseitig auf das andere. Erst wenn wir das kulturelle Weltbild ungefähr erspüren (mehr werden wir oft nicht erreichen), können wir die Einzelheiten orten und dann Rechtsvergleichung auch mit uns fern stehenden Kulturen betreiben.[5] Dabei werden

5 GROSSFELD, B. (1996), Kernfragen der Rechtsvergleichung, Tübingen 1996.

wir uns allerdings mit einer bleibenden und »herausfordernden Pluralität der Welten« abfinden müssen. Jedoch:

»Gottes ist der Orient!
Gottes ist der Okzident!
Nord- und südliches Gelände
Ruht im Frieden seiner Hände«.

(Goethe)

Das läßt uns hoffen, daß wir die »Zeitunterschiede« überbrükken können.

III. Zeitökonomie

Epidemie des Zeitwettbewerbs

Klaus Backhaus
Kai Gruner

Grenzen der Beschleunigung

»Time is money«. Wie treffender als mit dieser Aussage könnte man die Bedeutung des Faktors Zeit für das Wirtschaftsleben darstellen? Zeit ist Geld, das bedeutet zunächst, daß Zeit als ein knappes Gut angesehen wird. Entsprechend spielen Zeitaspekte in den Wirtschaftswissenschaften seit jeher eine große Rolle. Allerdings wird Zeit hier als eine konstant und gleichmäßig ablaufende Größe angesehen. Man verwendet Zeit traditionell als quasi neutrale Bezugsgröße für vielfältige wirtschaftliche Vorgänge wie Lohnbemessung, Beurteilung von Transportwegen oder Rentabilität von Investitionen.

In den aktuellen Diskussionen um die Erlangung von Wettbewerbsvorteilen jedoch wird Zeit vor allem unter Beschleunigungsaspekten diskutiert. Schlagworte wie »Schneller werden«, »Beschleunigung der Prozesse«, »verkürzte Innovationszyklen« beherrschen die Schlagzeilen.[1] Auch »Time Based-Management«, »Simultaneous Engineering« und »Verkürzung der Entwicklungszeiten« sind aktuelle Themen. Die Konzepte dienen dazu, im offenbar schneller werdenden Wettbewerbsgeschehen mithalten zu können. Zeit ist so von einer Bezugsgröße zu *dem* Wettbewerbsfaktor in der aktuellen strategischen Wettbewerbsdiskussion geworden.[2]

1 Vgl. Little, A.D. (Hrsg.) (1989), Management der Hochleistungsorganisation, Wiesbaden 1989, S. 61ff.; Bandle, A. (1993), Beschleunigtes Rennen um Wettbewerbsvorteile, in: Neue Züricher Zeitung, 03.03.1993, S. 21.

2 Vgl. Stalk, G. (1988), Time – The Next Source of Competitive Advantage, in: Harvard Business Review, 4 (1988), S. 41–51.

Bei der Konzentration auf den Beschleunigungsaspekt der Zeit wird von den Wirtschaftswissenschaftlern manchmal übersehen, daß der Energieaufwand für die Beschleunigung träger Massen – und wer würde wirtschaftliche Systeme nicht als solche bezeichnen – mit zunehmender Geschwindigkeit überproportional steigt. Schon von daher kann eine Beschleunigung bei begrenztem Ressourceneinsatz nicht ad infinitum fortgesetzt werden. Außerdem wird das Moment des beschleunigten Systems mit zunehmender Geschwindigkeit größer, was Richtungsänderungen immer schwieriger werden läßt. Die Steuerbarkeit degeneriert auf das Maß der Manövrierfähigkeit eines Tankers.

Fortgesetzte Beschleunigung im Wirtschaftsleben hat offenbar nicht nur Vorteile, sondern beinhaltet auch Risiken. Auch wenn die Vorteile, die aus dem Zeitvorsprung gegenüber der Konkurrenz gezogen werden können, unmittelbar evident sind, stellt sich doch die Frage, zu welchem Ende die Beschleunigungseuphorie führt.

Und sie beschleunigen immer weiter

Beschleunigung ist in, Entschleunigung ist out. Eine der Branchen, in denen die Beschleunigung auf höchstem Niveau läuft, ist die Mikroelektronik-Industrie.[3] Die Fortschritte auf technologischem Gebiet vollziehen sich hier mit einer solchen Geschwindigkeit, wie sie bisher praktisch noch nie zu beobachten war. Die Folge davon ist, daß sich nicht nur die Halbwertzeit des Wissens in Forschung und Entwicklung mehr als halbiert hat, sondern auch, daß permanent eine Flut neuer Produkte die Märkte überschwemmt und so die vorherige Generation immer schneller ablöst. Beispielsweise hat es sich inzwischen fast als Gesetzmä-

3 Vgl. BECKURTS, K.H. (1986), Technischer Fortschritt, Herausforderung und Erwartung, Berlin, München 1986, S. 214ff.

ßigkeit etabliert, daß alle zwei Jahre Speicherchips marktreif werden, die die vierfache Speicherfähigkeit ihrer Vorgängergeneration bieten. Das bedeutet, daß sich die Speicherfähigkeit der Chips im Zeitverlauf exponentiell entwickelt.

Solange die Leistungssprünge für den Nachfrager evident sind, ist es leicht nachvollziehbar, daß von den Nachfragern jeweils bevorzugt die neueste Produktgeneration gekauft wird, so daß die alten Generationen schnell von den neuen kanibalisiert werden. Der jeweilige Marktpionier, der die neue Leistungsgeneration als erster einführt, hat damit einen großen Vorteil gegenüber der Konkurrenz.[4] Bei wenig differenzierbaren Leistungen innerhalb einer Produktgeneration (wie bei Speicherchips) einerseits und für den Kunden klar erkennbaren Vorteilen der neuen Generation (vervierfachte Speicherfähigkeit jeder neuen Chipgeneration) andererseits ist die Pionierposition unter den Anbietern begehrt. Es beginnt ein (Zeit-) Wettlauf um die Pionierposition:[5] Eine Beschleunigung der Marktprozesse ist vorprogrammiert.

Das Bestreben aller, Pionier sein zu wollen, verstärkt die Tendenz, die Marktverweilzeit alter Leistungsgenerationen bzw. deren Produktlebenszyklen zu verkürzen. Der Wettbewerbskampf konzentriert sich überwiegend auf den Zeitfaktor, so daß Zeit zum alles entscheidenden Wettbewerbsfaktor wird.

Der amerikanische Hersteller von Mikroprozessoren für PCs, Intel, liefert ein Musterbeispiel für diese Entwicklung: Intel hat im Laufe der Jahre sukzessive die Prozessoren 8086, 80286, 80386, 80486 und den Pentium entwickelt und auf den Markt gebracht. Die Prozessoren boten, in einem komplexen Zusammenspiel von Hard- und Software, jeweils für eine Zeitlang den

4 Vgl. Backhaus, K. (1992), Investitionsgütermarketing, 3. Aufl., München 1992, S. 198ff.

5 Vgl. Krubasik, E./Stein, L. (1989), Reducing Time to Market boots the bottom line, in: Electronic Business, Vol. 15, 01.05.1989, S. 57–60.

höchsten Kundennutzen am Markt. Für eine begrenzte Zeit hat die Firma so bei jeder Generation de facto eine Monopolstellung auf dem Weltmarkt gehabt.[6] Über die so realisierten hohen Stückzahlen setzte das Unternehmen den Marktstandard. Gleichzeitig erreichte man aufgrund der großen Stückzahlen einen hohen Fixkostendegressionseffekt.[7] Der große Zeitvorsprung versetzte Intel in eine fast unangreifbare Kosten- und Preisposition gegenüber der später folgenden Konkurrenz. Entsprechende Preiserosionen lassen sich in der Mikroelektronik an vielen Beispielen zeigen.[8] Intel geht in der Ausnutzung seines Zeit- und Mengenvorsprungs sogar so weit, zur Abschreckung von Konkurrenten zukünftige mengenbedingte Preissenkungen heute bereits anzukündigen und Bestellungen für Lieferungen zu den künftigen Konditionen heute schon anzunehmen (vgl. Abbildung 1).

Sobald andere Firmen später mit (teilweise geringfügig verbesserten) Nachbauten auf den Markt kamen, präsentierte Intel die nächste Generation. So konnte das Unternehmen der drohenden Konkurrenz entkommen, weil es gelang, die Nachfrage auf die neue Leistungsklasse hochzuziehen. Ein ähnlicher Effekt des Zusammenspiels von raschen, technologiebedingten Leistungssprüngen, die eine Pionierstellung erstrebenswert machen, und deutlichen Kostenvorteilen des Pioniers durch Mengeneffekte ist in fast allen Bereichen der Mikroelektronik zu beobachten.

Diese Entwicklung blieb jedoch keinesfalls auf die Mikroelektronik beschränkt. Vielmehr begann die Mikroelektronik viele

6 Vgl. o.V. (1994), PC-Branche von Intel-Chips abhängig, in: Computerwoche, 8 (1994), S. 1.

7 Vgl. Coenenberg, A./Fischer, T. (1991), Prozeßkostenrechnung – Strategische Neuorientierung in der Kostenrechnung, in: DBW 1 (1991), S. 21–38, insb. S. 32f.

8 Vgl. Maringer, A. (1990), Preisverfall mikroelektronischer Bauelemente am Beispiel der DRAM-Speicherbauelemente, in: ZfbF 5 (1990), S. 423–439, insb. S. 429ff.

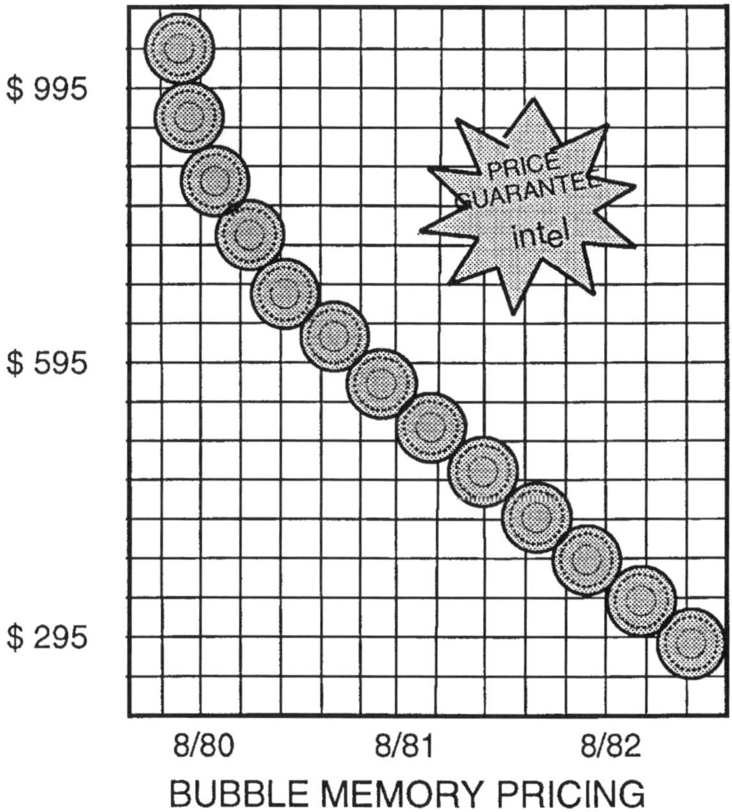

Abb. 1: Intels Preisgarantie

andere Branchen zu revolutionieren oder sogar erst zu ermöglichen, wie z.B. den Massenmarkt der Unterhaltungselektronik. Aufbauend auf mikroelektronischen Bauelementen entwickelte oder veränderte sich eine Vielzahl neuer Produkte. Die Notwendigkeit, Erster und damit Schnellster zu sein, wurde auf diese Weise aus den Märkten für elektronische Bauelemente in viele Märkte für andere Produkte hineingetragen. Man denke nur an Bereiche wie Fotoapparate, Videorecorder, Mikrowellenherde, PCs, Hifi-Anlagen, Walkmen, oder auch Autos, Waschmaschinen und Werkzeugmaschinen. Alle diese Bereiche wurden im Laufe der Zeit vom Beschleunigungssog der Mikroelektronik erfaßt. Das Phänomen des Beschleunigungsdrucks breitete sich aus wie eine Epidemie. Sie steckte sogar Bereiche an, in denen die Produktinnovationen relativ langsam und stetig verliefen, wie z.B. die Verfahrenstechnik. Der Trend zur Verkürzung der Produktlebenszeiten wurde in großen empirischen Untersuchungen für viele Branchen bestätigt.[9]

In der weiteren Entwicklung blieb die Beschleunigungswelle jedoch nicht auf das Ergebnis der Produktion, die Produkte, beschränkt. In zunehmendem Maße veränderte die Mikroelektronik auch die Produktionsprozesse selbst.[10] Speziell durch die Möglichkeiten der elektronischen Datenverarbeitung konnte man eine schnellere Handhabung größerer und komplexerer Systeme und Datenmengen erreichen. Dadurch wurden Unternehmen in die Lage versetzt, flexibler, und das heißt auch schneller, auf Veränderungen der Nachfrage zu reagieren. Über den Umweg der Veränderung von Produktionsprozessen gelangten also schließlich auch viele »low tech-Produkte« in den Beschleunigungssog.

Mit der Entdeckung des Faktors Zeit bzw. Geschwindigkeit eröffnete sich so eine neue Dimension und Chance zur Erlangung von Wettbewerbsvorteilen. Aufgrund der Neuigkeit des Instrumentes war es zudem für Unternehmen besonders erfolgsträchtig, über diese Schiene eine Wettbewerbsdifferenzierung durchzuführen, da die Konkurrenz auf diese Art des Wettbewerbs in vielen Marktarenen nicht vorbereitet war.[11] Mittlerweile hat

9 Vgl. Droege, W.P.J./Backhaus, K./Weiber, R. (1993), Strategien für Investitionsgütermärkte, Landsberg/Lech 1993, S. 53ff.

10 Vgl. Backhaus, K./Weiss, P.A. (1988), Integration von betriebswirtschaftlich und technisch orientierten Systemtechnologien in der Fabrik der Zukunft, in: Adam, D. (Hrsg.), Fertigungssteuerung I, Wiesbaden 1988, S. 50ff.

11 Vgl. Stalk, G./Hout, T. (1990), Zeitwettbewerb, Frankfurt, New York 1990, S. 15ff.

die Epidemie des Zeitwettbewerbs auf so viele Branchen übergegriffen und eine solche Dynamik erreicht, daß Zeit bzw. Geschwindigkeit neben den klassischen Differenzierungsinstrumenten, dem Preis und der Qualität, von vielen nicht nur als gleichberechtigt angesehen wird, sondern oft als die im Moment wichtigste und hervorstechendste Quelle zur Gewinnung von Konkurrenzvorteilen bezeichnet wird.[12]

Zeitwettbewerb im historischen Kontext

Wie der gesamte marktwirtschaftliche Wettbewerb, so sind auch die Quellen von Wettbewerbsvorteilen ständigen Veränderungen unterworfen. Zeitvorteile als Differenzierungsinstrument stehen noch nicht lange im Zentrum der Aufmerksamkeit.[13] Nimmt man als Beispiel für langfristig erfolgreiches, strategisches Marktverhalten die Verhaltensweisen der japanischen Industrie, so lassen sich seit dem zweiten Weltkrieg im Zeitverlauf verschiedene Orientierungen zur Erzielung von Wettbewerbsvorteilen identifizieren. Zunächst erlangte die japanische Industrie Erfolge, indem sie – basierend auf niedrigeren Lohnkosten – Nachbauten von bestehenden Produkten preisgünstiger anbot. Als die Lohnkostenvorteile im Laufe der Jahre schwanden, gelang es den japanischen Firmen, die günstige Kostenposition durch Kostendegressionseffekte aufgrund im Vergleich höherer Stückzahlen aufrechtzuerhalten. Eine konsequente Fortsetzung dieser Politik war es, sich in einem weiteren Schritt auf die Produktion von wenigen Standardvarianten eines Produktes zu beschränken. Die so entstandenen fokussierten Fabriken konnten aufgrund einer hohen Produktivität durch eine reduzierte Variantenzahl, verbunden

12 Vgl. u.a. Stalk, G. (1988), a.a.O., S. 41; Hirzel, Leder & Partner (Hrsg.) (1992), Speed-Management, Wiesbaden 1992, S. 49ff.

13 Vgl. Stalk, G. (1988), a.a.O., S. 41ff.

mit reduziertem Planungs-, Verwaltungs- und Organisationsaufwand, aufs neue Kostenvorteile im Konkurrenzvergleich erzielen.

Als auch diese Vorteile sich im Wettbewerb nicht länger aufrechterhalten ließen, wechselten die Japaner erneut die Strategie, indem sie als erste in großem Umfang sogenannte flexible, computergestützte Fertigungssysteme einsetzten. Mit Hilfe solcher neuen Produktionssysteme gelang es erstmals, wieder eine höhere Anzahl von Varianten in geringeren Stückzahlen produzieren zu können, ohne dadurch auf der Kostenseite gegenüber den herkömmlichen Fertigungssystemen der Konkurrenz in Nachteil zu geraten. Vielfalt wurde somit zur Quelle von Wettbewerbsvorteilen.

Um diese Vielfalt an Varianten bzw. Produkten anbieten zu können, muß man unabhängig von der Kostenseite der Produktion schneller entwickeln und vermarkten als die Wettbewerber. Damit war also der Grundstein gelegt für die momentan aktuelle Strategie vieler, nicht nur japanischer Firmen: Erzielung von Wettbewerbsvorteilen aufgrund von Zeitvorteilen und Geschwindigkeit.

Flops mit System

Die Vorteile, die ein Unternehmen erlangen kann, wenn es schneller am Markt agiert als die Konkurrenz, liegen auf der Hand. Im Rausch des »Beschleunigungsfiebers« werden aber auch manche Probleme zugekleistert, die in Zukunft neu oder verstärkt aufbrechen werden.

Obwohl sich die Marktpräsenzzeiten der Produkte vieler Branchen in den letzten Jahren z.T. signifikant verkürzt haben,[14] ha-

14 Vgl. Droege, W.P.J./Backhaus, K./Weiber, R. (1993), a.a.O., S. 53ff.; Qualls, A./Olshavsky, R./Michaels, R. (1981), Shortening of the PLC – an empirical test, in: Journal of Marketing, III (1981), S. 76–80.

ben sich aufgrund steigender Komplexität der Systeme die Entwicklungszeiten bis zur Marktreife oftmals erhöht. Dadurch ist in manchen Branchen bereits die Situation eingetreten, daß die Entwicklungszeiten länger sind als die Marktpräsenzzeiten.

Rein logisch stellt dies kein besonderes Problem dar, denn man kann ein Produkt durchaus fünf Jahre entwickeln und dann nur ein Jahr lang vermarkten. Die Auswirkungen für das betroffene Unternehmen allerdings sind dramatisch. Zum einen sind steigende Entwicklungszeiten ein Indikator für steigende Entwicklungskosten. Bei sich verkürzenden Produktlebenszyklen bleibt damit ein ständig schmaler werdendes Zeitfenster, um permanent anwachsende F&E-Ausgaben zu amortisieren, was das unternehmerische Risiko erhöht.[15]

Zum anderen entsteht das sogenannte Problem der Mehrgenerationenentwicklung. Man muß bei einer Konstellation kürzerer Vermarktungs- als Entwicklungszeiten mehrere Produktgenerationen gleichzeitig zeitversetzt entwickeln, um nach Ende des Produktlebenszyklus einer Generation die nächste bereits marktreif zu haben. Dies birgt dann große Risiken in sich, wenn die verschiedenen Generationen technologisch aufeinander aufbauen, was heute in sehr vielen Bereichen gegeben ist. In diesem Fall programmiert ein Marktflop einer Generation auch das Scheitern der kommenden Generationen vor, da sie auf der mißlungenen Version aufsetzen. Es entfällt die Möglichkeit einer Korrektur und des rechtzeitigen feed back vom Markt. Es entsteht ein Dominoeffekt, der das gesamte Unternehmen gefährden kann und wird.

15 Vgl. Bullinger, H.-J. (1990), Integrierte Produktentwicklung, in: Handelsblatt Dokumentation, Düsseldorf 1990, S. 3–5.

Die Nach-Beschleunigungswelt: Beschleunigung in der Simulationswerkstatt

Viele Unternehmen täten gut daran, im Rausch des Beschleunigungsfiebers in klaren Momenten zu hinterfragen, was nach Ende der Beschleunigungsprozesse passieren wird. Die Perspektiven sind z.T. erschreckend, wie Simulationen einer Post-Beschleunigungswelt zeigen.

Von Braun hat hierzu ein Simulationsmodell unter relativ engen Prämissen entwickelt.[16] Aufbauend auf diesem Grundmodell lassen sich verschiedene Szenarien für die Nachbeschleunigungswelt verdeutlichen. Betrachtet wird in unserem Modell der Gesamtumsatz eines Unternehmens, das mehrere Produkte verschiedenen Alters gleichzeitig vermarktet. Für jedes der Produkte wird ein Umsatzverlauf gemäß einer idealtypischen Produktlebenszykluskurve unterstellt (vgl. Abbildung 2).

Zunächst sei angenommen, daß die Produkte einander insoweit ähnlich sind, daß sie alle die gleiche Produktlebenszeit haben und während dieser Zeit den gleichen Gesamtumsatz erzielen. Ferner sei vorausgesetzt, daß das Unternehmen noch nicht beschleunigt, sondern die einheitliche Produktlebenszeit zunächst 10 Jahre beträgt. Die neuen Produkte sollen in einem konstanten – hier einjährigen – Rhythmus auf den Markt kommen. Dadurch ergibt sich für das Unternehmen eine Abfolge von Umsatzverläufen für die verschiedenen Produkte, wie sie in Abbildung 3 dargestellt ist.

Für das ganze Unternehmen ergibt sich der Verlauf des Gesamtumsatzes durch Kumulierung der einzelnen Umsatzkurven (Abbildung 4).

16 Vgl. Braun, C.-F. von (1994), Der Innovationskrieg, München, Wien 1994.

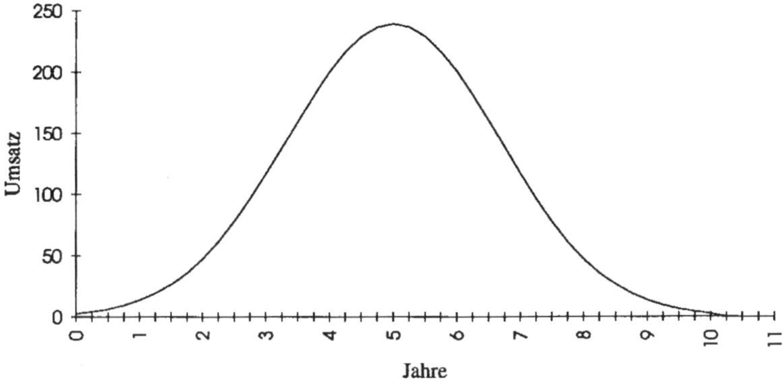

Abb. 2: Idealtypischer Verlauf der Produktlebenszykluskurve

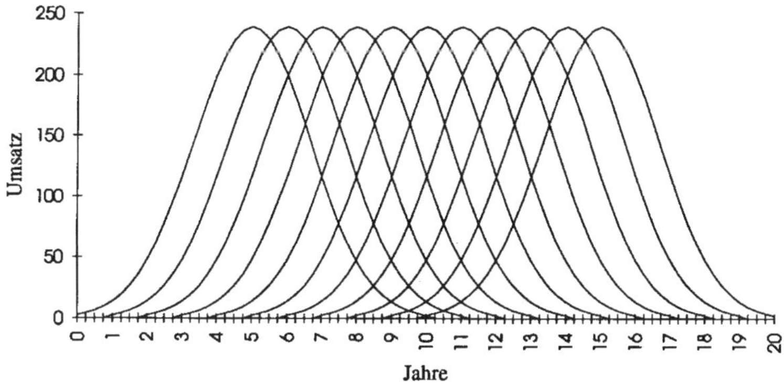

Abb. 3: Zeitliche Verläufe der einzelnen Umsatzkurven

Nach einer anfänglichen Einschwingphase nach Gründung des Unternehmens erreicht der Umsatz einen konstanten Wert. Für jedes Produkt, das aus dem Markt ausscheidet, wird ein neues eingeführt, wodurch diese Konstanz im Umsatzverlauf zustandekommt.

Ausgehend von diesem Modell mit seinen sehr engen Prämissen und Annahmen sollen im folgenden verschiedene Möglichkeiten der Beschleunigung von Produktlebenszyklen dargestellt werden. Die anfängliche Einschwingphase bis zum Erreichen des

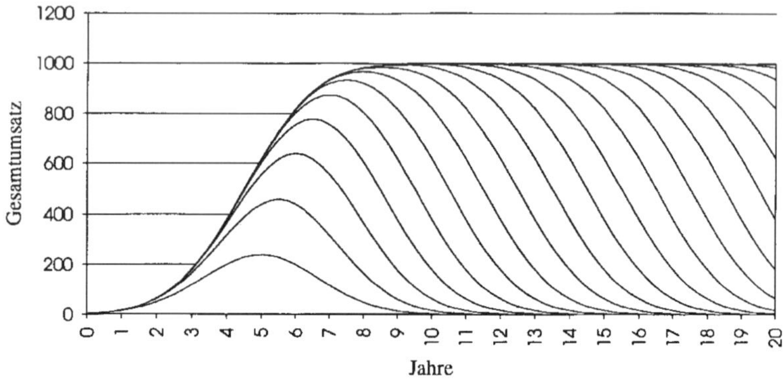

Abb. 4: Umsatzverlauf des Unternehmens

konstanten Zustands wird dabei im weiteren nicht mehr betrachtet.

Szenario 1: Der Strohfeuer-Effekt

Beschleunigung führt zur Verkürzung von Lebenszyklen. Um die Auswirkungen sich verkürzender Produktlebenszyklen zu untersuchen, werden in einem ersten Schritt die Produktlebenszyklen stufenweise von 10 auf 6 Jahre verkürzt. Anschließend sollen die Produktlebenszeiten bei konstant 6 Jahren verharren. Hintergrund dieser Annahme ist die Überlegung, daß jeder Beschleunigungsprozeß einmal zu Ende gehen muß und sich anschließend auf ein wo auch immer befindliches Niveau einpendelt.

Es wird zunächst angenommen, daß der Umsatz während der Lebenszeit eines Produktes und damit die Fläche unter der Lebenszykluskurve konstant bleibt. Zum Vergleich sind in Abbildung 5 ein 10-jähriger und ein 6-jähriger Verlauf gegenübergestellt.

Abbildung 6 zeigt den Gesamtumsatzverlauf des Unternehmens. Nach einem beschleunigungsbedingten Anstieg des Gesamtumsatzes fällt der Umsatz nach Erreichen des neuen kon-

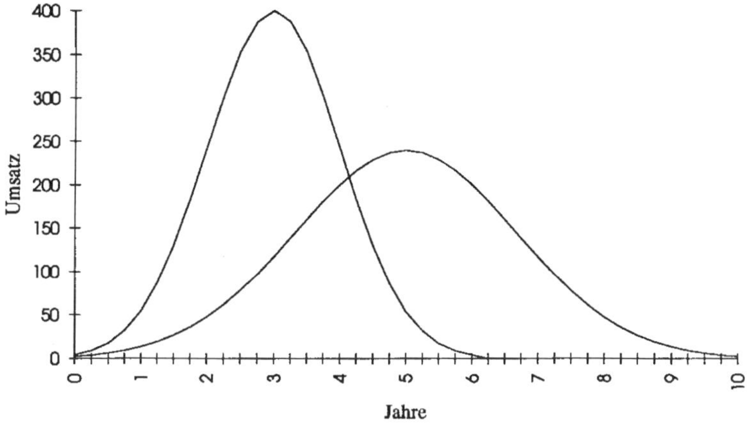

Abb. 5: Umsatzverlauf bei 10- bzw. 6-jährigem Produktlebenszyklus

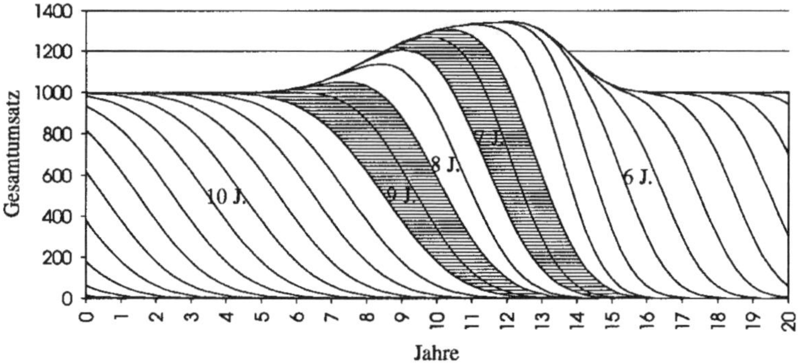

Abb. 6: Umsatzverlauf bei Verkürzung der PLZen von 10 auf 6 Jahre

stanten 6-Jahres-Rhythmus wieder auf den alten Weg zurück. Langfristig erreicht die Unternehmung durch die Beschleunigung keine Erhöhung des Unternehmensumsatzes. Die Sortimentsgröße des Unternehmens ändert sich durch die Verkürzung der Produktlebenszyklen jedoch nachhaltig. Im Gleichgewichtszustand bietet das Unternehmen nicht mehr 10, sondern nur noch 6 Produkte an.[17] Diese erzielen annahmegemäß jedoch den gleichen Umsatz während der Marktpräsenz wie die Produkte vor der Verkürzung der Produktlebenszyklen. Unter Umsatzaspekten hat die Beschleunigung somit außer einem »Strohfeuer« nichts gebracht.

Szenario 2: Der Absturzeffekt bei Pseudowachstum

In einem nächsten Schritt soll bei dem gleichen Verkürzungsprozeß die realitätsnähere Annahme getroffen werden, daß in einem 6 Jahre langen Zeitfenster nicht der gleiche Umsatz getätigt werden kann wie in 10 Jahren, sondern daß der Umsatz mit der Verkürzung der Marktzeit unterproportional fallen wird. Diese Annahme ist durchaus sinnvoll, wie man sich am Extremfall des Vergleichs eines 50-jährigen Produktlebenszyklus mit einem 1-jährigen veranschaulichen kann. Es wäre unrealistisch anzunehmen, daß in einem Jahr die gleiche Menge abgesetzt werden kann wie in 50 Jahren. Unter dieser Prämisse erhält man das Ergebnis, daß auch hier zunächst der beschleunigungsbedingte Umsatzzuwachs eintritt, nach Erreichen der neuen Lebenszyklusdauer von 6 Jahren der Umsatz aber sogar unter das alte Niveau fällt (vgl. Abbildung 7).

Damit läßt sich als erstes Ergebnis festhalten, daß der zunächst ansteigende Umsatz nach Beendigung der Beschleunigungsphase einen Einbruch erleidet und u.U. auf ein niedrigeres als das Anfangsniveau zurückfällt. Für das Management besonders dramatisch ist die Tatsache, daß der Umsatzrückgang nach Ende der Beschleunigung wesentlich abrupter vor sich geht als der Anstieg zu Beginn.

Der Rückgang ist darauf zurückzuführen, daß kein echtes Wachstum stattgefunden hat; schließlich sind die Umsätze pro Produkt konstant geblieben bzw. sogar gesunken. Durch die Be-

17 Diesen Hinweis verdanken die Autoren Prof. Dr. Helge Löbler, Universität Leipzig, anläßlich eines interessanten Gespräches in Auerbachs Keller.

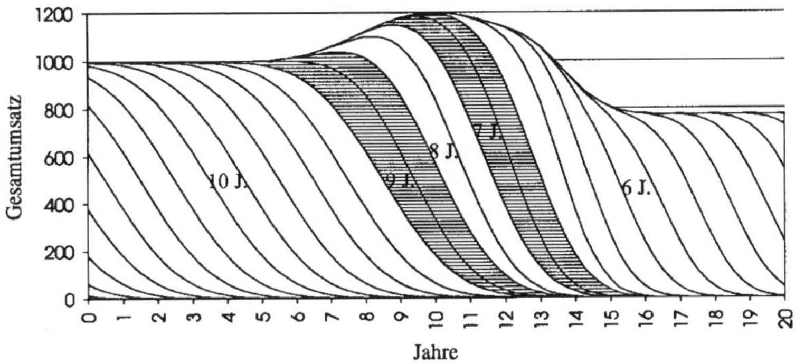

Abb. 7: Umsatzverlauf bei Verkürzung der Produktlebenszyklen und unterproportional fallenden Umsätzen

schleunigung hat nur eine Vorwegnahme zukünftiger Umsätze stattgefunden. Nach Ende des Beschleunigungsprozesses »fehlen« diese Umsätze dann, was zwangsläufig zu einem entsprechenden Umsatzrückgang führen muß.

Man kann aus diesem Ergebnis lernen, daß man unterscheiden muß zwischen echten Wachstumsprozessen und »Pseudowachstum«, wie es durch Beschleunigungsprozesse entsteht. Hierbei werden lediglich Umsätze, die sich eigentlich erst in der Zukunft einstellen würden, vorweggenommen, weil man sonst befürchten muß, durch Konkurrenten, die immer neue Produkte einführen, aus dem Markt gedrängt zu werden. Aber die vorweggenommenen Umsätze fehlen in der Zukunft. Geräte, die man im nächsten Jahr hätte verkaufen können, sind nicht mehr abzusetzen, weil zuhause schon das neue Modell steht. Die Beschleunigung wurde mit dem Verzicht auf künftige Nachfrage erkauft. Um das Loch zu füllen, muß man wiederum neue Produkte auf den Markt werfen, die aber erneut zukünftige Umsätze vorwegnehmen. Letztlich gerät man in eine Beschleunigungsfalle, die für viele Unternehmen tödlich ausgehen kann, wenn das Ende der Beschleunigung erreicht ist. Wir werden dies in Zukunft noch verstärkt erleben.

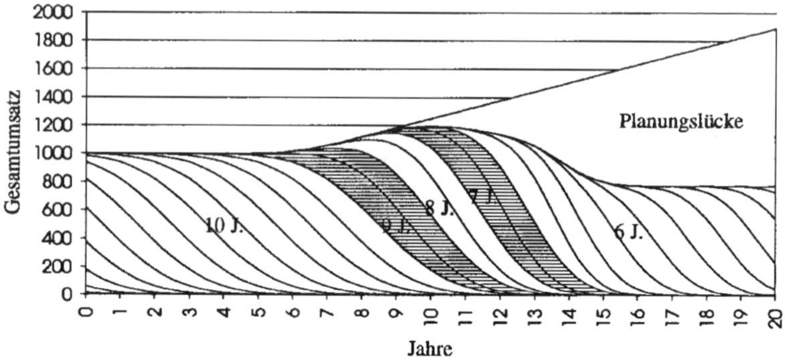

Abb. 8: Das Umsatzloch zwischen Planung und Realität

Verstärkt wird dieser negative Effekt durch die gängige Planungspraxis vieler Unternehmen. Hierbei wird in bezug auf die zukünftige Umsatzentwicklung oft eine Extrapolation der Werte der vergangenen Jahre vorgenommen. Abbildung 8 zeigt, daß nach Ende der Beschleunigungsphase leicht ein Umsatzdefizit gegenüber der Planung von bis zu 50% auftreten kann. Die Auswirkungen für die Unternehmensführung und die Kapitalgeber in bezug auf die langfristige Unternehmensplanung, die Investitionsplanung und Budgetierung sind dramatisch.

Szenario 3: Die beschleunigungsresistente Umsatzrutsche

Die Ambivalenz von Beschleunigungsprozessen liegt jedoch nicht nur in der Tatsache begründet, daß realistisch betrachtet jeder Beschleunigungsprozeß einmal ein Ende haben muß. Im Sinne einer »Nach mir die Sintflut«-Einstellung könnte man darauf bauen, daß das Ende der Beschleunigungsphase nicht mehr zu Zeiten der eigenen Verantwortung erreicht wird, und schließen, daß man ungeniert das Tempo erhöhen kann, um die Umsatzsteigerungen als sein eigenes Verdienst zu verbuchen.

Aber lassen wir uns nicht täuschen: Selbst eine sich immer weiter fortsetzende Beschleunigung bewirkt auf Dauer Proble-

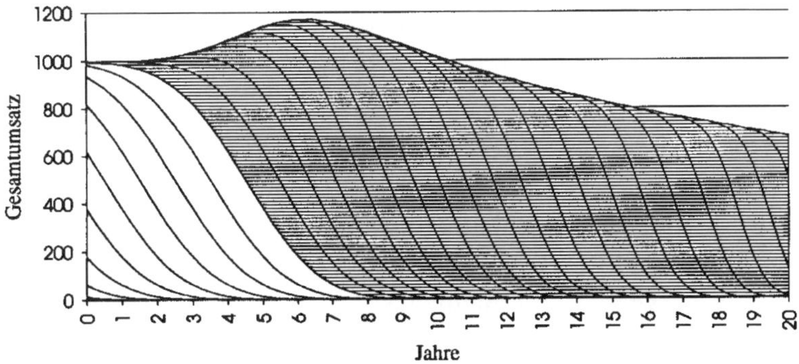

Abb. 9: Kontinuierliche Verkürzung der Produktlebenszyklen um jährlich 5%

me. In Abb. 9 ist der Gesamtumsatz eines Unternehmens dargestellt, das beginnend mit einer Marktpräsenzzeit seiner Produkte von 10 Jahren anfängt, die Produktlebenszeiten zu verkürzen. Im dargestellten Fall verkürzt das Unternehmen die Produktlebenszeiten jährlich um konstant 5%, also entsprechend einer geometrischen Reihe. Diese Beschleunigung in Form eines gleichbleibenden Prozentsatzes anstatt eines konstanten absoluten Wertes wie bei einer arithmetischen Reihe ist aus naheliegenden Gründen sinnvoll, da letztere sehr bald die Nullinie durchstoßen würde. Die Gesamtabsatzmenge eines Produktes soll wieder unterproportional zur Marktpräsenzzeit fallen. Die Markteinführungszeitpunkte bleiben weiterhin konstant.

Man erkennt, daß der schon bekannte beschleunigungsbedingte Umsatzanstieg sich recht bald in einen kontinuierlichen Umsatzrückgang verwandelt, obwohl das Unternehmen weiterhin von der jeweiligen Situation aus nicht nur die Produktlebenszyklen um den gleichen Prozentsatz beschleunigt, sondern gleichzeitig unter hohem Ressourceneinsatz die Neueinführungsintervalle verkürzt. Wir sehen also: Selbst fortgesetzte Beschleunigungsprozesse können nicht verhindern, daß das Unternehmen nach der Beschleunigungseuphorie wieder auf den Boden der Tatsachen zurückgeholt wird. Auch bei unendlich fortgesetzter Beschleunigung ist kein andauerndes Umsatzwachstum zu realisieren.

Szenario 4: Die Konditionsfalle: »Unter ferner liefen« im Hauptfeld

Natürlich bergen Beschleunigungsprozesse nicht nur Risiken in sich, sondern auch Chancen. Eine dieser Chancen, auf die ein beschleunigendes Unternehmen setzt, kann man vergleichen mit der Chance eines Radrennfahrers, der ein paar Kilometer vor dem Ziel den Spurt beginnt: Er hofft, daß viele der Konkurrenten mangels Kondition den Spurt nicht mitziehen können und erschöpft das Rennen um den Tagessieg aufgeben. Übertragen auf den Marktwettbewerb heißt das: Das Unternehmen hofft, daß durch das hohe Innovationstempo ein Marktbereinigungsprozeß stattfindet. Dadurch wären am Ende der Beschleunigung nur noch sehr wenige Konkurrenten am Leben, die dann den Markt unter sich aufteilen und einen entsprechend größeren Marktanteil erobert haben. In Abbildung 10 ist eine solche Situation simuliert. Wieder findet eine Beschleunigung von 10 auf 6 Jahre statt. Diesmal allerdings wird angenommen, daß sich die Anzahl der Anbieter am Markt im Laufe des Beschleunigungsprozesses reduziert, so daß am Ende nur noch halb so viele Konkurrenten am Markt vertreten sind wie am Anfang. Dadurch verdoppelt sich für das betrachtete Unternehmen im eingeschwungenen Zustand der Marktanteil und damit auch der Umsatz.

Wie man sieht, ist dieses Szenario für das Unternehmen sehr reizvoll. Allerdings lauern auch manche Fallstricke. Den ersten erkennt man sehr leicht aus Abbildung 10. Auch wenn sich der Gesamtumsatz schließlich auf höherem Niveau als zu Beginn einpendelt, erfolgt doch gegen Ende des Beschleunigungsprozesses ein Rückgang um immerhin ca. 20%. Wie bereits in Szenario 2 geschildert, kann das angesichts der gängigen Planungspraxis der Unternehmen fatale Folgen für Investitionsplanung, Budgetierung usw. haben.

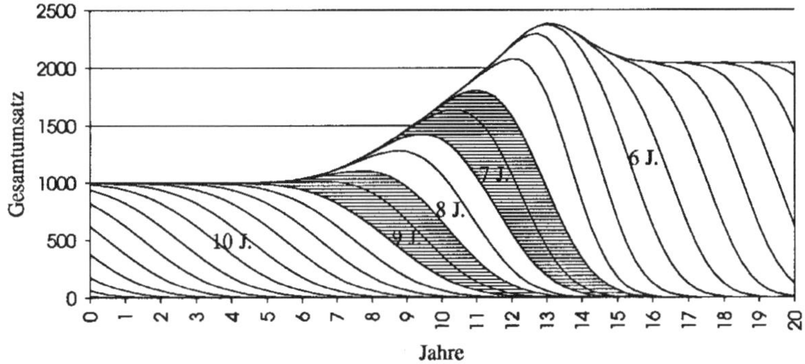

Abb. 10: Umsatzentwicklung bei Beschleunigung und gleichzeitigem Anbieter-shake-out um 50%

Die eigentlichen Risiken jedoch werden deutlich, wenn man sich nochmals den Vergleich mit dem Radrennen vor Augen hält. Derjenige, der den Spurt beginnt, hofft, daß den anderen Teilnehmern das Tempo zu hoch ist. Er muß gleichzeitig aber sicher sein, daß nicht er selbst mangels Kondition erschöpft aufgeben muß und »unter ferner liefen« weit abgeschlagen im Hauptfeld das Ziel erreicht. Viele Radrennen haben gezeigt, daß gerade der, der den Spurt beginnt, besonders gefährdet ist, vorzeitig zu erschöpfen. Auch im Marktwettbewerb muß sich das beschleunigende Unternehmen der Gefahr bewußt sein, daß man die Kondition der Konkurrenten unterschätzt und dann selbst den Marktbereinigungsprozessen zum Opfer fällt.

Die zweite große Gefahr kommt aus dem Wettbewerbsrecht, das – im Gegensatz zum Sport – eine zu starke Dominanz bestimmter Marktteilnehmer beschränkt. Sollte ein Unternehmen die Beschleunigungswaffe so erfolgreich einsetzen, daß tatsächlich ein Großteil der Konkurrenten deutlich zurückbleibt, besteht die große Gefahr, daß das Unternehmen »wegen unfairen Verhaltens« in einer marktbeherrschenden Stellung vom Schiedsrichter – den Wettbewerbshütern des Kartellamtes in Brüssel – mit einer Strafe belegt und im Extremfall disqualifiziert wird.

Gerade der Erfolg der Beschleunigung kann in ein Handikap umschlagen, wenn er zu groß wird.

Das Unternehmen muß sich also auf die gefährliche Gratwanderung machen: Es muß weit vorne liegen, um im Spurt nicht abgehängt zu werden, darf aber nicht zu weit in Führung gehen, um nicht zurückgepfiffen zu werden. Man sieht, daß selbst bei einer an sich erstrebenswerten potentiellen Entwicklung (vgl. nochmals Abbildung 10) durchaus erhebliche Risiken bestehen.

Wenn Beschleunigung zum Selbstzweck wird

Im Rennen um die Beschleunigung von Marktprozessen verlieren offenbar manche Unternehmen den Zweck des Rennens aus dem Auge! Beschleunigung erfolgt dann nur noch, um zu beschleunigen; ganze Märkte verfallen einem Beschleunigungsfieber. Die Geschwindigkeit wird immer größer – so groß, daß die Nachfrager das Innovationstempo nicht mehr mithalten können. Untersuchungen in den USA mit japanischen Automobilen haben ergeben, daß Verbraucher bei einer Präsentation von mehreren Modellgenerationen z.B. nicht mehr in der Lage waren zu bestimmen, welches Auto der neuesten Generation, welches der vorigen usw. angehört. Ähnliche Aussagen gelten auch für die Unterhaltungselektronik und andere hochinnovative Branchen.

Wenn aber die Nachfrager ein neues Produkt nicht mehr als solches identifizieren können, ist die Innovation sinnlos. Durch eine Überforderung der Nachfrager stoßen auf diese Weise sich ständig verkürzende Produktlebenszyklen an ihre Grenze. Die Anbieter überholen sich quasi selbst.

Die Überforderung der Nachfrager gilt insbesondere für Produkte, die einen gewissen Lern- und Gewöhnungsprozeß erfordern, bis man sie problemlos handhaben und benutzen kann. Man denke nur an Probleme wie das oft zitierte Beispiel der Datumseinstellung am neuen Videorecorder, aber auch an anfängliche Schwierigkeiten mit neuen Fotoapparaten, Waschmaschinen, Küchengeräten und Tennisschlägern, ja selbst neuen Schuhen, die eingelaufen werden müssen. Das bisher Gewohnte, das Vertraute, stellt für den Anwender einen Wert dar, den er nur ungern aufgibt und der ein Argument gegen eine Neubeschaffung darstellt. Nachfrager können und wollen nicht ständig umlernen. Normalerweise bringt ein neues Produkt einen so großen Vorteil gegenüber dem alten, daß der Wert der Gewohnheit leicht aufgewogen wird. Wird der Nachfrager aber veranlaßt, in immer kürzeren Zeitabständen auf eine neue Produktgeneration zu wechseln, so wird der Zeitraum, innerhalb dessen er die Früchte der anfänglichen Gewöhnung genießen kann, immer kleiner. Dadurch erhöhen sich die Kaufwiderstände erheblich.

Besonders deutlich wird dies am Beispiel der Personalcomputer. Ein komplexes Anwendungsprogamm wie z.B. Winword sinnvoll und umfassend nutzen zu können, erfordert eine lange und umfangreiche Einarbeitungszeit. Bei sehr vielen Anwendern ist deshalb die Neigung gering, jedes halbe Jahr auf die neueste Version zu wechseln und damit den Lernprozeß für die Bedienung bis zu einem bestimmten Grad von vorne zu beginnen. Damit ist es nicht verwunderlich, wenn Nachfrager sagen: »So viel mehr kann mir die neue Version gar nicht bringen, daß es sich lohnt, dafür alle Tastenkombinationen neu zu lernen.« Der Anwender empfindet, daß der durch die Umstellung verursachte Zeitverlust nicht durch die erweiterten Möglichkeiten des neuen Programms aufgewogen wird. Die Erfahrungen und die Vertrautheit mit dem Bisherigen haben für ihn einen Wert, den er nur ungern aufgeben will. Erfahrungen und Vertrautheiten sind für Menschen wertvolles Kapital, man spricht nicht umsonst von einem »Erfahrungsschatz«. Folglich sind alle Veränderungen, die einen Großteil dieses Erfahrungsschatzes in immer kürzerer Zeit obsolet machen, auch problematisch.[18]

18 Vgl. Weiber, R. (1994), Leapfrogging-Behavior, in: Zahn, E. (Hrsg.), Technologiemanagement und Technologien für das Management, Stuttgart 1994, S. 333–368.

Genau dieser Effekt tritt verstärkt bei sich immer weiter beschleunigenden Produktlebenszyklen auf.

Eine Möglichkeit, die so entstehende Hemmschwelle vor Neukäufen zu reduzieren, besteht darin, die neue Produktgeneration so zu gestalten, daß die Erfahrungen in der Handhabung der alten nicht verlorengehen, sondern weiter genutzt werden können. Hierfür muß die neue Konzeption auf der alten aufsetzen und muß sie erweitern, ohne das Hergebrachte aufzugeben. Es muß Kompatibilität zwischen den Generationen bestehen. Dies ist nicht nur eine Frage gewohnheitsmäßigen Verhaltens, sondern hat auch eine direkte ökonomische Begründung. Wenn die Neueinführung eines Datensystems eine Umstellung der gesamten Datensätze auf neue Programme erfordert, würde es sich für die Firmen eher lohnen, weiter mit den veralteten Systemen zu arbeiten, als alle Daten neu zu konfigurieren – zumal dies bei hoher Innovationsgeschwindigkeit ein (Umstellungs-)Prozeß ohne Ende wäre. Was aber bringt weitere Beschleunigung für den Anbieter und den Nachfrager in einer solchen Situation noch? Eigentlich nichts, aber Stetigkeit und Beharren sind out. Beschleunigung ist »mega-in«. Oder wie sonst lassen sich bestimmte Maßnahmen wie z.B. die sogenannte »Pre-Announcement«-Politik verstehen, bei der Unternehmen für neue, verbesserte Produkte werben, die am Markt noch gar nicht erhältlich sind.[19]

Wieder liefert die schnellebigste Branche unserer Tage, die Computerbranche, das deutlichste Beispiel für die Pre-Announcement-Politik, wenn man sich das Informationsverhalten der Anbieter gerade zur Zeit der großen Messen wie CeBIT oder Systems vor Augen hält. Zu jeder Messe werden nicht nur die neuen Produkte vorgestellt, sondern gleichzeitig für die nächste Messe bereits Verbesserungen angekündigt.

Natürlich gibt es gute Gründe für Pre-Announcing. Es soll demonstriert werden, daß das Unternehmen technologisch füh-

19 Vgl. Weiber (1994), a.a.O., S. 346f.

rend ist und auch in Zukunft sein wird; es soll verhindert werden, daß die Nachfrager in der Zwischenzeit ihre Kaufentscheidung zugunsten von Konkurrenzprodukten fällen, die aktueller und besser sind als die eigenen. Hierfür kündigt man ein gegenüber dem Wettbewerb noch weiter verbessertes Produkt an, um dem Nachfrager zu suggerieren, daß er mit der Entscheidung für das Konkurrenzprodukt eigentlich schon nicht mehr up to date ist. Damit ist schon das ausgesprochen, was mit diesem Verhalten nicht nur erreicht wird, sondern beabsichtigt ist: Die Verhinderung von Kaufentscheidungen. Natürlich wird auf diese Weise nicht nur die Kaufentscheidung zugunsten des Konkurrenzproduktes verhindert, sondern auch die Kaufentscheidung für das eigene Produkt. Die Konkurrenz fährt ja im Zweifel die gleiche Strategie. Auf diese Weise können ganze Märkte verhindert werden. Die Wirkung ist paradox: Die Beschleunigung führt dazu, daß Marktprozesse gleichzeitig verzögert werden. Die immer schnelleren Ankündigungen führen dazu, daß ganze Leistungsgenerationen von den Käufern nicht gekauft, bzw. übersprungen werden. Für dieses Verhalten existiert auch schon eine Anglizismus: Leapfrogging.[20]

Zu Leapfrogging kann es nur kommen, wenn die Marktpräsenzzeit eines Produktes kürzer ist als die Zeitspanne, während der die Neukaufentscheidung gefällt wird. Anders formuliert: Nur wenn die Dringlichkeit der Nachfrage so gering ist, daß die für die Adoptionsentscheidung zur Verfügung stehende Zeit größer ist als die erwartete Zeitspanne bis zur Einführung der nächsten Produktgeneration, kann Leapfrogging behavior auftreten. Damit ist klar, daß eine ständige Verkürzung der Zeitspanne zwischen den Produkteinführungen die Wahrscheinlichkeit und

20 Vgl. Weiss, A./John, G. (1989), Leapfrogging-Behavior and the Purchase of Industrial Innovations, in: Technical Working Paper of the Marketing Science Institute, Report No. 89–110, Cambridge/Massachusetts 1989; Weiber, R. (1994), a.a.O.

Häufigkeit von Leapfrogging deutlich erhöht. Zu hohe und künstlich angeheizte Innovationsgeschwindigkeit kann also zur Verhinderung von Kaufprozessen über viele Produktgenerationen führen. Durch dieses Phänomen werden einmal mehr die Grenzen und Gefahren von Beschleunigungswettläufen deutlich.

Beschleunigung braucht Langsamkeit

Können wir die Beschleunigungsepidemie, die schon manche in den Taumel des Beschleunigungsfiebers hat fallen lassen, überhaupt noch stoppen? Oder sind nicht ganze Branchen dabei, sich aus der wirtschaftlichen Überlebensfähigkeit herauszubeschleunigen? Die Computerbranche ist seit Jahren eine der am stärksten wachsenden Branchen. Fast alle Firmen aber haben trotz der hohen Wachstumsraten zeitweise eine unbefriedigende Gewinnsituation. Beobachter gehen davon aus, daß dies die Folge der im Vergleich zu den Entwicklungsaufwendungen zu kurzen Produktlebenszyklen ist. Trotz der offensichtlichen Probleme ist kein Unternehmen in der Lage, aus der Beschleunigungsspirale auszuscheren, da man in diesem Fall sofort den Anschluß an den Markt verlieren würde und nicht mehr wettbewerbsfähig wäre. Den Unternehmen bleibt also oftmals keine andere Wahl, als das Beschleunigungsrennen mitzumachen – selbst wenn man erkennt, daß es im Abgrund endet.

Die betroffenen Unternehmen befinden sich in einer klassischen Drama-Situation: Beide zur Verfügung stehenden Alternativen, weiter zu beschleunigen oder alleine stehen zu bleiben, führen ins Verderben. Was tun? Lassen sich die zu erwartenden Zusammenbrüche vermeiden?

Eine Chance hierfür besteht nur, wenn alle Anbieter das Innovationstempo verringern. Aber so etwas kann sich kein Anbieter alleine leisten, weil er sonst hoffnungslos zurückfallen würde. Nur wenn alle gemeinsam – oder doch wenigstens die Vordersten – die Vorteile der Langsamkeit wiederentdecken würden wie der Held John Franklin in Sten Nadolnys berühmtem Roman »Die Entdeckung der Langsamkeit«[21], wäre die Falle zu knacken.

Dafür gibt es in Japan bereits mehrere Anzeichen. So hat das japanische Handelsministerium MITI vor einiger Zeit die japanischen Chip-Produzenten aufgefordert, die Produktlebenszyklen wieder zu verlängern und damit den Innovationsprozeß zu verlangsamen.[22] Die Japaner können sich das trotz schärfster Konkurrenz leisten, weil sie genügend Zeitvorsprung vor dem nächsten Konkurrenten haben. In vielen anderen Branchen – z.B. der Werkzeugmaschinenindustrie –, in denen die Zeitvorsprünge der Konkurrenten kleiner sind, wäre das nicht so einfach.

Im Grunde müßten sich also die in der Beschleunigungsfalle Gefangenen absprechen, gemeinsam das Tempo zu drosseln. Mit einem solchen Zusammenschluß kann eine Gruppe von Unternehmen die nötige Marktmacht aufbringen, um die Beschleunigungsspirale zu durchbrechen. Auf diese Weise könnte eine neue Art von Kartellen entstehen. Aber das ist aufgrund der Kartellvorschriften untersagt. Oder sollte man Verlangsamungskartelle zulassen?

Die Antwort auf diese Frage sollte ernsthaft bedacht sein, denn ein solcher Schulterschluß zwischen den Anbietern ist nur möglich, wenn sich alle wechselseitig auf die Einhaltung der Vereinbarungen verlassen können. Dazu braucht man verläßliche institutionelle Regelungen, Institutionen im Sinne von Spielregeln. Solche Institutionen müssen langfristig bindenden Charakter haben und dürfen sich nur wesentlich langsamer ändern als die Marktgeschehnisse. Sie stellen damit die Plattform dar, auf der sich Geschwindigkeit erst effizient entwickeln kann. Effektive Geschwindigkeit auf der Handlungsebene läßt sich nur erreichen

21 Nadolny, S. (1983), Die Entdeckung der Langsamkeit, München 1983.

22 Vgl. o.V. (1993), Japans Firmen verlängern ihre Produktzyklen, in: FAZ, 10.03.1993, S. 23.

durch Langsamkeit auf der Ebene der Spielregeln.[23] Eine Dauerhaftigkeit der zugrundeliegenden Regeln läßt sich um so leichter erreichen, je mehr sich die Marktparteien, insbesondere die Anbieter, einig über das Regelwerk werden. Auch hier gilt also das Prinzip, daß gemeinsames Handeln von Unternehmen den Umgang mit Geschwindigkeit erleichtert.

23 Vgl. SCHUPPERT, D. et al. (Hrsg.) (1992), Langsamkeit entdecken, Turbulenzen meistern, Wiesbaden 1992.

Beschleunigung – eine Modeerscheinung?

Klaus Steilmann

Mode – ein gesellschaftliches Phänomen

Seit Jahrhunderten gehört Bekleidungsmode zur Alltagskultur und stellt eine wichtige Ausdrucksform unserer Gesellschaft dar. Alle gesellschaftlichen Schichten haben Möglichkeiten gefunden, die Bedeutung und den Charakter unterschiedlicher Anlässe durch Aussehen und Art der Kleidung nicht nur zu unterstreichen, sondern auch zu einem wesentlichen Teil mitzugestalten. Inzwischen hat Mode sich aber auch zu einem heute sehr umstrittenen Thema entwickelt. Die einen halten sie für die schönste Nebensache der Welt, die anderen für ziemlich überflüssig und lästig, und noch andere möchten sie am liebsten sogar verbieten.

Daß letzteres nicht funktioniert, hat sich am inzwischen obsoleten Mao-Look in China am deutlichsten bewiesen, der alle Standes- und Rangunterschiede nicht zuletzt durch identische Kleidung egalisieren wollte. Bekleidung wurde dabei auf die reine Zweckerfüllung der Körperbedeckung reduziert. Wer Mode auf eine solche Weise für überflüssig hält, verkennt sie als immanenten Bestandteil unserer Kultur und übersieht die Realitäten der menschlichen Natur: Menschen haben ein Bedürfnis danach, individuell und einzig zu sein, sich zu unterscheiden. Sie wollen Abwechslung, wollen unbekannte Seiten an sich entdecken. Sie wollen schön sein und sich schön machen. Sie wollen gefallen, sich selbst und anderen, und sie sind nicht zuletzt eitler, als oft zugegeben wird.

Die enge Verbindung, die im Gefühl der Bevölkerung zwischen Begriffen wie Aktualität und Neuigkeit und der Bekleidungsmode heutzutage besteht, wird bereits bei der Betrachtung der deutschen Sprache evident. Mode hat schließlich zwei Bedeutungen, zum einen bezeichnet sie die aktuelle Bekleidung (»Modegeschäft«), zum anderen schlechthin jedweden aktuellen Trend, wie auch Wörter wie modern, modisch, unmodern zeigen. Damit ist die Bekleidungsmode quasi sprachlich zu einem Synonym für Aktualität und Neuigkeit geworden. Entsprechend scheinen Modeentwicklungen unserer Zeit, die nicht zu Unrecht eine schnellebige genannt wird, heute für den Außenstehenden eine atemberaubende Geschwindigkeit aufzuweisen.

Moderne Mode

In früheren Jahrhunderten gab es in der Gesellschaft eine strenge Kleiderordnung, die relativ genau festlegte, wer welche Stoffe und Formen tragen durfte. Damals konnte sich Mode entsprechend nur innerhalb dieser relativ engen Grenzen entwickeln. Das führte dazu, daß das Aussehen der Kleidung, also die Mode, eine hohe Konstanz im Zeitablauf aufwies. Die Kleiderordnung selbst änderte sich zwar auch im Laufe der Zeit, doch dies geschah wiederum sehr langsam.

Seit die Kleiderordnungen aufgehoben wurden, wuchs die Vielfalt der Mode enorm. Stoffe und Formen konnten nun relativ frei gewählt werden, was zu einer Ausweitung der Stile führte. Die gerade aktuellen Stile konnten sich je nach Zeitgeist ändern. Eine engere und vor allem raschere Verknüpfung von Mode und Lebensgefühl begann.

Verstärkt wurde diese Entwicklung zu mehr und kurzlebigerer Mode durch das Entstehen der Konfektionsindustrie im 19. Jahrhundert. Dank neuer chemischer Erfindungen (z.B. Anilinfarben und Chemiefasern) sowie neuer Techniken (wie z.B. das Film-, Schablonen-, Rahmen-, oder Siebdrucken) ließen sich modische Abwechslungen preiswert und viel schneller massenhaft herstellen. Dadurch wurde Mode für breite Bevölkerungsschichten erschwinglich, die so die Abwechslung ihrer Kleidung deutlich erhöhen konnten.

Mit der Herausbildung der Konfektionsindustrie entwickelte sich das klassische Modegeschäft saisonal: Frühjahr- und Sommerkollektion sowie Herbst- und Winterkollektion bildeten dabei in Europa die beiden Hauptpole. Damit war auch die Beschleunigung der Modeprozesse von vorher langen Rhythmen auf einen einjährigen Rhythmus vorgegeben: Jedes Jahr wurde natürlich nicht die gleiche Sommer- bzw. Wintermode wie im vorigen Jahr präsentiert, sondern eine neue, eine, die den aktuellen Zeitgeist treffender repräsentiert.

Nach dem zweiten Weltkrieg konnten sich aktuelle Modetrends durch die neu entstehenden Informations- und Reisemöglichkeiten und die aufkommenden Modezeitschriften viel schneller als früher auch über Kontinente hinweg verbreiten. Dies hatte zum einen den Effekt, daß die oft zitierte Vereinheitlichungstendenz der Mode in den Industrieländern einsetzte. Zum anderen aber hatte diese Entwicklung auch die Konsequenz, daß sich nicht nur die Ausbreitungsgeschwindigkeit von Modetrends um die Welt erhöhte, sondern sich auch die Lebenszyklen der Mode selbst verkürzten. Schließlich standen als Quellen für neue Anregungen und Entwicklungen nicht mehr nur die eigene Kultur zur Verfügung, sondern auch die anderer, verbundener Kulturen. Nicht zuletzt dadurch löste sich die Modebranche von den zwei Hauptsaisons und entwicklete sich hin zu ca. vier bis sechs Orderrunden pro Jahr. Inzwischen ist man so weit, daß heute eine regelrechte »rollende Order« betrieben wird.

Von vielen Modekäufern unbemerkt beschäftigen sich die Fachleute hinter den Kulissen mit neuen Saisonthemen meist schon zwei Jahre im voraus. Mitglieder des »intercolor« – Arbeitskreises stimmen z.B. Farbvorschläge der im Mittelpunkt stehenden Saison ab. Auf dieser Basis entstehen nationale Farbkarten und auf der französischen Stoffmesse »Premiere Vision« treffen sich Fachleute anderthalb Jahre vor Saisonbeginn zu weitergehenden Trenddiskussionen im Farb- wie Stoffbereich. Aus der Synthese aller Vorschläge entstehen Farbkarten, die vor allem zur Information für die Konfektionäre wie für den Handel dienen. Die zeitliche Überlappung bereitet den Boden dafür, daß die Modetrends prinzipiell weiter an Beschleunigung gewinnen können.

Alles geht: Mode jenseits der Zyklen

Das Modekarussel dreht sich heute mit einer solchen Geschwindigkeit, daß manche Beobachter neue Begriffe suchen, um die momentane Situation überhaupt noch beschreiben zu können. Im Fachjournal Textilwirtschaft (Heft 49/1993) heißt es dazu unter dem Stichwort »Trends und Gegentrends in der Mode«:

»In den sechziger und siebziger Jahren war es mit der Mode noch einfach. Es gab Zielgruppen und denen hat man die Genre-Stufen der Mode zugeordnet. Oben war die Haute Couture, unten war Levis. In den achtziger Jahren hatten wir es mit einem Archipel der Mode zu tun, mit vielen kleinen und großen Inseln der Stile und Geschmacksmuster. Die Inseln hießen zum Beispiel Chanel oder Timberland oder Ralph Lauren. Die neunziger Jahre sind viel komplizierter. Morace nennt sein neues Denkmodell eine »Fashion Subway«. Er veranschaulicht das mit dem Metro-Plan in Paris. Es gibt viele Metro-Linien und viele Stationen. Eine Linie ist ein Stil oder eine Geschmacksrichtung. Man kann umsteigen. Beliebig oft. Von einem Stil in den anderen, bei jeder Gelegenheit und zu jeder Zeit. Wie heißen die U-Bahn-Linien? Zum Beispiel: Tradition, Griffes (Marken), alternative Stile, Zweitlinien, High Casual, Basics, Naturewear, Sportswear, Jeanswear, Haute Couture. Es gibt keinen Total Look mehr. Man kann alles miteinander mixen. Man kann die Anlässe pervertieren. Das Festliche wird zur Tagesmode (Dolce e Gabbana), Jeans werden Teil des Prêt-à-Porter. Wir kommen zu einer Mode jenseits der Zyklen.«

Man kann es auch anders ausdrücken: Die Modeindustrie kennt den Modezyklus nicht mehr. Vielmehr stehen wir vor einer Vielzahl durch modische Richtungen geprägter Kleinstzyklen, die sich überlappen, so daß der Eindruck eines Geschwindigkeitsrausches entsteht: Anything goes.

Das Modekarusell dreht sich

Analysiert man die Geschwindigkeit modischer Veränderungen genauer, indem man vom hochaggregierten Level der »gesamten Mode« heruntergeht auf den Level der Einzelzyklen, so stellt sich heraus, daß der wahrgenommene Beschleunigungsrausch modischer Veränderungen keineswegs so abläuft, wie oftmals journalistisch herausgestellt wird. Man kann feststellen, daß die einzelnen Bereiche der Mode sich mit unterschiedlicher Geschwindigkeit ändern. Es lassen sich verschiedene Dimensionen erkennen, entlang derer man die Geschwindigkeitsunterschiede beobachten kann.

Die Stoffqualitäts- und Materialebene

Im Vordergrund der modischen Veränderung, wie sie vom Verbraucher wahrgenommen wird, stehen Farb- und Silhouettenveränderungen der Kleidungsstücke. Die Grundformen vieler Kleidungsstücke dagegen, wie z.B. von klassischen Herrenanzügen, Kostümen, Mänteln, Blazern und Pullovern, entwickeln sich relativ langsam und konstant.

Ähnliches läßt sich für die Stoffgrundqualitäten sagen. Garne werden in der Regel nicht saisonal ausgemustert, weil Neuheiten hier das Ergebnis längerfristiger Entwicklungs- und Experimentierarbeiten darstellen. Ebenso finden sich von Saison zu Saison oft bestimmte Stoffqualitäten wieder, die sich lediglich durch

Farb- und Ausrüstungseffekte, wie z.B. Schmirgeln oder Rauhen unterscheiden, nicht so sehr dagegen in ihren Grundqualitäten.

Der tatsächlich stattfindende immer häufigere und raschere Wechsel beschränkt sich also bei genauerer Betrachtung auf oberflächliche Effekte der Materialien wie Farben, Silhouetten und Stoffausrüstungen. Für die Bekleidungshersteller bedeutet dies, daß bei aller Hochgeschwindigkeit des Modekarussells wichtige Grundelemente ihres Geschäfts kontinuierlich und damit langsam und planbar ablaufen und im Sinne eines noch steuerbaren Geschäftsbetriebs wohl auch ablaufen müssen.

Schnelle Wechsel auf langsamem Fundament

Die Langsamkeit in den Basics

Fachleute konstatieren einen immer rascheren Wechsel der Bekleidungsgegenstände im sogenannten topmodischen Bereich. Andererseits ist im Basisbereich oftmals eine hohe Konstanz und Langsamkeit zu beobachten (vgl. Abbildung 1).

Seine Ursache hat dieser Effekt in der oben beschriebenen Tatsache, daß sich die Mode, und damit das Order- und Kaufverhalten, von den Saisons gelöst haben. Dadurch haben sich natürlich manche Bereiche der Mode weiter beschleunigt, andere aber stehen inzwischen praktisch über den Saisons und den aktuellen Entwicklungen. Entweder verkörpern sie per se einen der unzähligen Stile und haben somit definitorischen Charakter für die Denkhaltung einer bestimmten Bevölkerungsgruppe, die sich nur sehr langsam ändert. Als Beispiel können Cowboy-Stiefel angeführt werden, die von einer bestimmten Bevölkerungsgruppe unabhängig von der aktuellen Mode nachgefragt werden. Oder diese Kleidungsstücke sind – ähnlich wie Coca Cola bei den Getränken – unveränderbarer und nicht weiter hinterfragbarer Teil unserer Kultur geworden. Man könnte Jeans, T-Shirts, Blazer und Smoking als Beispiele nennen. In Abbildung 2 wird diese Kon-

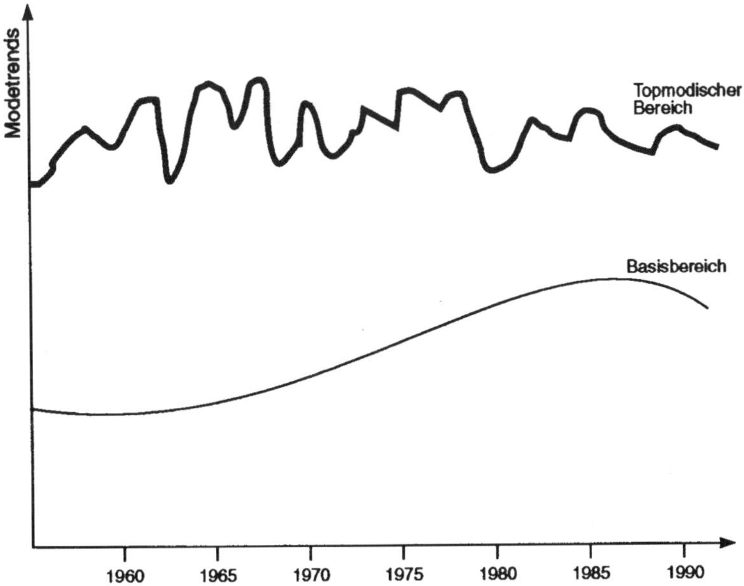

Abb. 1: Unterschiedliche Veränderungsgeschwindigkeiten im Basisbereich und im topmodischen Bereich

stanz deutlich, wenn man Jeans aus verschiedenen Jahrzehnten gegenüberstellt.

Schließlich ist es so, daß die gleichzeitige Existenz beinahe aller Stilrichtungen dazu beiträgt, daß sich zwar die Zusammenstellung der Kleidungsstücke ändert, für die Lebensdauer an sich jedoch kein Beschleunigungseffekt entsteht. Das führt dazu, daß das Gesamtangebot an Bekleidung relativ konstant bleibt und sich nur langsam ändert.
Das Fachjournal Textilwirtschaft schreibt dazu:

»Basics ändern sich kaum oder sehr langsam, haben mit Saisons nichts mehr zu tun. ..Wir kommen zu einer Vielschichtigkeit der Stile... Modestile entwickeln sich mit unterschiedlicher Geschwindigkeit... Es gibt mehr Vielfalt, aber weniger Veränderung.«

The Last Chance Mine – Placer County, Calif. 1882

Levi's
501

Abb. 2: Abbildungen der unveränderten Levi's Jeans 501 von 1882 bis heute. © by Levi Strauss Germany GmbH.

Die Gültigkeit dieser Feststellung kann jeder am eigenen Kleiderschrank überprüfen. Da finden sich Levisjeans von oftmals stattlichem Alter und in unveränderter Form, man denke nur an die legendäre Basisjeans 501. Sie kann heute als Symbol für die angesprochene Beständigkeit und langsame Veränderung im Modebereich angesehen werden. In Abbildung 2 kann man erkennen, daß die 501 inzwischen über ein Jahrhundert im Grunde unverändert geblieben ist.

Schneller Wechsel im Topmodischen

Im sogenannten topmodischen Bereich dagegen beherrscht tatsächlich die sich ständig beschleunigende Modeveränderung das Bild. Hier verfallen Moden schneller als früher, ist infolge einer Farb-, Muster- oder Ausrüstungsform ständiger, schneller Wechsel unter den sogenannten Trendsettern angesagt. Übertrieben gesagt, fühlen sich die Träger dieser sich selbst überrollenden Modewellen unwohl, zweimal im gleichen Outfit zu erscheinen. Sie fühlen sich zu ständigem neuen äußeren Erscheinungsbild verpflichtet, folgen Stars oder Idolen bzw. ihrer eigenen, von Außenstehenden kaum nachzuvollziehenden Logik im Anziehen. Permanente äußere Veränderung dominiert, bis hin zu der Art und Weise, etwas anzuziehen. Sie wählen die Bekleidung – morgens nach dem Aufstehen – nach Stimmungslagen. Nachdem lange Zeit hauptsächlich Frauen diese Art der Modeauswahl vertraten, haben sich in den letzten 10 Jahren auch in der Herrenbekleidung sensationelle Entwicklungen ergeben.

Im Modegeschäft haben sich für derartige Rennerprodukte ganz neue Orderformen herausgebildet, das sogenannte Quick-Response, die schnelle oder sofortige Befriedigung von Nachordern der Rennerprodukte. Im Idealfall erhält man durch elektronischen Datenaustausch anhand eines EAN-Codes eine artikelgenaue Erfassung der abverkauften Ware. Die festgestellten Veränderungen werden in Nachbestellungen bei den Lieferanten umgesetzt und dort an die entsprechenden Entscheidungsträger sofort wieder zur Produktion bzw. Nachlieferung weitergegeben. Der Durchlaufzyklus verringert sich gegenüber den normalen Orderrhythmen damit deutlich.

Standort Deutschland im Zeitdruck

Die genannten Entwicklungen im Modebereich haben natürlich erhebliche Auswirkungen auf die Textilindustrie. In der europäischen Bekleidungs- und Textilindustrie befinden wir uns in einer kritischen Situation. So gingen in der europäischen Textilindustrie (als Vorstufe der Bekleidungsindustrie) in den letzten 25 Jahren ungefähr 65 v.H. aller Arbeitsplätze verloren. Diese Entwicklung ist sehr einfach zu erklären. Zunächst erreichte man einfach über Rationalisierungs- und Produktivitätssteigerungsinvestitionen eine erhebliche Veränderung der produzierbaren Mengen.

Zum zweiten aber befinden wir uns aufgrund der ständigen Veränderung des Weltmarktes mit der Aufrüstung der Industrien in allen Entwicklungs- und Schwellenländern in einer neuen Situation. Wettbewerber aus der Volksrepublik China, Indonesien, Vietnam oder Brasilien verfügen über riesige Kapazitäten und ein enormes Heer an preiswerten Arbeitskräften. Zum Beispiel werden Regenmäntel oder regenjackenähnliche Mäntel wie Mikrofaserparker als Basisprodukte in Fernost hergestellt. Die geringen Mengen, die hier in Europa noch produziert werden, sind vergleichsweise so teuer, da sie in der Beschaffung hier DM 13,90 kosten und in Taiwan lediglich $ 2,22.

Es gibt mehrere Ursachen für diese unterschiedlichen Preise. Eine ist natürlich das soziale Gefälle, die unterschiedlichen Lohn- bzw. Gehaltssituationen, die den Entwicklungsländern einen großen Vorteil bei der Festlegung des Abgabepreises verschaffen. Der zweite Unterschied liegt darin, daß Grundmaterialien durch Vereinbarungen innerhalb der Chemieindustrie preislich auf einem Level gehalten werden, der wesentlich über den Angeboten aus Fernost liegt. Der dritte große Problemkreis, der natürlich eine Rolle für die Preisfindung spielt, ist die Problematik der Umweltinvestitionen. Diese schlagen sich kostenmäßig so stark nieder, daß z.B. bei einem Unternehmen wie Bayer 18 v.H. des Umsatzes als Investitionen und Ausgaben für die Umwelttechnologie und für die Entsorgung anfallen.

Aufgrund dieser Faktoren sind die Schwellenländer in der Lage, Bekleidung zu einem wesentlich günstigeren Preis anzubieten, als dies europäische Anbieter können. Entsprechend konzentrieren sich diese Anbieter auf die Produkte, die in sehr großen Mengen hergestellt werden – und die im Spektrum der Produktlebenszyklen eher die untere Ebene, d.h. tendenziell die längeren Zyklen betrifft. Den europäischen Unternehmen bleibt eigentlich nur die Möglichkeit bzw. die Notwendigkeit, statt über den Preis über innovative Produkte mit entsprechend kleinen Losgrößen das Interesse der Verbraucher zu kreieren: Die Europäer konkurrieren eher im kurzlebigen Zyklusbereich. Es sind die europäischen Anbieter, die aus Kosten- und Differenzierungsgründen das Beschleunigungsrad ankurbeln. Deshalb wiegt der Nachteil der Anbieter aus den Entwicklungsländern, nur relativ langsam auf Veränderungen reagieren zu können, nicht sehr schwer. Mit ihren auf große Stückzahlen ausgelegten Produktionsstätten und die durch die große Entfernung bedingte gewisse Marktferne und Transportverzögerung ist es für die Schwellenländer effizient, die »langsamen Modebereiche« abzudecken. Sie sind prädestiniert für die Lieferung der Garne, der Basisstoffe und der konstant bleibenden Basismode.

Entsprechend liegt der Vorteil der europäischen Anbieter in ihrer hohen Reaktionsgeschwindigkeit. Sie müssen in der Lage sein, über Innovationen, und das heißt hier auch über Schnelligkeit, immer ein Stück voraus zu sein und das Interesse der Verbraucher zu kreieren. Damit stehen ihnen primär die Bereiche offen, die wir oben als rasch veränderlich dargestellt haben, z.B. den topmodischen Bereich.

Allerdings müssen die Europäer aufpassen, daß ihnen der Geschwindigkeitsvorsprung aufgrund ihrer Marktnähe langfristig noch erhalten bleibt. Das Problem ist, daß hervorgerufen durch die sich immer schneller entwickelnde Informations- und Kommunikationstechnik, die Imitationsgeschwindigkeit in der Bekleidungsindustrie schwindelerregende Formen annimmt. Heute kann mit modernster Übertragungstechnik die Kopie eines Bekleidungsstückes innerhalb von drei Minuten in der ganzen Welt verbreitet werden. Was früher Monate und Wochen dauerte und damit auch einen Innovationsvorsprung bedeutete, ist heutzutage mit dem Vorstellen auf einer Messe beispielsweise hundertfachen Kopien ausgesetzt. Dies hat dann auch gleichzeitig zur Folge, daß man mit seinen Produkten so schnell wie nur möglich auf den Markt geht. Bis vor nicht allzu langer Zeit dauerte die Entwicklungs- und Erprobungsphase noch bis zu einem Jahr. Jetzt geht man mit seinen Produkten so schnell wie nur möglich auf den Markt. Dadurch findet eine zusätzliche, herstellerinduzierte Beschleunigung der Modeprozesse statt, nicht zuletzt oftmals auf Kosten der Qualität.

Neue Wege der Langsamkeit: Sustainable Fashion

Es stellt sich angesichts der geschilderten Situation die Frage, wie lange zum einen die Verbraucher das manchmal schwindelerregende Tempo der Mode noch mitmachen wollen bzw. finanziell mitmachen können, und wie lange zum anderen unsere Umwelt die dadurch entstehenden Belastungen noch verkraften kann. Gerade bei letzterem ist das Erreichen der Grenzen bereits zu erkennen, eine Erkenntnis, die sich auch bei den Verbrauchern mehr und mehr durchsetzt. Immer schnellere Mode bedeutet künstliche Veralterung von Ressourcen. Das voll funktionsfähige Kleidungsstück wird ausgemustert, weil es nicht mehr »in« ist. Die Diskussion um die Ausbeutung der Umwelt wird hier Grenzen setzen, die den Innovationsprozeß entschleunigen wird und auch muß. »Immer wieder neu« und »natürlich« wird dann zu einem Gegensatz werden. Denn ökologische Zyklen sind langsamer als ökonomische. Eine Möglichkeit, vorhandene Ressourcen länger zu benutzen und damit die Geschwindigkeit des Verbrauchs herabzusetzen, nutzen wir bereits seit einiger Zeit. Wir haben erreicht, daß Abfälle von Textilien und die Reste vom Zuschneiden zum größten Teil in einem Recyclingunternehmen für die Verarbeitung von Textileinlagen in Autos verwandt werden. Die Materialien werden geschreddert, dann gefließt und anschließend gepreßt und ergeben somit Ablagen, die dann noch einmal mit Textilien abgedeckt werden.

Wenn wir die Umweltbelastungen möglichst gering halten wollen, indem wir für ein Produkt den gesamten Weg von der Wiege bis zur Bahre klären, d.h. vom biologischen Anbau der Naturfasern bis hin zur Reduzierung des Wasserverbrauchs bei der Verarbeitung, dann wird die Prozeßgeschwindigkeit automatisch zurückgehen. Wir selbst sind dabei, diesen Weg für zahlreiche Produkte zu beschreiten. Wir führen Gespräche in Australien über den biologischen Anbau von Baumwolle, verhandeln mit Chemieunternehmen über die Reduzierung der allergieerzeugenden Substanzen in Farbstoffen, haben die Kläranlagen in unseren Unternehmen umgestaltet usw. All diese Maßnahmen des schonenderen und damit langsameren Umgangs mit den Ressourcen bringen natürlich eine gewisse Kostensteigerung mit sich. Mit ca. 10 bis 20 v.H. fällt sie allerdings so moderat aus, daß sie für ausreichend große Käuferschichten kein Kaufhindernis sein wird.

Mit diesem Konzept wird eine ganz neue Denkrichtung in bezug auf die Herstellung und damit auch das Tragen von Mode eingeleitet. Es soll ein Denken und Handeln jenseits aller modischen Tagestrends eingeläutet werden, ein Denken, das zwangsläufig und gewollt eine Verlangsamung der Modeprozesse mit sich bringt. Es ist unsere Überzeugung, daß sich auch die Verbraucher von dieser Konzeption überzeugen lassen. Für die europäischen Textilhersteller stellt sie zudem eine Möglichkeit dar, dem Beschleunigungsrennen der Mode zu entkommen, in das sie nicht zuletzt durch die Internationalisierung des Wettbewerbs gezwungen wurden.

Innovation für Nachhaltigkeit braucht Langsamkeit

Walter R. Stahel

Produktoptimierung – die neue Langsamkeit

Weil wir zu spät agieren, müssen wir immer schneller – und meist nachsorgend – reagieren. Wenn wir dies nicht mehr wollen, müssen wir umdenken: Um die Produktlebensdauer nachhaltig, d.h. wirtschaftlich, ökologisch und sozial zu optimieren, braucht es genügend Zeit, um Maßnahmen des vorsorgenden Handelns (Schadenverhütung, Fehlertoleranz, Flexibilität) in den frühen Phasen des Produktlebenszyklusses (Konzeption und Design) einbauen zu können (vgl. Abbildung 1, ideal curve). Denn Kosten-Nutzen-Analysen über die gesamte Produkt- oder Systemlebensdauer von Konzeption (concept) bis hin zur Rücknahme bzw. Entsorgung (disposal) zeigen, daß die großen Zeit-Investitionen in diesen ersten Phasen erfolgen müßten; während der Nutzung sollten idealerweise nur noch kleine Fehlerkorrekturen notwendig sein.

Dieses nach Risikogesichtspunkten optimale Vorgehen entspricht aber nicht der Realität. In der heutigen Praxis werden die Anstrengungen auf die Phase kurz vor und nach der Markteinführung einer Innovation konzentriert (actual curve der Abb. 1). Das häufig zu beobachtende Resultat ist: Die Unternehmen (miß-)brauchen die Käufer ihrer Güter häufig zur nachträglichen Produktoptimierung, denn zwischen Herstellung/Vertrieb und Nutzung liegt ja der Verkaufspunkt, an dem (oder wenig später – je nach Garantiefrist) nicht nur das Eigentum, sondern auch die Kostenverantwortung für Nutzung und Entsorgung vom Hersteller auf den Käufer bzw. Nutzer übergehen. Mit anderen Wor-

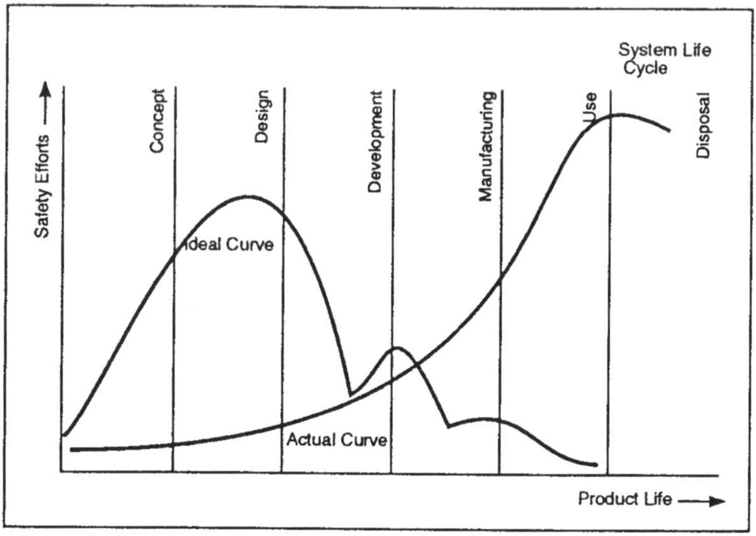

Abb. 1: Kosten-Nutzen-Optimierung über die gesamte Lebensdauer eines Produktes, abgeleitet aus der Risiko Management-Lehre

ten: Die immer schnellere Entwicklung von Gütern als Ersatz für vorhandene Güter, und die Ausrichtung unserer Innovation auf die Fertigungsprozesse, erlauben es kaum noch, Produkte auf den Markt zu bringen, die sowohl für die Fertigung als auch für eine langfristige Nutzung optimiert sind.

Käufer oder Nutzer ?

Erstaunlicherweise findet sich der Ausdruck ›Nutzer‹ in der Fachliteratur kaum;[1] der Nutzer heißt heute noch ›Verbraucher‹, ob-

1 Eine Ausnahme stellen die Veröffentlichungen des IFG Ulm dar; vgl. IFG Ulm (Hrsg.), Gestaltung und neue Wirklichkeit, Ulm 1988; ders., Kulturelle Identität und Design, Ulm 1989; ders., Im Namen des Nutzers, Ulm 1990; ders., Privat in der Öffentlichkeit, Ulm 1991; ders., Gemeinsam nut-

wohl Zukunftsforscher wie Töffler seit Jahren von ›pro-sumern‹ (producer-consumer) sprechen, den do-it-yourself Verbrauchern, welche dem Nutzer sehr nahe kommen.

Erst wenn der traditionelle Verkaufsakt wegfällt, und statt der Güter deren Nutzen (bzw. die von den Gütern gewünschten Leistungen und Resultate) verkauft wird (z.B. durch Vermieten, Betriebs-Leasing, oder ›build-and-operate‹ Lösungen), wird die Strategie der Risikooptimierung über die gesamte Produktdauer für den Hersteller wirtschaftlich interessant. Dann könnte die heutige Strategie der fehlenden Produktoptimierung während der Nutzung auf die Wirtschaftlichkeit eines Unternehmens, das Nutzen verkauft, fatale Folgen haben.

Die unvermeidlichen Qualitätseinbußen beim heutigen Vorgehen hat die Firma Minolta schon vor ein paar Jahren dazu gebracht, ihre Produktstrategie radikal umzustellen.[2] Das Wissen, nicht mehr genügend Zeit zu haben, um gute Produkte herstellen zu können, steht dem Selbstverständnis der Japaner entgegen. Der von ihnen gewählte Ausweg aus der Geschwindigkeitsfalle ist: Statt immer neuer Einzelprodukte wird Minolta in Zukunft Produkte im Baukasten-Prinzip (wie das Spielzeugsystem »Lego«) gestalten; damit lassen sich Verbesserungen bestehender Produkte durch Komponenten-Austausch nachträglich, d.h. während der Nutzung eines bereits erworbenen Produktes, realisieren. Dieser Austausch ist aus Sicht des Kunden aufgrund der Verbesserung seiner Nutzensituation eine hochqualitative Dienstleistung. Minolta will also nicht mehr alle drei Monate ein neues Produkt auf den Markt werfen, sondern alle zwei Monate eine nachrüstbare Option, welche z.B. den Energieverbrauch, die Bedienerfreundlichkeit oder die Sicherheit verbessert. Ziel ist die

zen statt einzeln verbrauchen, Ulm 1992; ders., Das Individuum in der Gruppe, Ulm 1993.

2 Vgl. Deutsch, C. (1994), Abschied vom Wegwerfprinzip – Die Wende zur Langlebigkeit in der industriellen Produktion, Stuttgart 1994.

Verbesserung der Kundenzufriedenheit ohne die Notwendigkeit eines ansonsten erforderlichen Produktaustausches.

Eine andere Strategie der Schaffung von Kundenzufriedenheit hat Toyota entwickelt: Seit letztem Jahr werden bestimmte Automodelle in der Schweiz mit einer umfassenden Garantie von 3 Jahren und 100.000 Kilometern incl. aller Wartungs- und Serviceleistungen verkauft (alle Kosten außer Reifen und Benzin sind im Verkaufspreis eingeschlossen). Beinahe alle Schweizer Importeure haben heute mit Toyota gleichgezogen. VW bietet seit 1998 gar eine unbegrenzte Mobilitätsgarantie: Unter der Bedingung, daß ein VW-Besitzer seinen Wagen einmal alle 12 Monate in einer VW-Werkstatt warten läßt, übernimmt VW die Kosten im Falle einer Panne. In Frankreich hat Toyota Anfang 1994 eine ähnliche Garantie über 5 Jahre und 300.000 Kilometer angeboten. Die Aussage, die dahintersteht, ist klar: Unsere PKWs sind qualitativ perfekt, also braucht sich der Käufer nicht mehr um das Auto zu kümmern: Toyota ist zuständig für die Technik (und die Wartungs- und Instandhaltungskosten), der Käufer kümmert sich um den Nutzen des Produktes (Transport). Das ist »carefree motoring«.

Die Erkenntnis, daß der Kunde mit dem Eigentum am Auto auch eine Verantwortung, die er nicht will, für ein Produkt übernimmt, von dem er im Grunde aber nichts versteht, wird damit zum zentralen Punkt des Marketings. Heute aber müssen die Verbraucher die meisten Produkte noch kaufen, um Zugang zu ihrem Nutzen zu erhalten, denn die Kosten von Kurzzeitmieten sind unverhältnismäßig teuer, und Langzeitmietobjekte für Privatpersonen gibt es mit Ausnahme von Wohnungen und Häusern kaum.

Material- und Verantwortungskreisläufe in nachhaltigen Wirtschaftssystemen

Nachhaltigkeit schließt ökonomisches Denken mit ein. Eng verknüpft mit dem Prinzip der Nachhaltigkeit ist deshalb das Prinzip geschlossener Material- und Verantwortungskreisläufe. Der Grund, warum Herr Töpfer mit seiner Rücknahmeverpflichtung für Verpackungen absolut richtig liegt (und das Duale System Deutschland falsch), liegt darin, daß es nicht genügt, die Materialkreisläufe zu schließen, sondern ebenso müssen die Verantwortungskreisläufe geschlossen werden. Verantwortungskreisläufe schließen heißt aber: Wenn der Kunde ein Produkt nicht mehr will, gibt er es dem Verkäufer zurück, der es ihm verkauft hat; wenn der Verkäufer das zurückgegebene Produkt nicht mehr will, gibt er es wiederum seinem Verkäufer zurück. Wertlose Güter (bzw. Produkte mit Entsorgungskosten) kommen somit am Schluß ihres Lebens zu dem Akteur zurück, der am Anfang ein wirtschaftliches Interesse daran hatte, sie auf den Markt zu bringen; Güter mit einem wirtschaftlichen Wert werden hingegen aus wirtschaftlichen Gründen durch andere Akteure in einen neuen Kreislauf gebracht. Innovative Firmen kaufen ihre Alt-Produkte zurück, um die Ressourcen für ihre Aufarbeitungsfabriken zu erhalten (Caterpillar Dieselmotoren zahlt bis zu 40% des Neuwertes für einen kompletten Alt-Motor), oder nehmen freiwillig Gebrauchtgüter auch anderer Hersteller zurück, weil sie gelernt haben, die Demontage und den Wiederverkauf von Komponenten als gewinnbringendes Geschäft zu betreiben (GE Medical Systems).

Bei geschlossenen Verantwortungskreisläufen entfallen die Diskussionen über das Internalisieren der Kosten einer umweltgerechten Entsorgung bzw. der Rezyklierbarkeit von Materialien quasi automatisch. Gemäß den Regeln der freien Marktwirtschaft ändern »schlechte« Unternehmen ihr Verhalten oder sie verschwinden vom Markt. Auch das Problem der Altlasten, die dreißig Jahre später von der Allgemeinheit finanziert werden müssen, entfällt. Wenn Unternehmen wissen, daß sie für künftige Sanierungs- oder Entsorgungskosten haftbar sein werden und diese Haftungsfähigkeit zudem durch eine Versicherungspolice belegen müssen, überlegen sie sich, ob diese zukünftige finanzielle Belastung wirtschaftlich sinnvoll ist, da sie dafür höhere Versicherungsprämien bezahlen müssen. Im Sinne der geschlossenen Verantwortungskreisläufe ist eine obligatorische Umwelthaftungsversicherung aus zwei Gründen kaum zu umgehen: Unternehmen können sich ihrer Verantwortung durch Schließung, Bankrott usw. entziehen, und haben dies in der Vergangenheit auch getan. Versicherungen sind finanzielle Risk Manager ›par excellence‹, da sie nur Risiken versichern können, die versicherbar sind – d.h. für die sich die zwölf Kriterien der Versicherbarkeit überhaupt bestimmen lassen![3] Die Unternehmen mit den höchsten Risiken würden deshalb gezwungen, ihre Anlagen und Produkte versicherbar zu gestalten oder aber ihre Tätigkeit aufzugeben, bevor es zur Katastrophe kommt.

Unter den Material-Kreisläufen sind die Kreisläufe für Produkte und Wertstoffe zu unterscheiden (vgl. Abb. 2). Im deutschen Sprachgebrauch ist mit der Entscheidung, alle Kreisläufe ›Recycling‹ zu nennen, ein großer Fehler gemacht worden (Produktrecycling für Güter und stoffliches Recycling für Wertstoffe). Denn diesen zwei Kreisläufen ist nur gemeinsam, daß sie Kreisläufe sind und daß beide auf die Rohstoffnachfrage am Anfang und das Abfallvolumen am Ende einen mäßigenden Einfluß haben.[4] Was aber ihre Wirtschaftlichkeit und ihren Einfluß auf Technologieförderung und Nachhaltigkeit betrifft, liegen Welten zwischen den zwei Kreisläufen.

3 Vgl. BERLINER, B. (1984), Die Versicherbarkeit von Risiken, Schweizer Rückversicherung Zürich, Zürich 1984.

4 Vgl. STAHEL, W.R. (1991), Langlebigkeit und Materialrecycling – Strategien zur Vermeidung von Abfällen im Bereich der Produkte, Essen 1991.

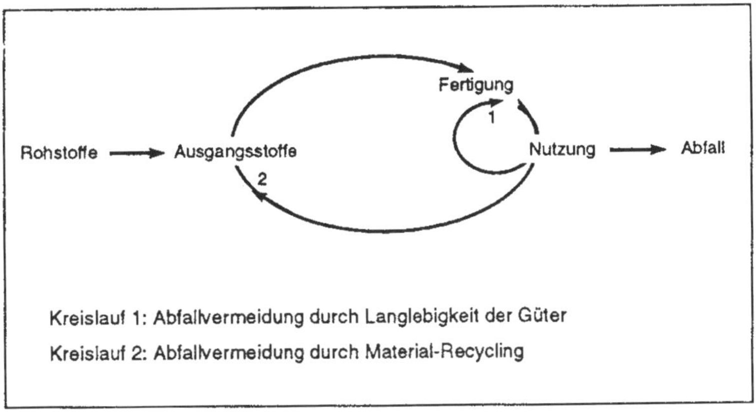

Abb. 2: Die Kreisläufe ›Langlebigkeit von Gütern‹ und ›Material-Recycling‹

Wiederverwertung von Komponenten: Das »Salatschüssel«-Beispiel

Die besten Salatschüsseln der Welt bestehen aus säure- und hitzeresistentem, kratzfestem Glas und kosten 10–15 DM, je nach Größe. Wie können solche high-tech Glasschüsseln so billig sein? Es handelt sich um die Glaseinsätze in den Türen alter Waschmaschinen. Beim heutigen Recycling wird die ganze Waschmaschine in den Schredder geworfen, und das Glas wird zu Sondermüll, da es nicht rezyklierbar ist. Wird die Waschmaschine aber demontiert und der Glaseinsatz als Salatschüssel verkauft, dann wird dieser ›Abfall‹ nicht zum Kostenfaktor, sondern zur Einnahmequelle.

Der Unterschied zwischen der Wirtschaftlichkeit von Recycling und derjenigen der Wiederverwendung von Gütern ist fundamental. Zudem steht die Wiederverwendung von Gütern im Wettbewerb mit teuren (Neu-)Produkten, das Recycling hingegen im Wettbewerb mit häufig billigeren Rohstoffen. Eine vermehrte Wiederverwendung von Gütern und Komponenten führt zu höheren Preisen für Neugüter – der Vorteil der neuen Strategie nimmt zu; ein vermehrtes Recycling führt hingegen im Extremfall zu einem Verfall der Rohstoffpreise – Recycling tötet sich dann durch seinen Erfolg.

Beim Recycling von schnellebigen Gütern schnappt die Beschleunigungsfalle desto schneller zu, je kürzer die Nutzungsdauer ist. Recycling verzögert den Materialverlust kurzfristig und wird zur Illusion (vgl. Abbildung 3).

Das Beispiel einer Coca-Cola-Dose aus Aluminium zeigt, daß selbst im Falle einer utopischen Recyclingrate von 90% nach 27 Umläufen ein ›quasi Totalverlust‹ des Aluminiums eingetreten ist – zum Zeitpunkt, wo eine Glasflasche zum ersten Mal rezykliert wird.

Soichiro Honda und Technologiepolitik

Jede Wahl zwischen Material-Recycling und Produktdauerverlängerung ist auch eine Technologiewahl. Soichiro Honda hat nach dem zweiten Weltkrieg den Amerikanern gebrauchte Kleinmotoren abgekauft, auf Fahrräder montiert und das Ganze als Motorrad verkauft. Der nächste Schritt war, Sportwagen als Motorräder mit 4 Rädern zu bauen; und schließlich normale PKWs, ja sogar Formel 1-Wagen. Und all das geschah seit Ende der vierziger Jahre. Heute ist Soichiro Honda's Firma weltweit Nr. 1 bei Motorrädern und unter den ersten 5 bei den PKWs. Hätte Soichiro Honda sich ins Recycling dieser Gebrauchtmotoren gestürzt, so wäre der Schrotthändler Honda in Tokio vermutlich in Europa unbekannt geblieben.

Dies ist kein Einzelbeispiel: Gleiches gilt für IAI (Israeli Aircraft Industries) und eine Reihe weiterer dynamischer Firmen, welche mit der Wartung und Produktdauerverlängerung von Gütern begonnen haben und schnell gemerkt haben, daß sie Güter besser machen können als die Hersteller, weil sie das Problem anders – nämlich von der Nutzung her – anpacken. Firmen hingegen, die ins Recycling einsteigen, kommen meist zum

Ausgangsmaterial in allen Fällen ist 100% Neumaterial				
Recyclingrate	50%	75%	90%	
Anteil an Recyclingmaterial				
beim 1. Recycling	50%	75%	90%	
2.	25%	56%	81%	
3.	12,5%	42%	73%	
4.	6,3%	32%	66%	
5.	3,1%	24%	59%	
6.	1,6	17,8%	53%	
7.	vernachlässigbar	13.3%	48%	entspricht 1/2 Jahr
8.		10,0%	43%	
9.		7,5%	39%	
10.		5,6%	35%	
11.		4,2%	31%	
12.		3,2%	28%	
13.		2,4%	25%	
14.		1,8%	23%	
15.		1,3%	21%	
16.		1%	18,5%	
17.		vernachlässigbar	16,7%	entspricht 1 Jahr
18.			15%	
19.			13,5%	
20.			12,2%	
21.			10.9%	
22.			9,8%	
23.			8,9%	
24.			8,%	
25.			7,2%	
26.			6,5%	
27.			5,8%	
Anzahl Wiedernutzungen: Beispiel Glas-Mehrwegflasche in Europa: 27				
28.			5,2%	
29.			4,7%	
30.			4,3%	
31.			3,8%	
32.			3,4%	
34.			vernachlässigbar	2 Jahre

Abb. 3: Der Faktor ›Zeit‹ als Beschleunigungsfalle in Recycling Kreisläufen Beispiel Coca-Cola-Dose in den USA, durchschnittliche Verweildauer im Markt 3 Wochen

Schluß, daß das Recycling subventioniert werden muß. Ähnlich verhält es sich auch mit Firmen, die ›end-of-pipe‹-Technologien entwickeln und dann nach einer Gesetzgebung rufen, welche ihre Lösung zwingend vorschreibt (Beispiel Katalysator). Die vorsorgenden Alternativlösung, nur noch den Verkauf von »sauberem« Benzin (RFG reformulated gasoline) zuzulassen, ist selbst heute erst in Kalifornien und Finnland gesetzlich vorgeschrieben. RFG wird von der Mineralölindustrie bekämpft, weil es in der Raffinierung höhere Kosten verursacht, die im Markt zu höheren Benzinpreisen führen, welche den Anreiz zur Mobilität vermindern würden. Die Übertragung des Sprichwortes »Vorbeugen ist besser als heilen« bzw. der Erkenntnis des Risk Managements »prevention is cheaper than cure« ins Umweltdenken (›Abfallvermeidung ist billiger als Entsorgung‹) ist offensichtlich noch in weiter Ferne!

Die Auswirkungen von Verantwortungskreisläufen wird aus Abbildung 4 ersichtlich. Die Abbildung zeigt die Entwicklung der Verpackung des Siemens PC vor 1988, ab 1988 (verdoppelte Transporteffizienz durch Reduktion des Volumens um 50%) und im Jahre 1992. Bei der letzten Lösung handelt es sich um eine

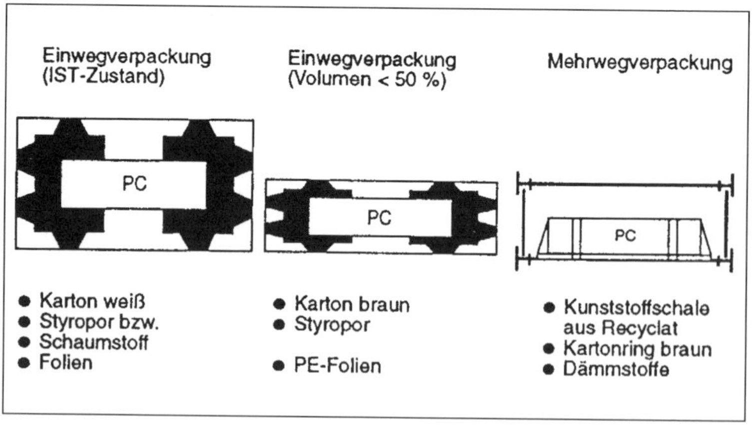

Abb. 4: Die Entwicklung der Verpackung des Siemens PC Ende der 80er

Mehrwegverpackung, die ohne Karton und Styropor auskommt: Die Verpackung läßt sich zusammenfalten und mit minimalem Platzbedarf zur Wiederverwendung zurückschicken.

Doch dann kam das Duale System Deutschland dazwischen: In neueren Siemens Veröffentlichungen fehlt das dritte Bild, dafür trägt das zweite den grünen Punkt. Die Moral von der Geschichte: Wenn ein Hersteller seine Verantwortung gegen Zahlung relativ geringer Gebühren loswerden kann, muß er schon sehr »grün« oder unklug sein, es nicht zu tun. Wozu sich bemühen, wenn sich das gleiche Resultat durch eine Strafsteuer nach dem Muster der Ablaßbriefe regeln läßt? Die Absatzprobleme des Material-Recyclings sind am wirtschaftlichsten lösbar durch ein Schließen der Verantwortungskreisläufe, d.h. die Rücknahme und Wiederverwendung der Wertstoffe durch deren Hersteller.

Eine Betrachtung des kleinen Kreislaufs in Abbildung 2 »Wiederverwendung von Gütern« mit der Lupe zeigt, daß sich darin mehrere Strategien verstecken (vgl. Abbildung 5): Der kleinste Kreislauf entspricht der Wiederverwendung von Gütern (Beispiel Mehrwegflasche), der zweite betrifft die Reparatur und Instandhaltung von Gütern, der dritte das Aufarbeiten und technologische Hochrüsten von Gütern. Aufarbeitung ist der gebräuchliche deutsche Ausdruck für »re-building, re-conditioning, re-manufacturing«; er erklärt aber nur indirekt, worum es sich handelt: Re-manufacturing heißt klar ›Wieder-Fertigung‹ und nicht Entsorgung! Werterhaltung statt Wertzerstörung!

Vor diesem Hintergrund wird deutlich, warum Rohstoff-, Komponenten- oder Produkthersteller von einer Verlängerung der Nutzungsdauer von Gütern nicht begeistert sind: Eine nutzungsorientierte Wirtschaft, gekennzeichnet durch Langzeitgüter und Nutzungsdauerverlängerungs-Dienstleistungen, braucht die Hersteller nur noch als Zulieferer, als ›Ersatzteillieferanten für die Nutzungssysteme‹. Eine nachhaltige Wirtschaftsstruktur fördert und perfektioniert primär die Kreisläufe der Wiederverwendung (Logistik und Funktionsnormung), der Reparatur, der

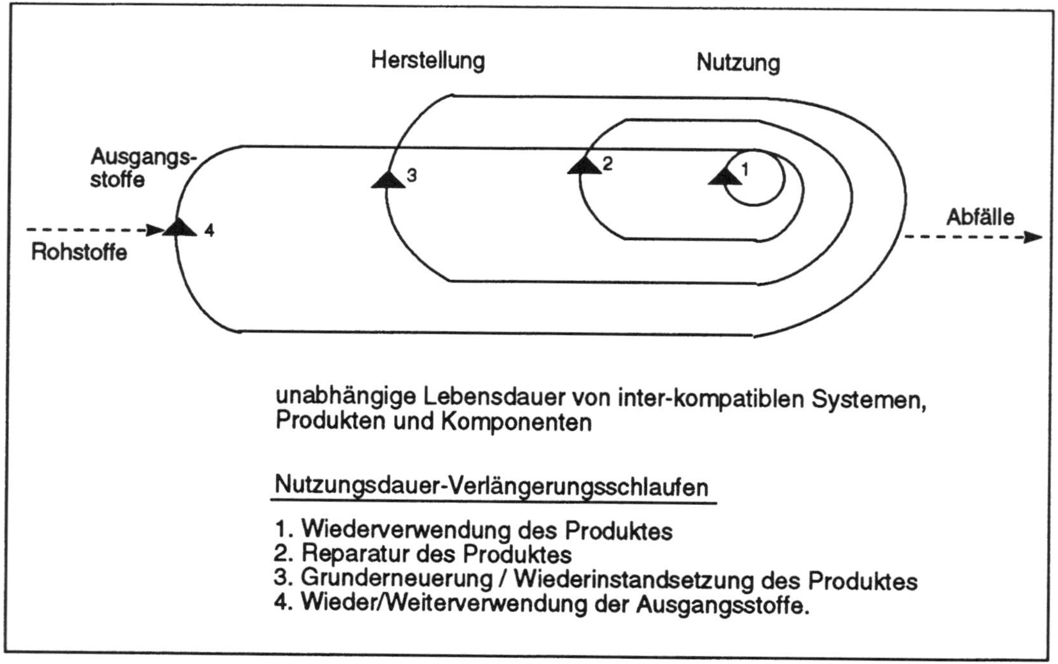

Abb. 5: Das sich selbstversorgende Kreislaufsystem mit Nutzungsdauerverlängerungsschlaufen und Materialrecycling

Instandsetzung und Aufarbeitung, des Hochrüstens bestehender Güter; zudem fördert sie die Entwicklung von innovativen Komponenten (z.B. selbstreparierende, wartungsfreie, fehlertolerante Komponenten), von facharbeitsintensiven dezentralen Werkstätten statt globaler Roboterfabriken, von ›Minimills‹ statt großer Stahlwerke, und von neuen Märkten für Gebrauchtgüter, -komponenten und Wertstoffen.

Könnte man nicht argumentieren, daß wir nur Herstellung und Recycling von Gütern perfektionieren müßten, und damit auf mögliche Systemänderungen und die Dienstleistungen der Nutzungsdauerverlängerung verzichten könnten? Bestehende Strukturen (Beispiel Handwerksordnung mit dem Gebot der beruflichen Spezialisierung und dem Verbot von Generalisten) unterstützen meist diese andere Argumentation und erschweren die Umsetzung der Kreisläufe: In Ländern ohne Handwerksordnung ist es deshalb oft einfacher, Reparaturspezialisten zu finden. Es gibt aber einen triftigen Grund, wieso diese andere Argumentation pessimistisch stimmen muß: Honda hat gezeigt, daß die Kreisläufe umso wirtschaftlicher und technologiefördernder sind, je kleiner sie sind. Unternehmen, welche sich auf Herstellung und Recycling versteifen, könnten international an Wettbewerbsfähigkeit einbüßen und sich wirtschaftlich ihr eigenes Grab graben; denn noch fehlen Technologien und Märkte der Nutzungsdauerverlängerung, für deren Entwicklung es Zeit braucht – aber schon in Kürze wird Nutzungsdauererfahrung Vorsprung und höhere Gewinnspannen bedeuten! Zwischen Japan, Europa und Amerika lassen sich bereits heute ganz verschiedene Strategien beobachten, wie diese Fragen angepackt werden können: Europa hatte anfangs einen Vorsprung; da diese neue Sicht aber nicht in die Struktur unseres Industrieverständnisses hineinpaßt, haben wir diesen Vorsprung in den letzten Jahren großzügig verschenkt. Japan hat heute mit Konzepten wie »eco-factory«, »zero waste«, »ZERI zero emission research initiative«, und den »Faktor 10 Design-Instituten« die Nase vorn. U.S. Firmen sind auf dem Gebiet des Verkaufs von Leistung und Nutzung (GE Capital, Xerox, Interface, Gateway) bzw. der wirtschaftlichen Umsetzung des Konzepts der ›Material- und Produktverantwortung von der Wiege zurück zur Wiege‹ (DuPont de Nemours, Kodak's »single use camera«) heute weltweit führend.

Nachhaltigkeit

Nachhaltigkeit ist eine gemeinsame gesellschaftliche Langzeit-Vision, welche eine ökologische, soziale und wirtschaftliche Verträglichkeit unseres Handelns verlangt. Dem Zeitbezug dieser Zielsetzung kommt deshalb entscheidende Bedeutung zu, wie das folgende Zitat des chinesischen Philosophen Kuan Chung Tzu zeigt:

> Willst Du im laufenden Jahr ein Ergebnis sehen,
> so säe Samenkörner.
> Willst Du in zehn Jahren ein Ergebnis sehen,
> so setze Bäume.
> Willst Du das ganze Leben lang ein Ergebnis sehen,
> so entwickle die Menschen.

Die Wettbewerbsfähigkeit einer nachhaltigen Wirtschaft könnte deshalb entscheidend von der Langsamkeit, im Sinne eines kulturellen Zeitverständnis, bestimmt werden.

Auf die Wirtschaft bezogen, ist allen Kreisläufen gemeinsam, daß sie die Rohstoffindustrie wie auch die Abfallindustrie der Industrieländer stark beeinflußen werden. Ein weiterer wesentlicher Unterschied zwischen der Nutzungsdauerverlängerung von Gütern und stofflichem Recycling wird erst aus der Sicht der Nachhaltigkeit, und insbesondere einer Analyse der Stoffströme, ersichtlich: Recycling bewirkt weder eine Verminderung der Geschwindigkeit noch des Volumens der Stoffströme: Durchflußmenge wie Durchflußgeschwindigkeit der Stoffströme am Verkaufspunkt bleiben unverändert, unabhängig davon, ob die Wirtschaft linear verläuft (von Rohstoffausbeutung zu Fertigung zu Nutzung zu Abfall) oder in Recycling-Kreisläufen.

Dagegen bewirken die Kreisläufe der Nutzungsdauerverlängerung durch re-building, re-conditioning oder re-manufacturing ein längeres Verweilen der Produkte (und Stoffe) im Markt und damit eine Verringerung der Geschwindigkeit der Stoffströme. Die Regel dazu ist denkbar einfach: Wenn in einem gesättigten Markt die Verweildauer (die Nutzungsdauer) verdoppelt wird, so reduziert sich die Geschwindigkeit der Stoffströme um 50%. Natürlich verringern sich dadurch auch das Abfallvolumen und die Rohstoffnachfrage um die Hälfte, ebenso wie der Fertigungsaufwand, die Abfallbewirtschaftung sowie der zugehörige Transport- und Verpackungsaufwand.

Dienstleistungen zur Nutzungsdauerverlängerung werden am wirtschaftlichsten da gemacht, wo die Ressourcen in Form der Gebrauchtgüter, die freien Arbeitskräfte und die neuen Abnehmer vorhanden sind. Reparatur und Aufarbeitung enthalten somit das Element einer Mobilität der Arbeitsplätze und die Chance zur Förderung eines regionalen dezentralen Wirtschaftens. Zum ersten Mal seit der Industrierevolution ist nicht mehr die Mobilität der Arbeiter gefordert – die Arbeit kommt erstmals zu den Arbeitsuchenden. Nutzungsdauerverlängerung enthält somit eine hohe soziale Ökologie!

Ressourcenschonung und höhere Ressourcenproduktivität

Ein nachhaltiges Wirtschaften muß neben dem Umweltschutz (Schutz der Natur und des Menschen) auch eine bedeutend effizientere Nutzung der Ressourcen mit einschließen. Dazu gehören Energie- und Stoffströme, aber auch Flächen- und Wasserverbrauch.

Eine Verlängerung der Produktdauer durch Langzeitgüter und Nutzungsdauerverlängerung ist eine Strategie zur Verlangsamung der Stoffströme. Eine intensivere Nutzung von Gütern durch multifunktionale Produkte und geteilte Nutzung erlaubt eine Verringerung der Stoffstromvolumina.

Dolce far niente

Die einfachste Strategie besteht oft darin, nichts zu tun: Die umweltfreundlichste Art des Rasenmähens ist das Wachsenlassen der Gräser! Oder um ein anderes Beispiel zu bemühen: Wieso sollte man seine Handtücher in Hotels jeden Tag waschen lassen? Die Aufforderung der europäischen Hotels: »Handtücher in der Badewanne = waschen, Handtücher auf dem Halter = Umweltschonung« wird in Europa wohlwollend aufgenommen, stößt aber in Amerika zuweilen auf den Einwand der nicht erfolgenden Honorierung dieser Leistung des Kunden (»dann will ich einen Rabatt auf den Zimmerpreis!«). Amerikaner reagieren tendenziell ökonomisch orientiert; Europäern hingegen genügt es oft zu wissen, daß 50% der Umweltbelastung durch Waschmittel, Tenside, Abwasserreinigung und Waschmaschinenherstellung vermieden werden, wenn Handtücher nur jeden zweiten Tag gewaschen werden. Nichtstun als Suffizienzstrategie kann bedeutend umweltfreundlicher sein als (technische) Effizienzlösungen! Mathematisch gesehen können Strategien des Nichtstuns als einzige gar eine Effizienzsteigerung um einen »Faktor unendlich« erreichen (Division durch Null!).

Langzeitgüter

Dauerhaftigkeit verlangt nicht nur Anpaßbarkeit, sondern auch ein Vorausdenken und aktives Suchen von besseren Lösungen. Die ersten Drucker für PCs hatten Wegwerfmodule, die über die Lebenszeit des Druckers erhebliche Mengen an Abfall in Form von Verbrauchsmaterial (Tonermodule etc.) produzierten. Dieses Verbrauchsmaterial kostete je nach Nutzungsintensität u.U. ein Mehrfaches des Druckers.[5] Dann kamen Drucker mit Mehrfachdruckkopf auf den Markt, die eine Reduktion dieses Abfalls um die Hälfte bewirkten. Und schließlich kamen die Langzeitgeräte: Drucker mit einem Druckkopf mit Piezotechnik, der ewig hält und entsprechend wenig Abfall entstehen läßt; der wartungsfreie Kyocera Ecosys-Drucker, ein Produkt der neuen Langsamkeit – die Gefahr, daß ein anderer Hersteller eine Lösung mit weniger Abfall (und Abfall gleich Betriebskosten!) findet, ist relativ klein. Daß damit auch Ersatzteil-Verkaufschancen »verschenkt« werden, liegt in der Natur der Ressourcenschonung.

Die Ecosys-Laserdrucker von Kyocera, die mit den Argumenten der Wartungsfreiheit und der geringeren Kosten pro Seite verkauft werden (und welcher Nutzer könnte dagegen etwas einwenden?), basieren auf einem Materialwechsel von Silizium zu Keramik: Da der wichtigste Abfall beim Laserdrucker die siliziumbeschichtete Bildtrommel ist, kann eine mit Keramik beschichtete Langzeit-Bildtrommel, die selbstreinigend ist und die Verwendung von Rauhfaserpapier problemlos erträgt, dieses Abfallproblem vermeiden. Zudem kann ein wartungsfreies Gerät über den Versandhandel verkauft werden, weil kein Service für Wartung und Reparatur gebraucht wird. Ein Quantensprung in eine neue Langzeittechnologie anstelle einer linearen Fortschreibung der Technik, verbunden mit tieferen Vertriebskosten.

Eine Studie von zwei Stipendiaten des IFG 92 Ulm ist ein anderes Beispiel für Innovation durch die Beschäftigung mit Abfallvermeidung[6]: Jeder kennt die Mehrwegflasche; wieso macht man nicht das Gleiche mit Konservendosen? Es gäbe keinen Grund mehr, Konservendosen wegzuwerfen, wenn der Deckel

5 Vgl. Deutsch, C. (1994), a.a.O.

6 Vgl. IFG (Hrsg.) (1993), Gemeinsam nutzen statt einzeln verbrauchen, Gießen 1993.

abnehmbar wäre. Die Stipendiaten haben im abschraubbaren Deckel auch Ausguß und Sicherheitsverschluß integriert und zudem die Dosen stapelbar gestaltet (Mehrwegflaschen lassen sich für den Rücktransport nicht stapeln): Eine perfekte Lösung – aber bei Stahlherstellern nicht sehr populär; denn wenn Konservendosen langlebig und wiederverwendbar werden und Fahrzeuge aus Energiespargründen aus Leichtmaterialien gebaut werden, gehen der Stahlindustrie wichtige Absatzbereiche verloren.

Nutzungsdauerverlängerung: Das (wahre) Märchen vom Weltrekord-Schrott

Es war einmal ein arbeitsloser schottischer Rad-Amateur, mit wenig Geld und nur einer kaputten Waschmaschine als Besitztum, der beschloß, sich mit Hilfe seiner kaputten Waschmaschine ein Rennrad zu bauen, um damit den legendären Stundenrekord von Francesco Moser zu brechen und weltberühmt zu werden. Ein Märchen aus Tausend-und-eine-Nacht? Ganz offenbar, denn professionelle Rennräder sind heute high-tech Produkte, die ein Vermögen kosten.

Greame Obree aber, unser Märchenprinz, überlegte sich die Sache anders: Um schneller vorwärts zu kommen, muß der Druck auf die Pedale erhöht werden. Das ist möglich, indem man ein fahrbares Sportgerät baut, daß es erlaubt, durch die Kraft der Rücken- und Oberarmmuskeln den Druck auf die Füsse zu erhöhen, indem man sich vom Radlenker abstößt. Obree ist denn auch der erste Radfahrer, der als Hobby Gewichtheben betreibt, um schneller fahren zu können, und zwar mit einer Übersetzung, die kein anderer Radfahrer bisher geschafft hatte; und auch der erste, der mit einer Investition von 200 Mark und einer kaputten Waschmaschine ein Weltrekordrad gebaut hat. Der neue Rekord von Obree ist unterdessen von der UCI (Radsport-Weltverband) anerkannt, sein selbstgebautes Rad hingegen verboten worden – mit dem Argument, daß ein Rennrad funktionssicher und im Handel erhältlich sein müsse! Wo kämen wir hin, wenn die Gralshüter des Fortschritts es zulassen würden, daß arbeits- und mittellose Amateure mit ihren Innovationen die Welt der Technikrekorde lächerlich machen? Oder wäre umgekehrt die Anwendung dieser Bedingung vielleicht gar die geniale Lösung für eine Ökologisierung des Sports (Beispiel Formel 1- Rennen, Motorbootrennen usw.)? Und damit wären wir wieder bei Soichiro Honda: Wer eine Waschmaschine rezykliert, hat sich den »Schrott« nie mit den hungrigen Augen von Greame Obree angeschaut.

Demgegenüber gebräuchlicher erscheinende Strategien der Nutzungsdauerverlängerung sind Aufarbeitung, technologisches Hochrüsten und Ent-Schaffung (das Gegenstück zur Be-Schaffung). Letzteres sei im folgenden an einem Kopiergerät beispielhaft erklärt. Die Firma Xerox hat gezeigt, daß Langzeitgeräte nicht mehr primär für die Fertigung, sondern für die Wieder-Fertigung, die Aufarbeitung, konzipiert werden müssen. Wenn Komponenten ›re-manufactured‹ werden können, dann können sie auch ›manufactured‹ werden. Eine weitere Vorbedingung ist die Zusammenlegung der Tätigkeiten ›Herstellung‹ und ›Aufarbeitung‹, um die wirtschaftliche Wiederverwendung von Komponenten zu erlauben. Als Ausgangsstoffe dienen die Altgeräte (der »Schrott«) sowie Neuteile zum Nachrüsten der technologischen Innovation. Die Altgeräte werden demontiert, und mit Pressluft, Wasser und Seife gereinigt (alles andere wäre nicht ökologisch). Dann werden die Komponenten auf ihre Funktion geprüft, Einzelteile repariert, Funktionskontrollen und Sicherheitstests der re-montierten Geräte durchgeführt – und aus der Fabrik kommt ein Kopierer der letzten Generation, mit allen Leistungsmerkmalen eines modernen Kopierers, der aber zu 80% aus aufgearbeiteten (Gebraucht-) Teilen besteht. Und: Das neue Gerät ist in einem Bruchteil der Zeit im Markt erhältlich, die für eine Neukonstruktion notwendig gewesen wäre!

Qualität: Neu interpretiert

Diese nachhaltige Vorgehensweise ist für Mietgeräte ideal – denn noch dürfen neue Produkte, die aus Altteilen bestehen, nicht als neu verkauft werden. Was der Gesetzgeber als Lösung überlegen könnte: Die Langzeitgarantie eines Herstellers gilt als gleichwertige Alternative zur gesetzlichen Anforderung »nur Neu gilt als gut und qualitativ hochwertig«. Wenn Firmen wie Toyota und Xerox für ihre Produkte eine ›unbegrenzte‹ Qualitätsgarantie über drei oder fünf Jahre geben, dann wird die gesetzliche Vorschrift, daß ein neues Produkt aus neuen Teilen bestehen muß, irrelevant. Der Kunde will ein funktionierendes Gerät, das ihm keine unerwarteten Kosten verursacht – d.h. er kauft die Funktion: Qualität definiert als funktionierende Systemnutzung mit Kostengarantie über lange Zeiträume, aber auch Qualität definiert im ursprünglichen Sinne als Güte, Vortrefflichkeit, welche kaum Steigerung zuläßt – auch sprachlich. Es braucht somit einen Umstieg vom hektischen Qualitätsverständnis heutiger Produkte mit dem Ziel der Verkaufsabkurbelung: »grösser-besser-schneller-sicherer-sauberer«, zum ruhigen Qualitätsverständnis »flexibel-zuverlässig-anpaßbar-modular-dematerialisiert-patinafähig« von nachhaltigen Nutzungssystemen.

Wirtschaftliche Bewertung der Produktlebensdauer

Welches sind die Auswirkungen auf die Wirtschaft, wenn PKWs zehn oder zwanzig Jahre lang gefahren würden? Sollte ein Auto überhaupt zehn Jahre lang fahren dürfen, oder verschmutzt es in zunehmendem Maße die Umwelt? Diese Fragen lassen sich am besten beantworten, indem man es tut: Am Beispiel des (japanischen) PKWs des Autors aus dem Jahre 1969 läßt sich nachweisen, daß der Benzinverbrauch damals in etwa dem durchschnittlichen Verbrauch von heute vergleichbar ist. Auch die Auswirkungen der Langzeitnutzung eines PKWs auf die Volkswirtschaft lassen sich damit aufzeigen: Abbildung 6 zeigt die Kostenanalysen des PKW des Autors über die ersten 10 Jahre sowie über die ersten 20 Jahre (ohne Benzin und Versicherungskosten):

Nach 10 Jahren macht der Kaufpreis noch den Löwenanteil von 57% der Gesamtkosten aus; die Arbeitskosten in Werkstätten sind mit 19% relativ bescheiden, ebenso Ersatzteile mit einem Anteil von 18%. Nach 20 Jahren hingegen ist der Anteil des (unveränderten) Kaufpreises an den Gesamtkosten auf 31% gesunken, während der Anteil der Arbeitskosten in Werkstätten (Mechanik und Karosserie) auf 36% gestiegen ist, derjenige der Ersatzteile auf 29%.

In dem 20-jährigen Auto stecken demzufolge mehr Ausgaben und damit Investitionen in Form von lokaler Lohnarbeit als in Form des Verkaufspreises. Dazu kommen Ersatzteile und Verbrauchsmaterial, die sich mit dem Kaufpreis in etwa die Waage halten. Dieser Vergleich erklärt, wieso die meisten Hersteller von Gütern, Komponenten und Rohstoffen in einer verkaufsorientierten Wirtschaft kein Interesse an der Strategie der Nutzungsdauerverlängerung haben können: Dies hat weniger mit Fortschritt, Umweltschutz oder Sicherheit zu tun als mit massiven Umsatzeinbußen, verursacht durch eine Regionalisierung der Wirtschaft; eine längere Nutzung von Gütern entspricht einer Substitution von Fertigung (und Robotern) durch örtliche Werkstätten (und Facharbeiter) sowie einer Substitution von Energie durch Arbeit.[7] Die Ersatzteile kommen teilweise aus der Demontage anderer »Alt«-Fahrzeuge, teilweise von herstellerunabhängigen Zulieferern, und können somit die Umsatzeinbußen im Neuwagenverkauf nicht kompensieren.

7 Stahel, Walter R./Reday, Geneviève (1976/81), Jobs for Tomorrow, the potential for substituting manpower for energy; Commission of the EC, Brussels; Vantage Press, New York, N.Y.

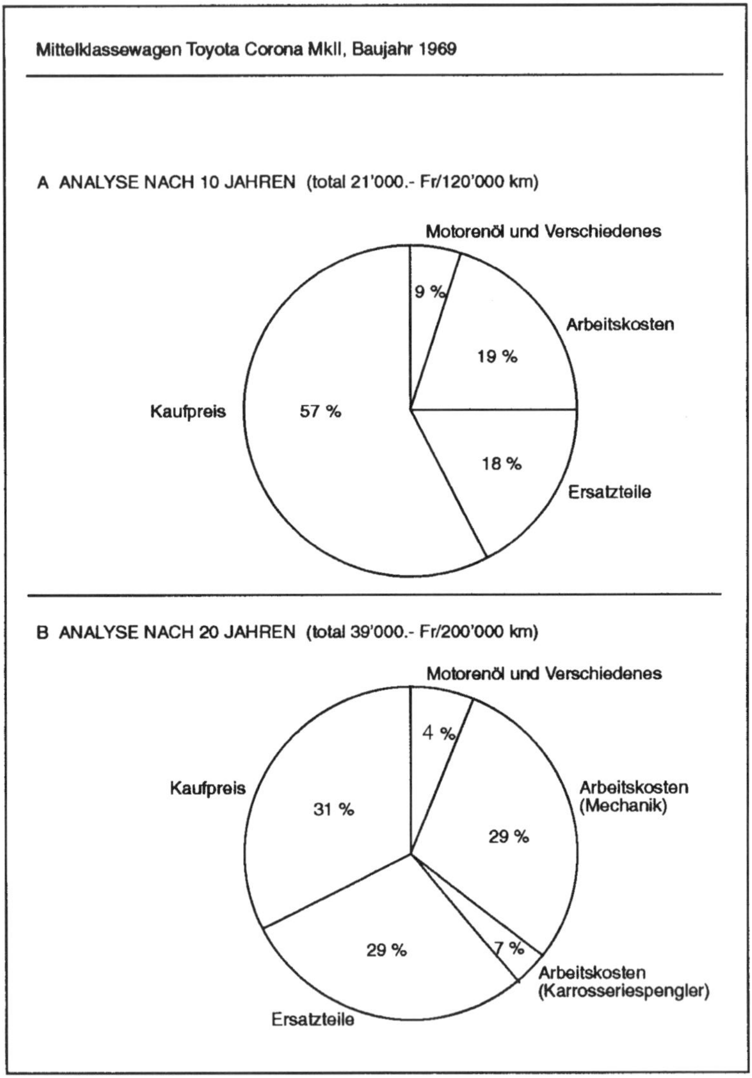

Abb. 6: Vergleich der Inputs an Energie und Arbeit für die Fertigung bzw. die Aufarbeitung eines PKW mit einer Nutzungsdauer von zehn bzw. zwanzig Jahren (ohne Betriebsstoffe)

Die Karosserie des PKW wurde 1996 mit einem Zeitaufwand von 200 Stunden instandgesetzt, um als Oldtimer versichert werden zu können. Dies entspricht dem Arbeitsaufwand in der Fertigung von 20 neuen PKW (die Herstellung eines neuen PKW benötigt rund 20 Arbeitsstunden).

Seit dem Ende der Abschreibungszeit, während rund 20 Jahren, war der Wagen versicherungstechnisch ein ›Nullwert‹ gewesen – heute hat er einen versicherbaren Sammlerwert, der dem ursprünglichen Kaufpreis entspricht!

Intensivere Nutzung von Gütern als Verminderung der Stoffstrom-Volumina

Eine intensivere Nutzung von Gütern durch multifunktionale Produkte, geteilte Nutzung und Systemlösungen erlaubt eine Verringerung der Volumina von Stoffströmen. Eine Verlängerung der Produktdauer durch Langzeitgüter und Nutzungsdauerverlängerung ermöglicht dagegen eine Verlangsamung der Stoffströme. Zur Erhöhung der Intensität der Nutzung von Gütern steht eine Vielfalt von Strategien und Organisationsarten zur Verfügung, die heute noch kaum ausgenützt werden. Eine geteilte Nutzung von Gütern kann zum Beispiel durch Betreiber-Firmen wie Waschsalons und die Luftverkehrsgesellschaften, aber auch durch Zusammenschlüsse von Einzelpersonen in Gruppen (car pooling) und Nutzer-Genossenschaften (sharing communities, Stadt-Auto) erfolgen. Eine höhere Ressourceneffizienz kann ferner durch technische Strategien, wie multifunktionale Produkte (das Schweizer Militärmesser, das Kopierer-Scanner-Drucker-Fax-Gerät von Siemens 1991) und System- statt Produktlösungen (der Leuchtturm zur Erhöhung der Sicherheit des Systems Schiffahrt, Rail-Road-Auflieger statt Hukkepack-LKWs auf der Bahn) erreicht werden. Für eine vollständigere Aufzählung dieser Strategien und ihrer Auswirkungen auf Wettbewerbsfähigkeit, Umwelt und Wirtschaft fehlt aber hier der Platz.

Nur soviel: Die gemeinschaftlichen (nicht-monetären) Strategien einer längeren oder intensiveren Nutzung, wie tauschen – leihen – teilen, sind für die Wirtschaft uninteressant und werden vom Staat scheel angesehen, weil damit weder Steuern noch Abgaben verbunden sind. Auf die Nachhaltigkeit bezogen sind die den monetären Strategien aber überlegen, weil sie eine andere Beziehung des Nutzers zu den Dingen fördern – ein Schlüsselfaktor der soziokulturellen Ökologie.

Nachhaltigkeit: Die Einführung des Faktors Zeit in die Wirtschaft

Was bedeutet Nachhaltigkeit als übergeordneter Begriff für eine längere und intensivere Nutzung von Gütern für die Wirtschaft? Nachhaltigkeit verlangt eine dynamische Betrachtung der Wirtschaft, d.h. die Einführung des Zeitbegriffs: »Zeit« verstanden als offener Faktor. Das Ziel eines nachhaltigen Wirtschaftens wird es dann, mit einem gegebenen Maß an Rohstoffen und Energie einen möglichst hohen Nutzen über einen möglichst langen Zeitraum zu schaffen.

Daraus folgt, daß in einer nachhaltigen Wirtschaft nicht mehr die Fertigung von Gütern (eine statische Betrachtung), sondern deren Nutzen über lange Zeiträume optimiert wird. Da beim Verkauf von langlebigen Gütern der Umsatz des Herstellers (Verkäufers) geringer wird, verlangt dies auch eine Neuorientierung des Marketings. Bei einem Verkauf von Nutzen bleibt der Umsatz des Vermieters (Betreibers) erhalten, obwohl bedeutend kleinere Mengen produziert werden. Dies kann für Gebrauchs- wie Verbrauchsgüter gelten: Eine Schweizer Chemiefirma, deren agrochemische Produkte in einem Land der Dritten Welt von einem Marktverbot bedroht waren, weil sich die Leute durch eine falsche Anwendung der Produkte vergifteten, entschloß sich, statt der Agro-Chemie das gewünschte Resultat ›unkrautfreie und ungezieferfreie Felder‹ zu verkaufen. Unter Einsatz von eigenen Ingenieuren und Ausrüstungen wurde dies erfolgreich getan, wobei sich mehrere Auswirkungen zeigten: Erstens ließ sich dieses Resultat mit nur 30% des früheren Produktvolumens und ohne jeden Verpackungsabfall erzielen. Zweitens ist die ›Produkthaftung‹ beim Verkauf von Resultaten viel umfassender als die Garantie für die Fertigungsqualität beim Verkauf von Produkten. Und drittens ließ sich der Ertrag von Kilo Reis pro Hektar vervierfachen. Diese Systemlösung veränderte aber die bestehenden Machtstrukturen im Chemikalienhandel.

Die neue Struktur einer nachhaltigen (Dienstleistungs-) Wirtschaft

Eine Änderung der Marktstrukturen, vor allem im Sinne einer Dezentralisierung und Regionalisierung, führt in jeder Wirtschaft auch zu Änderungen der Machtstrukturen.[8] Der betroffene Hersteller hat den Verkauf von Resultaten unterdessen aufgegeben und verkauft jetzt wieder Agro-Chemie, obwohl eigentlich alle Beteiligten wissen, daß dies aus der Sicht der Nachhaltigkeit (wozu auch die menschliche Gesundheit zählt) nicht die beste Lösung ist. Aber sie ist einfacher, genauso wie die Lösung DSD im Fall der Siemens PC-Verpackung (Abbildung 4).

Anpaßbarkeit als Zukunftsstrategie

Jean-Jacques Rousseau hat Bescheidenheit schon vor 200 Jahren klar als einen Schlüsselfaktor von Langlebigkeit und Nachhaltigkeit formuliert: »Die Fähigkeit vorauszusehen, daß gewisse Dinge nicht voraussehbar sind, ist von entscheidender Bedeutung«.

8 Vgl. Giarini, O./Stahel, W.R. (1989/1993), The Limits to Certainty, facing risks in the new Service Economy, Dordrecht, Boston, London 1989/1993.

Nachhaltigkeit kann also nicht heißen, alles vorauszusehen, sondern soll ein Ansporn sein, sich so zu verhalten, daß nicht voraussehbare Ereignisse nicht zu Katastrophen führen, und daß technische Produkte und Systeme nachträglich hochgerüstet, d.h. an die nicht voraussehbare Entwicklung angepaßt werden können. Güter und Systeme müssen demnach so gestaltet werden, daß sie möglichst lange an künftige, zum Zeitpunkt der Gestaltung noch unbekannte, Technologien und Nutzeranforderungen angepaßt werden können: Eine Fragestellung, die in der heutigen Wirtschaft absolut fehlt und sicher eine gewaltige intellektuelle Herausforderung an die Ingenieure, Konstrukteure und Designer darstellt.

Die Verlangsamung der Stoffströme durch längerlebige Güter, in Verbindung mit einer durch Modulbauweise und Komponentenstandardisierung erreichbaren Anpaßbarkeit von Gütern (Beispiel Xerox), wird zu einer Beschleunigung der Umsetzung des technischen Fortschritts führen, indem statt Produkte in vielen Fällen nur noch Komponenten entworfen, gefertigt und ausgetauscht werden müssen. Die Ressourcenschonung wird dank einer Minimierung des Einsatzes erreicht – und bewirkt gerade deshalb auch eine Erhöhung der Wettbewerbsfähigkeit der Wirtschaft.

Komponentenstandardisierung ist einer der Schlüssel zu einem nachhaltigeren Wirtschaften: es ist billiger, effizienter und bringt Wettbewerbsvorteile! Das Beispiel des für alle Airbus Flugzeuge normierten ›flight deck‹ (des Arbeitstisches der Piloten in einem Flugzeug Cockpit) von Airbus Industries ist dafür ein schönes Beispiel. Durch die Normierung dieses Schlüsselteils sparen Fluglinien zwischen 250.000 und 400.000 US Dollar pro Jahr und Flugzeug, je nach Nutzungsintensität. Die Einsparungen beginnen in der Piloten- und Mechanikerausbildung (eine Ausbildung für die ganze Flotte) und setzen sich in der Reduktion der Zahl der stand-by-crews fort (dank der cross-crew-qualification kann jeder Airbus-Pilot jeden Flugzeugtyp fliegen). Weitere

Einsparungen entstehen in der stark verkleinerten Ersatzteillagerhaltung und der höheren Betriebssicherheit – Wartungsmechaniker können nichts verwechseln. Und last not least: Die Strategie der konsequenten Komponentenstandardisierung hat es Airbus erst erlaubt, in dem gesättigten US-dominierten Herstellermarkt Fuß zu fassen – mit dem Argument, die Betriebskosten der Fluglinien beträchtlich senken zu können. Unnötig zu sagen, daß Boeing von der B-757 aufwärts die Idee der Komponentenstandardisierung übernommen hat.

Nutzungsoptimierung als Ziel einer Dienstleistungsgesellschaft

Wenn diese Strategien eines nachhaltigen Wirtschaftens akzeptiert und realisiert werden, entsteht ein Bild hoher Komplexität – aber es sind im Prinzip dieselben Kreisläufe: Im Zentrum des Wirtschaftens steht die Nutzung, der zentrale Wertbezug ist der Nutzungswert; und die Organisation ist diejenige einer Dienstleistungswirtschaft, die Nutzen optimiert und Nutzen verkauft (vgl. Abbildung 7).

Die Fertigung wird zum Zulieferer der Nutzungssysteme; die Entscheidung über einen Ersatzkauf liegt beim Nutzungsoptimierer (Betreiber), der auch einen bedeutenden Einfluß auf das Pflichtenheft ausübt (Beispiel Boeing 777). Langlebigkeit bzw. Nachhaltigkeit ist nicht mehr intellektuelle Spielerei, sondern zentraler Faktor der Gewinnmaximierung von Unternehmen und der Wettbewerbsfähigkeit von Volkswirtschaften! Das Marketing der Wegwerfgesellschaft, das sich am Verbraucher bzw. am Verkaufspunkt ausrichtet, ist damit obsolet geworden – es gibt für zahlreiche Produkte keine Verbraucher mehr, nur noch Betreiber und Nutzer.

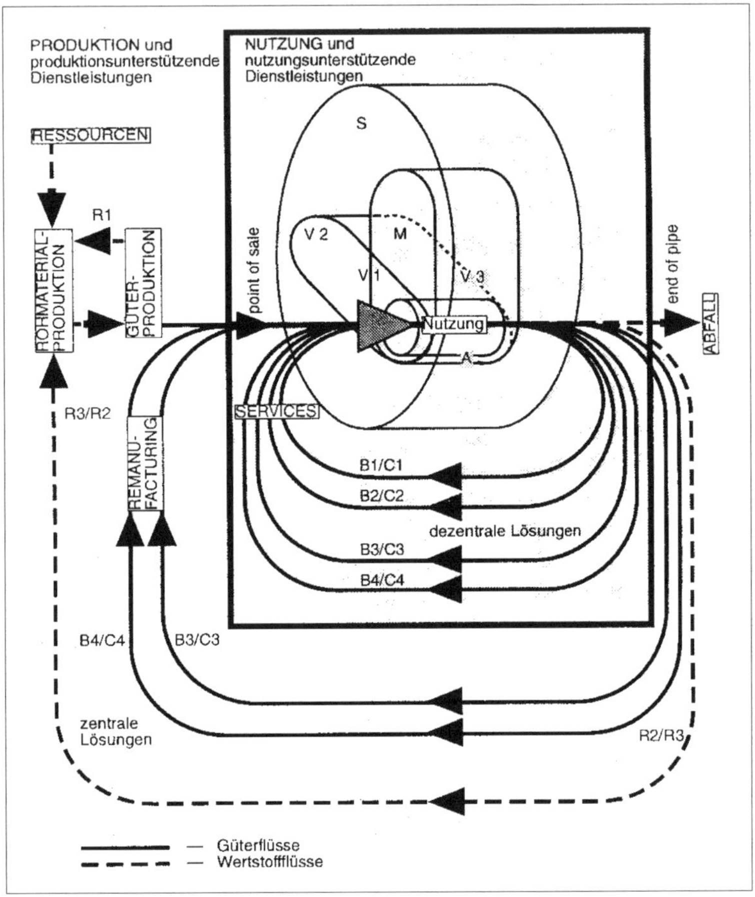

Abb. 7: Die Ausrichtung einer nachhaltigen Dienstleistungsgesellschaft auf die Nutzung und den Nutzungswert

Verkauf von Leistungen statt Gütern

Damit ist eine Abkoppelung des Unternehmenserfolgs vom Ressourcenverbrauch möglich geworden, welche den Ausstieg der Wirtschaft aus der Beschleunigungsfalle nicht nur erlaubt, sondern auch belohnt. Die Qualität der Leistung wird an der Kundenzufriedenheit gemessen, nicht an der Mode-Neuheit des Produktes. Die Vorteile des Verkaufs und Kaufs von Leistung für den Nutzer sind objektiv messbar: hohe Flexibilität in der Nutzung, wenig Kenntnisse notwendig, Kostengarantie pro Nutzungseinheit, Null-Risiko und ein Statuswert wie bei Kauf. Einziger Nachteil: keine Abschöpfung eines allfälligen Wertzuwachses.

Was dem Nutzer lieb ist, ist dem Anbieter teuer. Er trägt das gesamte Risiko und die damit verbundenen Kosten ›von der Wiege zur Wiege‹, er wird nur bei Leistungserbringung und Kundenzufriedenheit bezahlt (›no fun no money‹-Prinzip). Im Austausch erhält er aber eine langfristige Kundenbeziehung und eine hohe Rendite, wenn er in der Konzeptionsphase (Abbildung 1) nicht nur alles richtig, sondern auch das Richtige gemacht hat. Mut und Kreativität machen sich langfristig bezahlt. Würden Sie noch einen PC kaufen, wenn sie einen auf Ihre Bedürfnisse zugeschnittenen PC mieten könnten, inklusive technisches Hochrüsten oder Austausch alle 2 Jahre, unbegrenzten Internet-Zugang, gegen eine monatliche Fix-Gebühr? Genau dies bietet Gateway, einer der drei größten PC-Direktverkäufer, seit Mai 1998 an – leider nur in den USA. Aber auch die elektrisch angetriebenen ZEV (zero emission vehicles), moderne PKWs von Honda und General Motors, können nur noch monatlich gemietet, nicht mehr gekauft werden. Denn die Anpassung an neue bessere Technologien (technologisches Hochrüsten) läßt sich jetzt durch das einfache Auswechseln der Batterien machen. Welcher Hersteller würde diesen Vorteil verschenken wollen?

Maßnahmen des vorsorgenden Handelns auf Systemebene, und Produktoptimierung durch die neue Langsamkeit und Langlebigkeit, werden jetzt zu nachhaltigen Wettbewerbsvorteilen.[9]

9 Stahel, Walter R. (1995), Handbuch von 300 Beispielen einer höheren Ressourcen-Effizienz durch längere bzw. intensivere Nutzung von Gütern und Systemen, erstellt für das Umweltministerium Baden-Württemberg, Stuttgart (500 S.).

Faszination Beständigkeit

Norbert A. Platt

Präambel

Um es gleich vorwegzunehmen; Nichtverändern und Langsamkeit sind kein Allheilmittel für unsere Gesellschaft. Beständigkeit ist kein Symbol der Rückständigen, der Menschen, die »nicht mehr mitkommen«; Beständigkeit und Langsamkeit sind nötig *als Balance* gegenüber unserer schnellen, entzauberten Welt des Internet und der real-time Information. Der sinnsuchende postmoderne Mensch braucht sie, um seine Seele im Gleichgewicht zu halten – das ist unsere Botschaft.

Darin liegt auch eine Absage an exzentrische Clubs der Langsamkeit, wie sie heute aus dem Boden schießen – Gruppierungen, die sich versponnenen Zielen widmen wie der Ablehnung von Telefon und Computer, und die solches als Stilmittel zur Verzögerung der rasenden Zeit einsetzen wollen. Sie sind am Rand der Bewegung zu mehr Langsamkeit angesiedelt und gehören in die Schublade des Amüsanten; für das Verständnis der Schlüsselrolle von Beständigkeit und Langsamkeit an der Schwelle des neuen Milleniums sind sie bedeutungslos.

Jede Bewegung hat ihre Gegenbewegung, und so ist unsere Zeit des rasenden Wandels zugleich eine Zeit wiederkehrender Werte wie Tradition und Beständigkeit, Nachdenklichkeit und Langsamkeit.

Die Geschichte der Luxusmarken

Das Faszinosum Beständigkeit wollen wir aus dem Blickwinkel von Marken im allgemeinen und von Luxusmarken und *Montblanc* im besonderen betrachten. Zunächst also einige Gedanken zur Definition von »Luxusmarken«. Luxus*produkte* gibt es als Stilmittel der Unterscheidung wohl schon seit Urzeiten, als der erste Höhlenmensch für seine Frau eine Halskette aus Stein fertigte. Luxusprodukte sind zum einen als Mittel der Differenzierung zu sehen, des Wunsches, anders zu sein.

Das entscheidende Motiv für die Existenz von Luxusgütern ist jedoch unsere Suche nach Glück. Glück finden wir nur im Miteinander. Sich und sein Glück im Glück des Anderen zu finden, ist Liebe. Liebe zu anderen – oder doch wenigstens zu sich selbst – sind Urtechniken des Glücks. Ein winziger Zweifel an der Liebe, die man empfängt oder geben will – und die Katastrophe ist da; Stoff unendlicher Dramen der Menschheitsgeschichte. Der moderne Luxusmarkt lebt davon, daß es vollkommenes Glück nicht gibt, wir es aber doch immer wieder beschwören können. Wunschlos glücklichen Menschen kann man nichts verkaufen!

Aus Sicht von Konsumentenschützern trifft ein guter Konsument durch den sachlichen Abgleich aller Fakten in Relation zum Preis seine Entscheidungen. Für solche Entscheidungen würde sich etwa die Stiftung Warentest aussprechen. Aus der Sicht emotional geführter Marken ist dies freilich völliger Unsinn! Ob wir es wollen oder nicht, Kunden kaufen aus Gefühl und Vorurteil, emotionsbedingt also. Insofern beschäftigt sich das Marketing mit der Stützung von Vorurteilen und geht damit unseren mit rationellen Ingenieuren besetzten Entwicklungsabteilungen zur Hand. Die Gefühle unserer Kunden sind Fakten, an denen wir nicht vorbeigehen können.

Anders als bei Luxus*produkten* ist der Siegeslauf der Luxus*marken* ein relativ junges Phänomen. Er beginnt eigentlich erst mit dem zunehmenden Einfluß von Massenmedien wie dem Fernsehen und hängt mit der technisch zivilisatorischen Euphorie unserer Zeit zusammen. Zwar brachten es einige Marken schon zur Zeit der Industrialisierung zu mythischem Charakter, so etwa Coca Cola. Der Siegeszug der *Luxus*marken kam jedoch erst mit dem Selbstbewußtsein einer breiten Mittelschicht und deren Suche nach Orientierung, Individualität und Exklusivität. Das Massenkommunikationsmittel Fernsehen, die flächendeckende Plakatwand, die Anzeige in hochauflagigen Zeitschriften, die Urbanisierung in der postmodernen Gesellschaft sind Voraussetzungen für den Siegeszug der Luxusmarken, der ganz wesentlich erst in den 70er Jahren unseres Jahrhunderts beginnt.

Abweichend hiervon setzt der weltweite Erfolg der Marke *Montblanc* nicht von ungefähr erst gegen die Mitte der 80er Jahre ein, also deutlich später. Er geht einher mit dem Beginn einer zuvor für undenkbar gehaltenen Schnelligkeit der Informationsübermittlung, also mit dem Siegeszug des Computers und einer zunehmenden Computerisierung der Gesellschaft. Wenn überall maßlos schnell »geschrieben« wird, gewinnt ein betont langsames, bedächtiges und edles Schreibinstrument wie ein *Montblanc* Füllfederhalter Klasse und *Stil*, es hebt sich wohltuend ab von der Hektik des überschnellen Schreibbetriebes, es vermittelt Gelassenheit, das Ruhen in sich selbst.

Mythos und Kult von Marken sind faszinierend – nicht zuletzt, weil sie unmittelbar zur Internationalisierung der Weltkultur beitragen. Die wahren *Mega-Brands* sind längst Botschafter geworden für die westliche Individualisierung, für westliche Werte, und sie dringen mit ihren Botschaften tief hinein in fremde Kulturen. Eine internationale Marke wie Montblanc, symbolisiert durch den weißen Stern, ist unverwechselbarer Symbolträger gleichermaßen in Tokyo, Berlin, Sao Paolo, Rom oder New York. Damit wird rasch deutlich, daß der Erfolg der Marke Montblanc mit deren Inszenierung als *Botschaft einer High Touch Welt* beginnt. Ob die Produkte dabei wirklich unser kulturelles abendländisches Erbe transportieren, wie wir es im Falle von Montblanc behaupten, oder ob sie – wie kritische Zeitgenossen meinen – als Teil einer imperialen Eroberungsstrategie zu interpretieren sind, brauchen wir in diesem Zusammenhang nicht näher zu beleuchten.

Jedenfalls gilt: Große Marken sind zu nicht fortzudenkende Bestandteile für die Globalisierung unserer Welt geworden. Dabei kommen den Marken in einer zunehmend säkularisierten Welt in immer stärkerem Maße Funktionen zu, wie sie früher von kulturellen Normen oder auch religiösen Systemen wahrgenommen wurden. In diesem Jahrzehnt hat beispielsweise die Botschaft der Marke Benetton im Hinblick auf das Thema Toleranz und Multikulturalität mehr im kollektiven Bewußtsein bewirkt als alle politischen und religiösen Appelle zusammen.

Der Konservative mag dies bedauern, aber in solchen Regionen der Erde, wo *nicht* die Leuchtreklame für Coca Cola über den Menschen erstrahlt, sondern stattdessen das Schwert Allahs oder der Glanz des Despoten, sieht es nicht unbedingt besser aus als in unseren konsumistischen westlichen Ländern. Große Marken sind Botschaft!

Die Marke Montblanc: Symbolträger des Beständigen

In unserer High Tech Welt unterwirft man sich Verfahren und Produkten, die man nicht verstehen muß, um sie zu gebrauchen. An die Stelle des Verstehens tritt ein dumpfes Einverständnis. Das verräterische Wort der »Benutzeroberfläche« bei Computern macht dies besonders deutlich. Wir verstehen nicht, sondern ersetzen Verstehen durch Vertrauen auf das Selbstvertrauen der Experten. Vertrauen in das Unbekannte ist der einzige Ausweg, um uns mit Unvertrautem operieren zu lassen.

Dies erhöht die Sehnsucht nach Dingen, die wir noch verstehen können. Die Poesie der Mechanik etwa, das Design des Bekannten, die Langsamkeit des Briefeschreibens, die den bewußten Gedanken fördert; das alles begründet das »Faszinosum Beständigkeit«. Das Versprechen des Vererbbaren, was uns ein wenig unsterblich zu machen scheint. Sinnsuche ist eine Reaktion auf Überfluß; Überfluß der Information und des dauernd Neuen, also gleichermaßen ein Versuch der Flucht aus Komplexität wie Suche nach dem Einfachen. Dabei ist Sinnsuche und Suche nach dem Bewährtem, Bekanntem und Haltbarem nicht Flucht vor dem »nicht mehr mitkommen«, sondern die Suche nach der Balance der Seele.

Auf dieser Suche nach Balance und Beständigkeit entsteht eine Gegenbewegung zur High Tech Welt. Gegenbewegung der Werte wie der Produkte. Sinn des Marketing ist es bei Montblanc, eben diese Gegenbewegung zu erkennen und über das Produkt zu transportieren. »High Touch« statt High Tech.

Montblanc läßt sich hierbei von seiner Überzeugung leiten, daß Füllfederhalter nicht gekauft werden, *obwohl* sie langsam sind, sondern *weil* sie langsam sind. Der Computer ist im privaten und öffentlichen Leben notwendig. Man akzeptiert seine anonyme Effizienz, aber man empfindet ihn als seelenlos. Man liebt ihn nicht. So ersetzten Computer und Internet zunehmend Schreiben von Hand. Aber der Preis ist hoch: Wer nicht schreibt, liest nicht mehr, wer nicht liest und schreibt, wird stumm. So sind diese Werkzeuge der Verlangsamung der Anker der Montblanc Wertekonzeption, indem langsames Schreiben mit dem Füller, Langsamkeit schlechthin als Stilmittel für die Botschaft wird »ich nehme mir Zeit für Dich«, für wahrhafte Kommunikation *»Du bist mir wichtig« ist gleich »ich bin kultiviert«* zum Mittelpunkt der Montblanc Entschleunigungsphilosophie. Mit dem Füller kann ich meine Spur ziehen!

Die Marke Montblanc beansprucht für sich, einen globalen Beitrag zu dem Thema zu leisten, sich in einer komplexen, orientierungslosen Welt auf das Eigentliche und Wesentliche zu besinnen. Auf überdauernde Werte wie Freundschaft, Liebe, Treue und Vertrauen ins Miteinander.

In der modernen Zivilisation werden rituelle Formen, die inhaltlich verbindliche Zeichen für den Einzelnen setzen, immer brüchiger. Kaum ein Sinnsystem von der Ideologie bis zur Religion ist nicht ins Wanken geraten. Der Einzelne verliert leicht die Orientierung in der immer schneller werdenden Welt. Ins Wanken gekommene Orientierungssysteme und Wertevorstellungen haben konsequent ihre Leidenschaften in die Welt der Marken verlegt. Man identifiziert sich über Kultgegenstände. Und in der Welt des Materiellen sind Kultgegenstände Marken. Die Marke wird zum Kulturgegenstand; ja zum Kultgegenstand!

Dabei sind Kulte nichts anderes als ein zusammenhängendes Sinnsystem, widerstehen Moden und Trends! »Levi's« ist so ein Kultgegenstand, »Tamagochis« sind es nicht, sie sind Trend einer Hip-Hop Jugendkultur! Dem einzelnen Individuum geben diese Kulte Halt und Orientierung. Sie strukturieren sein Wertesystem. Sie sind mit Bedeutung aufgeladene Stellvertreter einer Gruppenzugehörigkeit und demonstrieren damit Identität. Keine Marke wird je Religion oder philosophische Lebensentwürfe ersetzen können! Selbstverständlich nicht!! Aber Montblanc beansprucht zumindest einen – wie immer kleinen – Beitrag zur zeitstabilen Wertorientierung zu leisten, indem die Botschaft der Marke sowie die vielfältigen kulturellen Aktivitäten Orientierungshilfe geben.

Wir versuchen, die kulturbezogene Identität von Montblanc auch gemeinsam mit unseren Mitarbeitern zu leben. Wir ermutigen zum Besuch von Konzerten, indem wir Kartenkontingente für besondere Leistungen zur Verfügung stellen. Wir fördern die persönlichen Kontakte zwischen uns, den Menschen unseres Unternehmens und dem Orchester, der Philharmonie der Nationen, indem wir – im übrigen während der Arbeitszeit – das Orchester, wenn es sich denn in Hamburg aufhält, ins Werk holen für Kammermusik und für menschliche Begegnungen. So schaffen wir mit diesem Kulturengagement vielseitige Möglichkeiten des gegenseitigen Kennenlernens, die Menschen unseres Unternehmens motivieren, individuell zu helfen, sich für Kunst und Kultur zu interessieren und damit über die menschlichen Kontakte und über das Interesse an »unserem« Orchester auch zur klassischen Musik als Teil eines größeren kulturellen Gesamtbetriebes zu finden. Kulturelle Werte sollen unser Unternehmen umfassend durchdringen und zu dauerhaft gelebten Werten machen. Diese Begegnungen führen tatsächlich zur Identifikation mit dem Unternehmen und seinem Kulturengagement. Plötzlich ist eine Art von Begeisterung da; eine Motivation für alle Mitarbeiter, ein deutliches Zeichen der Geschäftsführung an alle Menschen im Unternehmen: Gelebte Unternehmensidentität!

Gegenwartsschrumpfung

Wenn sich die Umwelt rascher ändert als es uns Menschen lieb ist, empfinden wir Unsicherheit. Wenn sich die Technik schneller ändert, als wir Menschen sie erlernen können, so *verlangsamt* die schnelle Technik das Handeln des Menschen. Die Grenze des Nutzens höherer Geschwindigkeit ist erreicht, wenn eines der beteiligten Systeme durch die hohe Geschwindigkeit überfordert wird. Immer häufiger ist dies der Mensch.

Dieser Prozeß kann – philosophisch betrachtet – auch als Gegenwartsschrumpfung bezeichnet werden.[1] Ständig verringert sich der Zeitraum, in dem wir noch mit einiger Konstanz unserer Lebensverhältnisse rechnen können. Die Zeitspanne, in der wir auf Bekanntes zurückblicken können, wird immer kürzer. Projizieren wir diesen Prozeß auf die Zukunft, so können wir nicht damit rechnen, daß unsere Kinder sich den gleichen Lebensverhältnissen gegenübersehen und mit den gleichen Erfahrungen rechnen können wie wir.

Dieser Prozeß bleibt nicht ohne Auswirkung auf ganz alltägliche Denk- und Verhaltensweisen. Immer stärker fällt die Suche der Menschen nach Bekanntem ins Gewicht. Immer häufiger und intensiver suchen die Menschen nach Zeitankern, nach Re-

[1] Vgl. dazu den Beitrag *Gegenwartsschrumpfung* von Hermann Lübbe in diesem Band, S. 263ff.

likten, die Vergangenheit festhalten und mit der Gegenwart verknüpfen. Dies betrifft die individuelle Vergangenheit ebenso wie die kollektive. Gegenwartsschrumpfung macht eine Balance für unsere innere Sicherheit erforderlich, braucht Relikte und Traditionen für das Gleichgewicht unserer Seelen, braucht berechenbar Beständiges.

Praktische Konsequenzen für das Management: Langsamkeit, Visionen und Lean Management

Vergangenheit festhalten und mit der Zukunft verknüpfen – was bedeutet das konkret, beispielsweise für die Produktentwicklung? Eine Möglichkeit, diesem Bedürfnis zu entsprechen, ist die Entwicklung neuer Produkte innerhalb einer Markenfamilie und deshalb im Rahmen eines bekannten und traditionellen Designs. Dies gilt um so mehr, je älter und traditionsreicher die betrachtete Marke ist. Im Wettbewerb mit der Schnellebigkeit von verändertem Design der Mitbewerber vermittelt sie Solidität und Beständigkeit. Selbstverständlich ist der Kunde nicht bereit, auf moderne Technik im Inneren zu verzichten, weil er einerseits zwar die Unbequemlichkeit in Handhabung und Gebrauch scheut, zugleich aber das wiedererkennbare Design schätzt.

Jüngstes Beispiel hierfür ist der von VW bewerkstelligte *Relaunch des Käfers*, der unlängst auf der Autoshow in Detroit mit Erfolg vorgestellt wurde – die Blumenvase der älter gewordenen Hippie-Generation selbstverständlich mitgeliefert. Montblanc wendet diese Technik ganz bewußt an und gestaltet neue Produkte so, daß die bisher gesammelten Produkterfahrungen der Konsumenten nicht verloren gehen, sondern weiter genutzt werden können. Die Kompatibilität zwischen den Produktgenerationen ist nicht nur ein psychologisch nützlicher Zeitanker, sondern hat auch handfeste ökonomische Vorteile. Die Hemmschwelle vor dem Kauf von Produkten, die im Vergleich zum Wettbewerb deutlich teurer sind, wird auf diese Weise reduziert. Schließlich gilt, daß das Produkt ja für das ganze Leben hält , vielleicht sogar für die nächste Generation.

Dabei ist *handgefertigt* ein unverzichtbares Attribut, um das Lebensgefühl des für ewig Haltbaren zu stützen. Dies gilt über das Qualitätsversprechen hinaus, weil handgemachte Produkte *beseelt* sind. Dieser Trend ist nicht nur bei Luxus-Accessoires im *Hard Goods Bereich* zu erkennen, sondern erstreckt sich in immer höherem Maße auch auf Anzüge, Schuhe, aber auch auf ganz andere Dinge, beispielsweise Möbel. Sogar in der Musikbranche ist diese Entwicklung zu beobachten. Klassische Musik erobert neue Hörerkreise, weil sie sich historischer Instrumente bedient. Solche Musik kommt als Gegenbewegung zum *High Tech Mix* am Computer, das »unplugged« erlebt neue Höhenflüge. Die Sehnsucht nach Zeitankern und Beständigem darf nicht als Nostalgie und kurzfristiger Trend mißverstanden werden. Es handelt sich um eine tiefreichende und umfassende Entwicklung, von der jene Hersteller profitieren, deren Produktpolitik sich dieser Herausforderung stellt.

In der Produktleistungsanalyse stellt sich die Frage, ob mit der Nachfrage auch die emotionalen Bedürfnisse geweckt werden können. Verfügt das Produkt über Ansatzpunkte, solchen Bedürfnissen gerecht zu werden ? Montblanc zum Beispiel hat deshalb bei der Einführung von Uhren ganz bewußt auf die Bedürfnisse abgezielt, die mit der Poesie der Mechanik und des Verstehens von einfachen Abläufen zusammenhängen (Mechanik kann man nachvollziehen, sie ist buchstäblich *be-greifbar*). Dabei beschränken wir uns nicht auf die Umsetzung des Designs der bewährten Meisterstück Schreibgeräte, sondern fokussieren unsere Kommunikation auf mechanische Werke und die mechanische, handaufgezogene Uhr.

Bei der Produktgestaltung ist zu klären, ob der funktional-technische (*high tech)* Produktkern der Suche nach Beständigem, nach Zeitankern angepaßt werden soll. Welche Möglichkeiten sind in diesem Falle beim Produktdesign gegeben und welche Konsequenzen ergeben sich für die Verpackungsgestaltung? Der Zeitanker Produkt muß natürlich in das gesamte Produktprogramm des Unternehmens passen. Bei international tätigen Unternehmen wie Montblanc gerät man naturgemäß ins Spannungsfeld länderspezifischer Wertedifferenzierung. Die Suche der Menschen nach Sinn ist selbstverständlich in jungen, hungrigen Gesellschaften weniger ausgeprägt (z.B. asiatische Tigermärkte) als in den Industrie-Nationen Europas. Zudem unterscheiden sich die kulturellen Traditionen der einzelnen Länder stark voneinander, was nicht zuletzt wesentlich beeinflußt ist durch Philosophien, Wertesysteme und Religionen. Zwar darf die Kernbotschaft nicht verbogen werden, wohl aber muß eine länderspezifische Anpassung von Zusatzbotschaften möglich sein. So ist die Zurschaustellung von Luxus – ich kann es mir leisten; ich bin erfolgreich – beispielsweise auch in asiatischen Ländern üblich und akzeptiert. Der amerikanische Kontinent reagiert anders als etwa die Neidgesellschaften in Europa und insbesondere in Deutschland.

Die Produktpolitik steht damit vor der schwierigen Aufgabe, Altes mit Neuem, Tradition mit Innovation zu verbinden. Wem dies überzeugend gelingt, der eröffnet sich auch im Zeitalter gesättigter Märkte neue Absatzchancen und verhindert, daß ein Unternehmen, das beim Produkt seiner eigenen Tradition folgt, zu einem Relikt wird.

Ist Langsamkeit nur eine Utopie in der Literatur? Ein Trend der Medien? Hier ein Zitat aus *Die Entdeckung der Langsamkeit* von Sten Nadolny:

»An der Spitze müssen zwei Menschen stehen; nicht einer und nicht drei. Zwei.
Einer von Ihnen muß die Geschäfte führen und mit der Ungeduld der Fragen der Regierten Schritt halten.
Er muß den Eindruck von Tatkraft erwecken und doch nur das billige, unwichtige und eilige erledigen.

Der Andere hat Ruhe und Abstand; er kann an der entscheidenden Stelle ›nein‹ sagen. Denn er kümmert sich nicht um das eilige, sondern schaut einzelnes lange an.
Er erkennt Dauer und Geschwindigkeit allen Geschehens und setzt sich keine Fristen, sondern macht es sich schwer.
Er hört auf die innere Stimme und kann auch den besten Freunden ›nein‹ sagen.
Sein eigener Rhythmus, sein gut behüteter langer Atem sind die Zuflucht von aller scheinbaren Dringlichkeit, vor angeblichen Notwendigkeiten ohne Ausweg, vor kurzlebigen Lösungen.«

Nein, auch im modernen Management gilt, daß Aktivismus und Hektik noch kein Beweis für dynamisches Management sind. Das am Flughafenkiosk gekaufte Buch über den neuesten Management-Trend oder die jeweils propagierten Trends der *Big Names* der Unternehmensberater taugen nicht als Ersatz für den gesunden Menschenverstand. Mit Programmen wie *Downsizing, Teambuilding, Re-Engineering* oder des in der letzten Zeit besonders propagierten *Lean Management* treibt so mancher Manager eine neue Sau durchs Dorf. Das funktioniert ähnlich wie die industrielle Massenfertigung rasch verderblicher Ware. Wer nicht sofort nach Lancierung eines Produktes ein neues nachschiebt, verliert seinen Markt. Schnell vermarktete Augenblickserfindungen, mit Etikett versehen, *instantly* massenmedial! Etwas, das man durch Nachdenken und hinreichende Langsamkeit besser vermieden hätte.

Geht man mitten im Sommer durch die Züricher Bahnhofstrasse, so findet man bereits im Juni Sommerschlußverkaufsangebote. Der ursprünglich durch zeitliches Vorziehen für einzelne Händler erzielte Wettbewerbsvorsprung ist nun vom Wettbewerb eingeholt worden und führt zur allgemeinen Margenerosion. Der Kunde kauft überhaupt nicht mehr zum vollen Preis und wartet auf die nun fast rund um das Jahr ununterbrochen vorhandenen saisonalen Preisnachlässe. Winterschlußverkauf bereits im Oktober!

Es gibt Thesen, wonach sich Produktentwicklungszyklen verkürzen ließen, indem verschiedene Spezialisten simultan arbeiteten – also auf parallelen Entwicklungsstufen –, die eigentlich vom Ergebnis der vorhergehenden Entwicklungsstufe abhängig sind, oder indem sich dezentrale Entwicklungsmannschaften mit Hilfe von Datentransfer und Internet rund um die Uhr (also ohne Unterbrechung) mit demselben Problem beschäftigten. Als ungewollte Folge ergibt sich daraus häufig – wie zuletzt im Zusammenhang mit der Einführung der Mercedes A-Klasse – eine erhebliche Verunsicherung der Kunden, wenn nicht sogar eine Rufschädigung.

Kaum hat man das letzte Software-Update beherrschen gelernt, da gibt es schon wieder eine neue Update Version. Die immer schnelleren Produktzyklen der High-Tech Welt überlasten die Anpassungsfähigkeit des Menschen. Der Verbraucher reagiert mit Zorn, sein Mißmut richtet sich nicht zuletzt gegen die Marke. Noch mehr will er nicht verbrauchen. Mit dem ständig Neuen geht es zuende. Der Mensch sucht nach Halt und Langsamkeit; und deshalb haben Produkte, die sich nicht verändern, eine Marktchance.

Die radikale Demontage von Hierarchien als Ergebnis von Lean *Management Konzepten*, die mit der Axt implementiert wurden, hat die *Vision* vieler Unternehmen zerstört. Visionen setzen Hierarchie voraus. Wenn Hierarchien abflachen, gibt es keine Positionen mehr, von denen aus man einen Überblick hat. Dann ersetzt Aktivismus die eigentliche Konzeption, und Schnelligkeit wird zum Selbstzweck. Aktivismus verbreitet Paralyse. Die atemlose Anwendung immer neuer, gerade modischer Management-Konzepte beginnt leer zu laufen und wird ad absurdum geführt. Unternehmen brauchen ihren eigenen Stil. *Wären wir ruhiger, langsamer, so ginge es uns besser, ginge es schneller mit unseren Angelegenheiten voran.* So sagt Robert Walser, ein produktiver Langsamer.

In zunehmendem Maße haben Marken Schwierigkeiten, die sich ausschließlich über Produkteigenschaften definieren. Eine Marke zu führen, hat nichts mit USPs *(Unique Selling Propositions)* zu tun, aber sehr viel mit Philosophie. Philosophie ist die Brücke von innen nach außen: nur innen Vorgelebtes ist nach außen glaubhaft transponierbar.

Was wäre anders, wenn es unsere Marke nicht gäbe? Was ist unsere *Kernbotschaft*? Viele Marken leiden darunter, daß Werbeabteilung, Verkaufsabteilung, die PR Abteilung, das Produkt-Management, interne und externe Designer sowie das Top-Management in völlig unterschiedlichen Richtungen an einer Marke herumfingern und damit am Ende ihren Charakter zerstören. Eine Marke muß ganzheitlich auftreten. Sie muß *geführt* werden, gleichsam als ob sie ein Mensch wäre, eine eigene Seele hätte.

Eine Marke muß man mit Respekt und Stolz behandeln. Sie hat Gefühle, Leidenschaften und Selbstwert. Diese *Markenpersönlichkeit* zu wahren ist Aufgabe des Top-Managements. Alle Maßnahmen im Unternehmen müssen auf die Ganzheitlichkeit, auf die Konformität der Botschaft ausgerichtet sein. Eine Botschaft erfordert konformes Handeln aller Unternehmensteile, und zwar nach innen wie nach außen.

Der typische Kunde der postmodernen Gesellschaft ist nicht mehr auf der Suche nach materiellen Werten. Diese Bedürfnisse sind weitgehend befriedigt, was die Suche nach dem eigentlichen Sinn um so dringender und wichtiger macht. Aus diesem Grund benötigen moderne Marken mehr denn je einen Charakter, eine Seele, eine *Identität*; und um diese zu sichern, brauchen Marken Management und Steuerung. Und so steht die Marke Montblanc für die Besinnung auf das Eigentliche, das Wahre – Werte, die komplexe Strukturwandlungen überdauern werden.

Die vielbeschworene Kundenorientierung und eine oft extensiv genutzte Marktforschung setzen im Grunde voraus, daß der

Kunde wisse, welche Wünsche er hat. Im materiellen Bereich mag das zutreffen; aber die diffusen Sehnsüchte nach Orientierung, nach Klarheit und Einfachheit zu stillen, stellt sich als ungleich schwieriger heraus. Einzigartige Produkte sind deshalb nicht mehr durch materielle Unterschiede darstellbar. Das technisch hochwertige Produkt kann heute faktisch überall hergestellt werden (und zudem außerhalb Europas oft billiger). Um so mehr muß sich eine moderne Marke mit den ständig wechselnden Wertbildungen auseinandersetzen; Bedürfnisse und Anschauungen kann sie dem Kunden nicht verordnen. Die Marke muß also flexibel bleiben und den Veränderungen in der Gesellschaft folgen.

Das *Produkt* ist Ausdruck der *Marke*; die Marke ist *Botschaft*, ihre *Persönlichkeit* erhält sie durch das Verhalten aller Mitarbeiter, besonders aber der Führung. Sie muß vorleben, was den *Charakter* der Marke ausmacht. Sicher ist, daß ein Unternehmen unseres Anspruches, nämlich Bestandteil der Kultur zu sein, auch im Umgang mit Mitarbeitern besonderes Fingerspitzengefühl zeigen muß.

Dies gilt insbesondere für den Alltag eines produzierenden Unternehmens. Fertigung außerhalb der Maxime rationeller Massenherstellung und jenseits wertanalytischer Ingenieurziele (gerade noch gut genug!) scheint zunächst teuer. Andererseits ist der Kunde bereit, auf seiner Suche nach dem perfekten Produkt (so gut wie nur überhaupt möglich!), für ein Produkt *mit Seele* einen überdurchschnittlichen Preis zu zahlen. Deshalb gibt es bei Montblanc zum Beispiel keine leistungsabhängige Bezahlung, also keinen *Akkord*, weil allerhöchste Qualität sicherzustellen ist. Zwar haben wir die industriell organisierte Arbeit nicht gänzlich abgeschafft, bei der sich der Mensch nach dem Rhythmus der Maschine richten muß. Dennoch ist die Flexibilisierung von Arbeitszeit weit verbreitet – auch aus der Überzeugung heraus, daß die Chance für menschlichen Eigenrhythmus zu höherer Zufriedenheit und damit letztlich mehr Produktivität führt. Kurz:

weg von Chaplins ›Moderne Zeiten‹, hin zu verflüssigten Zeitformen, flexibel für das Individuum und situationsbezogen! Auch beim Verhalten Mitarbeitern gegenüber in der manchmal unvermeidlichen Niederlage werden besondere Maßstäbe gesetzt. Konkret heißt das Großzügigkeit im Falle einer durch die Firma initiierten, notwendigen Trennung und Hilfe bei persönlichen Notlagen im Einzelfall.

Eine wichtige Problematik der modernen Warenwelt – und besonders von Luxusgütern – ist es auch, daß Kultgegenstände infolge des Zwanges zum Wachsen der Produzenten einer Inflation unterliegen. Würde jeder den gleichen magischen Fetisch sein eigen nennen, höben die Wirkungen einander auf oder vermittelten nicht mehr die Möglichkeit, sich abzuheben von den übrigen. *Mehr davon* ist deshalb auch für Montblanc nicht die Formel für künftiges Wachstum; und das macht es zwingend erforderlich, das etablierte, vertraute Wertesystem auf neue Produktgruppen zu übertragen, die ein solches System glaubwürdig vermitteln können. Nicht Produkte diversifizieren, heißt es also bei uns, sondern das in der Marke verkörperte Wertesystem auf geeignete Produktgruppen übertragen.

Erfolgreiche Positionierung und Einzigartigkeit zwingen deshalb zur Differenzierung durch höheren Wert. Für Montblanc bedeutet dies die Kanalisierung der diffusen Orientierungs-Sehnsüchte der Kunden in unserer postmodernen Gesellschaft. Bei solcher Betrachtung zeigt es sich, daß fast alle Produkte im Grunde nur Mittel zum Zweck sind; gewissermaßen eine Dienstleistung. Montblanc Produkte sind Dienstleistungsprodukte und vollziehen damit den Sprung von der Produktebene auf die Ebene des Nutzens, wobei hinter dem physischen ein emotionaler Nutzen steht, ein Gefühl. Selbstverständlich geben wir dabei den Anspruch nicht auf, das bestmögliche Produkt herzustellen!

Wertanalytische Ansätze sind in einer solchen Konstellation ebensowenig am Platze wie stückzahlerhöhende Anreizsysteme der Entlohung (Akkord, stückzahlorientierte Prämien). Die gesamte Fertigung geschieht im Stundenlohn. Pausen, die die Mitarbeiter zur Entspannung von mit hoher Konzentration ausgeführter feinmechanischer Arbeit benötigen, werden den Mitarbeitern großzügig – und ohne Kontrolle – zugestanden. Wir halten uns da an die Lehre der alten Zen-Meister. Diese lehrten ihre Schüler, das, was sie tun, so gut zu tun, wie sie es können. »Tue nicht zwei Dinge auf einmal. Wenn Du eine Tomate schneidest, denke dabei nicht an die nächste Tomate«. Wir also wollen den perfekten Füller, die perfekte Uhr herstellen.

Montblanc Produkte verstehen sich als Instrumente der Problemlösung. Unser Produkt hilft den Menschen dabei, zur Verlangsamung zu kommen. Diese sorgt für Balance in unserer hektischen Welt. Sie bedeutet, daß man mehr Zeit für das Eigentliche hat, für das wirklich wichtige im Leben! Zeit für Freundschaft, Gefühle, Zuneigung, Liebe. So wird das Medium zur Botschaft, denn die eigentliche Botschaft eines handgeschriebenen Briefes lautet heute: »Ich nehme mir Zeit für Dich«, und das meint: »Du bist mir wichtig«. Was den Nutzen angeht, heißt es: »Nur die Langsamen haben Freunde«.

»Die Zeit ist so schnellebig, zeitloser Wert ist mehr denn je gefragt. Das ist auch der Grund, warum heute so quintessentielle Dinge wie die Harley Davidson, die Ray Ban Sonnenbrille und der Montblanc Füller wieder gefragt sind. Soziale Kontrollen lösen sich auf, Normen und Standards verfallen. Die Menschen suchen individuell nach ihrer Identität und erfinden sich selbst als Unikat. Die Menschen der 90er Jahre begreifen sich als einzigartig und stellen sich entsprechend dar. Sie brauchen Attribute, die ihre innere Haltung nach außen hin sichtbar machen. Marken wie Montblanc sind Beweise ihrer Suche nach echten »Werten« (Zitat aus Matthias Horx, Markenkult).

IV. Zeitrhythmus

Die Entmachtung der Uhren

Stefan Klein

Die Sonne senkte sich über die Barrikaden. Der König war gestürzt, der Pulverdampf verflogen. Da richteten die Aufständischen ihre Vorderlader auf ein neues Ziel: Sie beschossen die Turmuhren.

Ein blindwütiger Elan hatte an diesem ersten Abend der französischen Julirevolution von 1830 die Rebellen erfaßt: Gleichzeitig, aber ohne voneinander zu wissen, waren mehrere Gruppen in den Pariser Kleinbürgervierteln erneut ausgezogen. Diesmal galt ihr Angriff einem unsichtbaren und allmächtigen Feind.

Die Rebellen hatten ein Lied auf den Lippen. Sie sangen von »Schüssen auf die Zahnräder, um den Tag anzuhalten«: Nichts geringeres als das »Kontinuum der Geschichte«, schrieb der Essayist Walter Benjamin, wollten die Revolutionäre sprengen, alle Last der Vergangenheit abstreifen. Das alte Regime hatten sie schon hinweggefegt. Nun sollte auch die äußerste Tyrannei fallen: die Herrschaft der Zeit.

167 Jahre später ist dieser Traum wieder auf der Tagesordnung. Die Wissenschaft hat sich seiner angenommen. Kurz vor der Jahrtausendwende beschäftigen sich Forscher aller Disziplinen mit dem Phänomen »Zeit«. Auf der Jahrestagung der American Association for the Advancement of Science, der weltgrößten Wissenschaftskonferenz in Seattle, waren die Vorträge und Diskussionsrunden zu diesem Thema dermaßen überlaufen, daß die Veranstalter sie in einen turnhallengroßen Ballsaal verlegten.

Die Aufregung entzündet sich an Experimenten, von denen viele erstaunlich simpel sind. Aber seit Jahrzehnten war niemand auf die Idee gekommen, sie auszuführen. Wozu auch hätte man das Unvorstellbare versuchen sollen?

Erst mußten ein paar deutsche Physiker mit Rohrstücken Furore machen, die aussehen, als hätte ein Klempner sie im Labor vergessen. Durch diese Stutzen wollen die Forscher, gestandene Professoren, im vergangenen Jahr Mikrowellen-Signale mit Überlichtgeschwindigkeit gefunkt und damit die Relativitätstheorie überlistet haben.

In seiner großen Lehre von der Allmacht der Lichtgeschwindigkeit über den Kosmos hatte Albert Einstein solches Treiben mit gutem Grund für unmöglich erklärt: Wer es fertigbrächte, mit überlichtschnellen Strahlen in die Welt zu leuchten, der könnte theoretisch die Zukunft erblicken.

Dennoch, ohne letzten Endes zu verstehen, was sie tun, vermessen die Physiker plötzlich Erscheinungen, die alle Züge des Paranormalen tragen: Laserlicht, das sich überlichtschnell ausbreitet; Partikel, für welche die Zeit bei bloßem Hingucken gleichsam einfriert; Teilchen, die den Ausgang einer Röhre verlassen, bevor sie am Eingang hineinfliegen.

An die Stelle der alten Gewißheiten sind Fragen getreten: Sind die Schranken der Zeit überwindbar? Ist die Relativitätstheorie, wie der Astrophysiker Joseph Silk behauptet, nur noch ein »wunderschönes Fossil«? Sind gar manche Science-fiction-Phantasien weniger abwegig, als gedacht: Könnten Zeitreisen dereinst so alltäglich werden wie das Fahren mit der U-Bahn?

Seherisch wähnte der amerikanische Astrophysiker Carl Sagan kurz vor seinem Tod im vorigen Jahr die Wissenschaft »an einem dieser raren, klassischen Wendepunkte« angelangt, an denen sich die Menschheitsvorstellung über die tiefsten Mysterien grundlegend umwälzt.

Tatsächlich haben die Forscher in den letzten Jahren in einem Maße Einsichten über die Zeit gewonnen, wie man es bei einem scheinbar so esoterischen Gegenstand für unerreichbar halten mußte. Dabei sind die neuen Erkenntnisse eher Abfallprodukte anderer Disziplinen. Sie entspringen dem beispiellosen Forscher-Ansturm, der sich seit Beginn dieses Jahrzehnts auf die letzten beiden großen Geheimnisse der Wissenschaft richtet: auf den Kosmos und auf das menschliche Gehirn.

Wie Tunnelbauer auf beiden Seiten eines Bergmassivs nähern sich zwei Forschergemeinden dem Phänomen »Zeit« von entgegengesetzten Ausgangspunkten. Die einen, die Astrophysiker, fangen mit Röntgensatelliten die Signale von Pulsaren auf, von Sternen, die genauer ticken als die meisten irdischen Uhren. Sie vermessen in der kosmischen Strahlung Runzelungen der Zeit. Aus solchen winzigen Unebenheiten des Weltenlaufs glauben sie die Geschichte der ersten drei Minuten des Universums lesen zu können.

Die anderen, die Biologen, verfolgen die Winkelzüge der Zeitwahrnehmung im menschlichen Gehirn. In den USA wurde ein »Clock Genome Project« aufgelegt: Forscher haben genetisch programmierte Uhren entdeckt, natürliche Chronometer, die jedem Wesen und sogar jeder einzelnen Zelle den Lebenstakt schlagen. Neurobiologen erkennen aus Nervenströmen, die sie Patienten bei Gehirnoperationen ableiten, wie ein kompliziertes Geflecht von Zeitgebern im Kopf das Erleben, das Denken und das Fühlen bestimmt.

»Die Zeit ist die Hintertür zum menschlichen Geist«, behauptet der australische Astrophysiker Paul Davies; die Ergebnisse der Hirnforscher zeigen, daß er mit seiner Einschätzung so falsch nicht liegt.

So treffen sich die Erkunder von toter und beseelter Materie in einem neuen Verständnis des Phänomens »Zeit«, das aller gewohnten Auffassung zuwiderläuft: Die Wissenschaft hat Abschied genommen vom jahrtausendealten Bild eines Zeitstroms, der ebenmäßig und womöglich gottgegeben dahinzieht. In den Berichten der Wissenschaftler entpuppt sich die Zeit als Wesen von dieser Welt. Sie wird erkennbar als Folge und nicht als Urgrund allen Weltgeschehens. Sie erinnert an einen Wildbach, der unter manchen Umständen wild aufschäumt und manchmal stillsteht. Und sie scheint formbar wie Knetmasse.

Solche Bilder drängen sich auf, wenn die Forscher nun über Rätsel debattieren, welche die Naturwissenschaft längst als hoffnungslos unlösbar beiseite gelegt hatte: Gab es je einen Anbeginn der Zeit? Könnte ihr Fluß dereinst versiegen? Wie wirkt der Zeitstrom auf das Bewußtsein? Und: Was eigentlich ist Gegenwart?

Es sind Fragen, über welche die Menschheit sinniert, spätestens seit sie in der Steinzeit ihre ersten Experimente mit dem Schattenlauf der Sonne begann. Denn wie kaum ein anderes Phänomen bringt der ständig erfahrbare Zeitlauf den menschlichen Geist an die Grenzen seines Fassungsvermögens. Ratlos bekannte Augustinus von Hippo, einer der größten Denker der Kirchengeschichte, er sehe sich außerstande zu erklären, was das Wesen der Zeit sei: Wenn ihn niemand frage, wisse er es wohl. Doch wenn ihn jemand frage, könne er es nicht sagen.

Allenfalls scheint es möglich, in Verneinungen und Paradoxien über die Zeit zu sprechen: Sie ist ohne Körper und Form, aber unüberwindlich; meßbar, aber mit Menschenorganen nicht spürbar; allem Anschein nach ewig, aber unumkehrbar.

Nur wenige vermochten ihr Erschauern über den Sog der Geschichte so blumig und zugleich schlicht auf den Punkt zu bringen wie der unterkühlte Mister Spock im Raumepos »Star Trek«: »Zeit ist das Feuer, in dem wir brennen.«

Vieles läßt sich wegdenken, die Zeit nicht. Eine Ohnmacht versetzt den Menschen in einen Zustand ohne Bewußtsein. Über das Leben ohne Körper spekulieren immerhin religiöse Seelenlehren. Eine Existenz außerhalb der Zeit aber scheint außerhalb allen Vorstellungsvermögens. So firmiert das Sein jenseits der Zeit in den Weltreligionen als Attribut des Unergründbaren, Göttlichen. Die indische Bhagavadgita setzt Gott und die Zeit sogar gleich – das heilige Buch aus dem ersten Jahrhundert nach Christus läßt den Erhabenen erklären: »Ich bin die Zeit.«

Unter dem Zugriff der Naturwissenschaften beginnt sich der Nebel um dieses Mysterium nun zu lichten. Denn indem die Biologen in Genen und Gehirnen nach inneren Uhrwerken fahnden, entzaubern sie auch die Zeit. Vielen Forschern gilt das Zeitgefühl nur als das Bewußtseins-Korrelat von chemischen Gleichgewichten in den Nervenzellen. Und was berechtigt eigentlich zu glauben, der scheinbar allgegenwärtige Zeitfluß sei mehr als nur ein neuronales Schattenspiel, das Taktgeber im Kopf dem Menschen vorgaukeln?

Solche Fragen muß sich stellen, wer den belgischen Physikochemiker Ilya Prigogine ernst nimmt. Jedes Wesen, behauptet der Nobelpreisträger, lebe nach einer »Eigenzeit«, es folge einem inneren Rhythmus, den es in sich erzeugt. Kein ferner Gott, sondern ein jeder Erdenwurm sei Schöpfer der Zeit. Als Prigogine vor einigen Jahren mit seinen Thesen, damals noch kaum durch experimentelle Befunde untermauert, die Biologen provozierte, hatten sich die Physiker schon verabschiedet von einem anderen beliebten Konstrukt der Religionen: der Ewigkeit.

Diese ist im Standardmodell von Teilchen und Kosmos, der inzwischen gängigen Vorstellung von der Weltentstehung, nicht mehr vorgesehen: Wie alle Materie und alle Naturgesetze, so müsse auch die Zeit einstmals entstanden sein, behaupten die Kosmologen. Sie berufen sich auf Daten, die von Röntgensatelliten zur Erde gefunkt, und auf Meßwerte, die in riesigen Teilchenbeschleunigern gewonnen wurden – und bestätigen damit auf erstaunliche Weise, worüber Augustinus schon im vierten Jahrhundert spekuliert hatte. Gott, so glaubte der Kirchenheilige, habe nicht die Welt in die Zeit gesetzt, er habe vielmehr Zeit und Welt zusammen erschaffen.

In solch enger Geschwisterschaft von Zeit und Materie erblikken manche Kosmologen eine phantastische Möglichkeit: den Strom der Zeit zu überholen oder in ihm rückwärts zu reisen. Für durchaus denkbar halten es namhafte Astrophysiker, daß sich kosmische Pfade pflastern ließen, auf denen künftige Generationen in ihre Vergangenheit und in die Zukunft wandeln werden.

Zwar geben die ernstzunehmenden Verkünder solcher Visionen zu, noch habe niemand die angeblichen Überhol- und Rückwärtsspuren im Universum angetroffen; erst recht stehe deren technische Erzeugung im Moment noch nicht in Aussicht.

Dennoch sind solche Denkmodelle dazu angetan, alle Illusionen von der Unveränderlichkeit der Zeit zu erschüttern, die vordem heiligster Glaubenssatz der Wissenschaft waren. »Die Physiker«, kommentierte das Wissenschaftsblatt »New Scientist«, »beginnen sich daran zu gewöhnen, daß es Zeitmaschinen doch geben könnte.«

Keine Errungenschaft hat die Phantasie der Science-fiction-Autoren derart beflügelt wie diese Maschine, ein Gerät, das H. G. Wells im Jahr 1895 in die Literatur einführte. In dem berühmten Roman des Engländers unternimmt ein namenloser Tourist einen Ausflug in das Jahr 802 701, berichtet nach seiner Rückkehr seinen alten Freunden von kommenden Zeiten – und bleibt bei einer zweiten Reise in ferne Epochen auf immer verschollen.

Das Film-Epos »2001«, ebenfalls ein Höhepunkt seines Genres, verlegt die Zeitreise dagegen ins Innere einer Person: Der Held Bowman begegnet bei seiner Weltraum Odyssee einem schwarzen Stein, der ihn in seine eigene Vergangenheit zurückversetzt.

Mit solchen Erzählungen aus der Zukunft haben die Science-fiction-Poeten nur eine Vorstellungswelt wiederaufgenommen, die in alten Kulturen überall auf der Welt lebendig war. In ihrem Drang, dem Sog der Geschichte zu entfliehen, haben sich die Menschen ein Ideenreich geschaffen, welches die Allmacht der Zeit wenigstens in der Phantasie aufhebt.

So entstanden die Mythen der ewigen Wiederkehr – und mit ihnen Vorstellungen, denen etwa die Hindus noch heute anhängen: die Wiedergeburt des Individuums in immer neuen Körpern. Die Ägypter kamen erstmals auf die Idee, die Vergangenheit könne auf immer verloren sein: Die Zeit wird von einer Schlange geboren; gefräßige Stundengöttinnen, zwölf an der Zahl, verschlingen sie.

Doch mehr noch als die Mythologie hat eine Erfindung aus dem alten Ägypten das westliche Zeiterleben geprägt – die Uhr. Die Grabinschrift eines im 15. Jahrhundert vor Christus verstorbenen Gerichtsdieners namens Amenemhet beschreibt ein Wasser-Chronometer, das dieser Mann ersonnen haben soll: Durch eine senkrechte Reihe von kleinen Löchern spritzt Wasser aus einem Toneimer. Bei Sonnenuntergang wird das Gefäß gefüllt; am Sinken des Pegels läßt sich die Tageszeit ablesen.

Die Scherben eines solches Geräts aus dem 14. Jahrhundert vor Christus fanden Archäologen im Tempel des Pharaos Amun-Re. Elf Jahrhunderte später hatte das antike Uhrmacherhandwerk schon große Fortschritte gemacht: Ctesibius, ein Tüftler in Alexandria, ersann ein Chronometer, in welchem der Wasserfluß allerlei Glocken, bewegliche Puppen und singende Tonvögel antrieb – gleichsam die erste Kuckucksuhr der Menschheit.

Aber erst mechanische Uhren, die im 12. Jahrhundert nach Christus in den europäischen Klöstern auftauchten, verhalfen der Zeitmessung zum Durchbruch. Etwa 150 Jahre danach begann Papst Johannes XXII. zu ahnen, in welchem Maße der Takt der Chronometer das Leben der Menschen verändern würde. Er sprach den Bann aus über alle, die sich »mit der Ermittlung von Zeiteinheiten« beschäftigen.

Johannes hatte erkannt, daß Herrschaft über die Zeit Herrschaft über Menschen bedeutet – eine Einsicht, die Revolutionäre aller Couleur fortan auszunutzen versuchten. In der französischen Revolution hofften die Jakobiner, ihr Kalender mit einer Zehn-Tage-Woche könnte den Beginn einer neuen Zeit markieren und das Christentum endgültig aus den Köpfen des Volkes radieren. Und als die Bolschewiken im Oktober 1917 im heutigen Sankt Petersburg die Macht übernahmen, schafften sie alsbald die julianische Zeitrechnung des Zarenreichs ab und installierten den gregorianischen Kalender.

Die nachhaltigste Umwälzung der Neuzeit, die industrielle Revolution, wäre ohne einen technischen Durchbruch bei der

Zeitmessung undenkbar gewesen: Nicht Dampfmaschinen, sondern Uhren in der Tasche jedes Arbeiters waren »die Schlüsselmaschinen für das Industriezeitalter«, schreibt der amerikanische Sozialforscher Lewis Mumford. Erst sie erlaubten es, die Menschenscharen in den immer größeren Fabriken der Gründerzeit zu koordinieren; ohne die Uhr am Fabriktor hätten die Geburtsstätten des Massenwohlstandes, die Fließbänder, nie funktioniert.

Als die ersten Bänder 1910 in den Schlachthöfen von Chicago anliefen, waren die Menschen bereits an jenen Minutentakt gewöhnt, nach dem die industrialisierte Erde tickt. Denn Eisenbahn, Seefahrt und Telegraph hatten schon gegen Ende des 19. Jahrhunderts die Feinabstimmung der Zeit erfordert, schon 1905 sandten Küstenfunkstellen die ersten Zeitzeichen in den Äther.

Und während Satellitenhandys, Hochgeschwindigkeitszüge und Computernetze inzwischen den Glauben nähren, der Planet sei zu einem globalen Dorf zusammengeschmolzen, scheint die ständige Beschleunigung des Lebens die Gewichte der Weltkoordinaten zu verschieben: Die Zeit entmachtet den Raum. Nicht mehr Entfernungen, argumentiert etwa der Philosoph Paul Virilio, entscheiden über Wohl und Wehe eines Vorhabens. Die Schicksalsdimension der Geschichte sei nunmehr die Zeit, die zwischen Geschehnissen verrinnt.

Solche Bemerkungen gründen sich auf den populären Glauben an eine Zeit, die ungerührt vom Weltenlauf vor sich hin strömt oder rast. Es ist eine Vorstellung, welche die moderne Physik als Irrtum entlarvt hat, obwohl sie ihr selbst jahrhundertelang aufgesessen war. »Gleichförmig und ohne Beziehung auf irgendeinen äußeren Gegenstand«, hatte Isaac Newton im Jahr 1687 geschrieben, fließe die »absolute, wahre und mathematische Zeit«.

Albert Einstein war es, der aufräumte mit dem Glauben, irgendwo müsse es gewissermaßen eine Hauptuhr geben, die den Herzschlag des Kosmos angibt. Er hob Zeit und Raum vom Sockel der Absolutheit und preßte sie in sein Lehrgebäude der Allgemeinen Relativitätstheorie, das sich bis heute aller Anschauung sperrt: Die Zeit bilde mit dem Raum eine untrennbare Einheit, die Raumzeit; und beide, Zeit und Raum, könnten sich strecken und stauchen. Die Masse schwerer Körper zum Beispiel verlangsame den Zeitfluß und verbeule den umgebenden Raum; ähnliches geschehe in einem Raumschiff, das sehr schnell fliegt.

Nur eine einzige Größe im Kosmos erklärte Einstein für unantastbar: die Lichtgeschwindigkeit. Sie sei das letztgültige Tempolimit – schneller könnten sich weder Dinge bewegen noch Strahlung oder Signale ausbreiten.

Astronomische Messungen bestätigten die Relativitätstheorie. Und doch keimen seit ein paar Jahren wieder Zweifel daran, daß Einsteins Ideen allgültig seien.

Ein Kölner Physikprofessor, Günter Nimtz, versucht, solchen Häresien am Idol der modernen Physik den Boden zu bereiten. Mit simplen Experimenten glaubt er beweisen zu können, daß sich die Lichtgeschwindigkeit durchaus überschreiten läßt: Nimtz vollführt in seinem Labor Wettrennen zwischen einem gewöhnlichen Lichtstrahl und Mikrowellen, die er durch ein Hindernis, einen engen Metall-Hohlleiter, funkt.

Um zu zeigen, daß sich auch sinnvolle Signale auf diese Weise übertragen lassen, prägt Nimtz den Mikrowellen wie bei einer Radioübertragung die Klänge von Mozart-Sinfonien auf. Das Ergebnis: Die Musik, die per Mikrowelle durch das Nadelöhr des Hohlleiters muß, überholt das Licht, das sich ungehindert ausbreiten konnte, um einige Milliardstel Sekunden. »Komischerweise«, sagt Nimtz, »ist der Hürdenläufer schneller als der Sprinter.«

Damit hat Nimtz eine subtile Debatte entfacht. Denn einerseits sind sich die Wissenschaftler einig, daß Einsteins Formelwerk die Natur im allgemeinen zutreffend beschreibt. Andererseits geben auch Nimtz' Gegner zu, daß der Kölner Professor richtig gemessen hat. Doch darüber, ob seine Ergebnisse wirklich als Phänomene jenseits der Relativitätstheorie zu deuten sind, scheiden sich die Geister.

»Einsteins Revolution ist unvollendet«, bemerkt der Astrophysiker Paul Davies. Die Tragweite der Relativitätstheorie sei noch gar nicht ausgelotet, denn selbst Einstein sei gefangen gewesen in den Irrtümern des vergangenen Jahrhunderts. So habe er die entscheidende Frage gar nicht erst formuliert: Wie entstand die Zeit?

Tatsächlich besaß erst der Engländer Stephen Hawking die Kühnheit, Zeit und Schöpfung zu einem Ganzen zu verschmelzen – und sie alsgleich zu vermarkten.

Der Kosmologe und Bestsellerautor, von seinen Kollegen als »König der vierdimensionalen Raumzeit« gerühmt, ging mit scharfer Logik ans Werk: Wenn Zeit, Raum und Materie so innig miteinander verwoben sind, wie Einstein behauptet, dann sei es sinnlos, sich einen Zeitfluß dort vorzustellen, wo noch keine Materie war. Es könne also nur so gewesen sein: Mit der kosmischen Materie wurde im Höllenfeuer des Urknalls, bei mehr als 10 000 Billionen Grad, die Zeit geboren.

Was war vorher? Sinnlose Grübelei, erklärt der gelähmte Hawking, der sich nur mittels eines Sprachcomputers verständlich machen kann. »Genausogut kann man nach den Ländern nördlich des Nordpols fragen.«

Die Geburt der Zeit vor mindestens 15 Milliarden Jahren hat ihre unauslöschlichen Spuren hinterlassen. Bis heute wetterleuchtet im Weltall eine Hintergrundstrahlung, die wie ein Echo des Urknalls von den ersten drei Minuten kündet.

Aus leichten Kräuselungen dieser elektromagnetischen Wellen, 1992 von dem Forschungssatelliten »Cobe« aufgenommen, lasen Kosmologen eine glanzvolle Bestätigung der Theorien von der Urknallgeburt der Zeit. Eine Nachfolgemission, geplant für das Jahr 2005, soll diesen Teil der Schöpfungsgeschichte mit neuen Details anreichern; manche Forscher hoffen sogar zu erfahren, wie sich der Urknall allmählich anbahnte.

Solches Wissen – und Erstaunen – darüber, in welchem Maß der Zeitlauf selbst nur eine Folge der kosmischen Ereignisse ist, läßt die phantastische Vermutung nicht mehr so unplausibel erscheinen, auch der Mensch könne die Zeit manipulieren. Die Zeitreise, die größenwahnsinnigste aller menschlichen Machtphantasien, ist in den Bereich des Denkbaren gerückt.

Kip Thorne heißt der Mann, der diese Kopfgeburt zum Gegenstand ernsthafter Wissenschaft erhoben hat. Dabei tut Astrophysiker Thorne, der zurückgezogen am California Institute of Technology forscht und sich mit der Vorhersage von Schwerkraftwellen einen Namen gemacht hat, alles, um Aufsehen seiner Theorien zu vermeiden. Seine Veröffentlichungen in physikalischen Fachblättern überschrieb er mit bewußt unverständlichen Titeln, damit die Öffentlichkeit nicht auf den wahren Gehalt seiner Arbeit aufmerksam würde.

Thornes Forschungen begannen, als im Jahr 1985 der ihm befreundete Autor Carl Sagan anfragte, ob sich überlichtschnelle Weltraumreisen, die nach der Relativitätstheorie scheinbar verboten sind, nicht doch machen ließen. Er, Sagan, brauche so etwas für den Plot eines Science-fiction-Romans.

Thorne löste ein paar Einsteinsche Gleichungen und fand unverhofft galaktische Schleichwege, auf denen Überlichtgeschwindigkeit gar nicht nötig wäre, um die Zeit zu überholen. Für diese Gebilde verwendete Thorne einen griffigen Namen: kosmische Wurmlöcher.

Ein Wurmloch ist so etwas wie ein Schwarzes Loch mit Hinterausgang – und damit die wohl sonderbarste Ausgeburt der Relativitätstheorie. Zwar zweifelt niemand mehr daran, daß es Schwarze Löcher, nach dem Astrophysiker John Taylor »die unheimlichsten Objekte, die der Mensch kennt«, wirklich gibt – die Messungen der Röntgensatelliten belegen es. Unstrittig ist ebenfalls, daß in Schwarzen Löchern die Zeit stillsteht, weil ihre Masse so extrem groß ist. Aber das Wesen dieser Toteninseln im All besteht gerade darin, daß sie nichts mehr von dem hergeben, was sie einmal verschlangen.

Wurmlöcher hingegen, das legen Thornes Berechnungen nahe, sollen so transparent sein, daß man hindurchgucken kann – und daß sie den Zeitreisenden, der sich ihnen anvertraut hat, am anderen Ende ihres Schlundes bereitwillig ausspucken.

Denn die kosmische Raumzeit ist buckelig wie ein deutsches Mittelgebirge; ein Wurmloch ist eine Art Tunnel darin. Während Materie und Menschheit heute noch den mühevollen Weg über die Erhebungen nehmen müssen, könnten perfektere Zivilisationen einfach untendurchsausen – und unbehelligt vom gewöhnlichen Gang der Dinge an ganz anderen Punkten des Raum-Zeit-Kontinuums wieder auftauchen. Problemlos könnte sich dann ein künftiger Erdenbewohner etwa in seine Jugendzeit versetzen.

Nicht einmal Wurmloch-Forscher Thorne jedoch sieht die reale Zeitmaschine auch nur im entferntesten am Horizont heraufdämmern. Auch ihm ist unklar, wo die gewaltigen Mengen »exotischer Materie« zu besorgen wären, die allein die Raumzeit derart verbeulen könnten, daß Wurmlöcher darin wüchsen.

Trotzdem zeigt die Forschergemeinde alle Zeichen der Verunsicherung – wie stets, wenn ein Weltbild ins Wanken gerät. Heftig streiten Physiker und Philosophen über die Schwierigkeiten, welche sich bereits aus der Denkbarkeit einer Zeitmaschine ergeben.

Auf dem Spiel steht das gesamte kosmische Getriebe von Ursache und Wirkung, denn eine funktionierende Zeitmaschine könnte paradoxe Folgen haben. Theoretisch denkbar ist nun, was es bisher nur in Science-fiction Filmen gab: die seelenkranke Zeitreisende, die sich dermaßen in das Jugendbild ihres Vaters verliebt, daß sie in die Vergangenheit fährt und eifersuchtstrunken ihre Mutter noch vor deren erstem Geschlechtsakt erschießt.

Keineswegs läßt sich die Aussicht auf solche Elektra-Raserei mit Stephen Hawkings populärem Einwand abtun, eine Zeitmaschine könne es nicht geben, denn sonst wären die Heutigen längst von Besuchern aus der Zukunft überrannt. Zumindest darüber nämlich sind sich die Forscher einig: Selbst die beste Zeitmaschine erlaubte Rückwärtsreisen nur bis zu jenem Tag, an dem sie erbaut wurde.

Igor Novikov, von Moskau nach Kopenhagen emigrierter Physiker, hat weiter gedacht. Ihm gelang 1996 ein mathematischer Nachweis, daß es grundsätzlich unmöglich ist, per Zeitreise die Vergangenheit zu ändern. Allenfalls als stille Beobachter könnten die Ankömmlinge aus fernen Epochen auftreten.

Die noch nicht Geborenen würden stumm unter den Heutigen wandeln – es wäre ein Besuch staunender Geisterwesen, der an Szenen erinnert, wie sie sich der französische Schriftsteller Jean-Paul Sartre ausmalte: In seinem Film »Das Spiel ist aus« mischen sich die Toten unter die Lebenden, ohne daß diese es wahrnehmen. Machtlos stolpern Zeitgenossen Napoleons durch das Paris des 20. Jahrhunderts, von den Lebenden gleichsam durch eine unsichtbare Wand getrennt, die ihrem Tun alle Wirkung nimmt.

Mit seinen Rechnungen hat Novikov einen der stärksten Einwände gegen Ausflüge in andere Epochen aus dem Weg geräumt: Indem der Exilrusse zeigte, daß auch eine Zeitmaschine den Kanon von Ursache und Wirkung nicht durcheinanderbrächte, lieferte er das letzte Argument in einer Gedankenkette, welche die menschliche Vorstellung vom Wesen der Zeit von Grund auf verändert hat.

Immanuel Kant hat die Zusammenhänge, die die Physiker jetzt aufdecken, schon 1770 geahnt. Die Zeit sei »nichts Objektives und Reales«, schrieb der Königsberger Philosoph, sondern die »Form des inneren Sinnes« – eine Achse der Anschauung also, auf welcher der Mensch seine Erfahrungen ordne. Die Zeit entstehe im Kopf.

Wie dies geschieht, darüber haben Biologen neuerdings eine Fülle von Erkenntnissen zutage gefördert; das amerikanische Fachblatt »Science« feierte die Entschlüsselung der körpereigenen Zeitgeber als einen der »großen wissenschaftlichen Durchbrüche«. Genmanipulationen, Hirndurchleuchtungen und Ableitungen von Nervenströmen verschafften den Forschern Zugang zu den inneren Taktgebern des Lebens.

Sicher ist nun, daß biologische Stundengläser existieren und daß sie nicht nur das Erleben der Zeit steuern, sondern fast alle Regungen zwischen Geburt und Tod. Nach Ansicht vieler Hirnforscher sind manche der pulsierenden Nervenzentren im Kopf möglicherweise sogar der Schlüssel zum Verständnis des Bewußtseins.

Solche Einschätzung kommt einem Paradigmenwechsel der Biologie gleich. Denn die Forschergemeinde, fest im Glauben an eine äußere, objektive Zeit, belächelte jene wenigen Kollegen, die nach inneren Uhren suchten, jahrzehntelang als hoffnungslos verblendete Esoteriker.

Dabei gab es seit langem Hinweise auf biologische Zeitgeber bei Pflanzen, Tieren und Menschen. Schon 1729 berichtete der Astronom Jean-Jacques d'Ortous de Mairan von einer seltsamen Beobachtung bei seinen Spaziergängen in den Pariser Botanischen Gärten. Ihm war aufgefallen, daß Mimosen ihre Blätter exakt im 24-Stunden-Rhythmus auf- und zuklappen. Eine Wirkung des Sonnenlichts? Mairan setzte die Sträucher in einen dunklen Raum – auch dort vollführten die Mimosen den seltsamen Tanz ihrer Fiedern.

Alsbald soll sich der Naturforscher Carl von Linné, der ähnliches von anderen Gewächsen wußte, eine Blumen-Uhr in den Garten gepflanzt haben. Zwölf verschiedene Blüten zeigten mit ihrem Öffnen und Schließen die Zeit angeblich auf eine halbe Stunde genau an.

Auch im Tierreich gibt es Anzeichen dafür, daß jede Kreatur, von einer inneren Uhr gesteuert, nach ihrem eigenen Zeitmaß lebt: Die Maus huscht dahin, der Löwe schreitet gemessen, das Nilpferd watet wie in Zeitlupe.

Derart unterschiedliche Geschwindigkeiten, so schreibt der Biologe Stephen Jay Gould, verblüffen aber nur, wenn man sie von außen mißt, an der Fiktion einer absoluten Zeit. Beziehe man dagegen Lebenstempo und Lebensspanne der Tiere auf ihre Größe, so stelle sich heraus, daß die Kreaturen nahezu nach einem Ebenmaß existierten: Je gewaltiger ein Tier, um so langsamer verrinnt seine Zeit.

Ethnologen entdeckten eine solche Zeit-Relativität auch beim Menschen: Bei Vergleichsuntersuchungen zeigte sich, wie wenig die äußerlich ablaufende Zeit für das Lebenstempo bedeutet. Bewohner von Millionenstädten wie Tokio oder München bewegen sich, reden und reagieren im Durchschnitt mehr als doppelt so schnell wie griechische Bauern.

Doch erst in den letzten Jahren entdeckten Gehirnforscher und Molekularbiologen schrittweise Organe, die tatsächlich steuern, in welchem Tempo die innere Zeit verrinnt. Zwei Zentren im Kopf schlagen demnach den Takt des Lebens:

- Ein Knoten von Nervenzellen hinter dem Auge dient als Steuerzentrale für den – Tagesrhythmus.
- Ein Hirnareal zwischen den Ohren arbeitet wie eine natürliche Eieruhr, mit welcher das Gehirn Sekunden- und Minutenspannen mißt.

Auf dem Campus einer Universität im amerikanischen Südstaat Virginia laufen die Fäden all jener Forscher zusammen, die auf der Suche nach der Körperzeit sind. Von dort aus dirigiert der Chronobiologe Gene Block das Clock Genome Project. Ausgestattet mit einem Millionenetat, soll das Programm aufdecken, wie das Erbgut den Rhythmus aller Kreaturen bestimmt.

Nicht einmal stecknadelgroß ist der Nervenknoten, den Block aus dem Großhirnboden eines Hamsters herauspräpariert hat. Tagelang liegt das Gebilde, von einer Nährlösung umströmt, in völliger Dunkelheit. Und doch sendet es elektrische Ströme durch haarfeine Elektroden, die Block in die weiche Gehirnmasse gebohrt hat. Wie Ebbe und Flut schwellen die winzigen Impulse an und ab – genau im Rhythmus von 24 1/2 Stunden.

»Es ist ein autonomes Hirnzentrum, das den Tagesrhythmus steuert«, erklärt Block. Offenbar dient das Organ, Suprachiasmatischer Nukleus genannt, als körpereigener Wecker: Am frühen Morgen, noch während des Schlafes, facht er die Körpertemperatur an und stimuliert die Hormone. Eine Nervenleitung zur Netzhaut synchronisiert die Bio-Uhr mit dem Sonnenaufgang. Am stärksten spricht das System auf das schwache Licht der Dämmerung an.

Dieser natürliche Zeitgeber arbeitet bis auf ein Prozent genau: Während einer Nacht beträgt die Gangabweichung weniger als fünf Minuten. So erklärt es sich, daß viele Menschen gerade aufwachen, bevor ihr Wecker klingelt.

Mit Luciferin, einem natürlichen Leuchtstoff, wollen Blocks Kollegen herausfinden, wie die Körperuhr funktioniert. Sie haben ein Gen, das Luciferin aktiviert, aus Glühwürmchen ausgebaut, in Fruchtfliegen-Embryos eingeschleust und dort an die Uhrwerk-Gene »per« und »tim« geheftet.

In den umgebauten Fliegen leuchten »per« und »tim« wie Signallämpchen auf, wenn sie aktiv sind und das zelluläre Stundenglas in Gang setzen. Tagsüber produzieren sie zwei Proteine, die sich in der Zelle ansammeln und bei schwindendem Tageslicht die Aktivität von »per« und »tim« hemmen. Nachts baut die Zelle die Proteine ab; morgens kommen »per« und »tim« wieder in Gang – der Kreislauf beginnt von vorne.

Doch nicht nur im Hirn der »Leuchtfliegen« glitzerten die Zeitgene. Sie funkelten auch in den Fühlern und sogar im Darm. Sitzen dort Nebenuhren?

»Überall finden wir Rhythmen«, wundert sich Block. »Aber warum?« Sind die versprengten Oszillatoren ein längst überflüssig gewordenes Relikt der Evolution – wie der menschliche Blinddarm? Stammen sie aus einer Zeit, als das Gehirn noch nicht erfunden war und jede Zelle für ihr Ruhen und Wachen selbst sorgen mußte? Dafür spricht, daß derartige Zeitgeber selbst in Pilzen und Algen gefunden wurden.

Das zweite innere Chronometer hingegen, die Stoppuhr zwischen den Ohren, ist nur in höheren Tieren eingebaut. Ein Neurotransmitter, Dopamin, erzeugt in diesem Kurzzeit-Timer offenbar das Gefühl für das Fließen der Zeit. Wie in einer Sanduhr tropft aus einer Hirnstruktur Dopamin in einen Zell-Behälter; über eine Nervenleitung zum Großhirn wird der jeweilige Pegel abgelesen.

Um diese Vermutung zu beweisen, operierten US-Biologen einmal den Behälter, ein andermal die Nervenleitung aus den Gehirnen von Ratten heraus. In beiden Fällen verloren die Tiere die Fähigkeit, Zeitabstände zu unterscheiden.

Für Ratten hingegen, die eine Überdosis Dopamin bekommen hatten, begann die Lebenszeit zu rasen: Sie flitzten wie überdreht durch ihre Käfige, reagierten überschnell auf Versuchsaufgaben und paarten sich unablässig.

Ein Pariser Psychiater, Chara Malapani, glaubt mit Dopamin auch das menschliche Zeiterleben verzerren zu können. Parkinson-Patienten, deren Hirne diesen Stoff nicht mehr geregelt produzieren, können Zeitintervalle weder unterscheiden noch erinnern. Sie lernten beides wieder, als Malapani ihnen dopaminsteigernde Drogen gab. Nun beginnen Malapanis Kollegen, mit gesunden Versuchspersonen zu experimentieren. Computertomographien des Gehirns sollen den Gang der Uhr im Kopf aufzeichnen und detailliert zeigen, wozu sie dient.

Sicher ist jetzt schon: Wie kaum ein anderes Organ scheint das Gehirn auf präzises Timing angewiesen. Erst durch eine millisekundengenaue Zeitsteuerung kann das Großhirn aus dem ständigen Gewitter von Nervenimpulsen im Kopf Bilder, Gedanken und Erinnerungen zusammenfügen.

Das geschehe in regelmäßigen Rhythmen, die wie Buschtrommellaute durch das Bewußtsein donnern, glaubt der Münchner Neuropsychologe Ernst Pöppel. Die Wahrnehmung der fließenden Zeit sei eine Illusion. Denn von Trommelschlag zu Trommelschlag zerhacke das Gehirn die Zeit in Häppchen von dreißigtausendstel Sekunden Dauer.

»Das Jetzt ist kein Punkt, sondern eine Ausdehnung«, behauptet Pöppel. Er beruft sich auf Experimente, in denen er Versuchspersonen Klicklaute und Lichtblitze vorspielen ließ. War der

Abstand zwischen zwei Reizen kürzer als dreißigtausendstel Sekunden, konnten die Versuchspersonen nicht mehr erkennen, welcher der beiden Impulse zuerst kam.

Dieses Unvermögen, meint Pöppel, sei in Wahrheit ein genialer Datenverarbeitungstrick: So überwinde das Gehirn die Schwierigkeit, Eindrücke zu verbinden, die zwar zusammengehören, aber etwas versetzt voneinander im Kopf eintreffen – zum Beispiel die Worte und den Anblick eines Gegenübers.

Signale werden laut Pöppel in einem »Gegenwartsfenster«, einer 30-Millisekunden-Zeitinsel zwischen Vergangenheit und Zukunft, gesammelt, bis das Gehirn sie weiterverarbeitet – der Bewußtseinsstrom bestehe wie ein Kinofilm aus dem Vorbeiflimmern von Einzelbildern.

Tatsächlich haben Neurowissenschaftler in Hirnströmen ein Geknatter mit gerade jener Frequenz gemessen, wie sie Pöppel für seine Gegenwartsfenster annimmt. Geradezu als einen Generalbaß des Geistes betrachten manche Forscher diese Impulse, seit sie nicht nur an Menschen festgestellt wurden, sondern auch in den Köpfen von Affen, Katzen und Fliegen.

Trotzdem sind die Zeitläufe im Gehirn mit Sicherheit weit komplizierter, als es die unterhaltsamen – und eher schlichten – Spekulationen des Psychologen Pöppel nahelegen. In welchem Ausmaß das Gehirn die Zeit manipuliert, bewies der US-Neurophysiologe Benjamin Libet mit Experimenten, die ebenso spektakulär sind wie der Schluß, den er daraus zog: »Das Ich lebt niemals im Jetzt.«

Libet hatte ausgenutzt, daß es möglich ist, dem Patienten vor einer Hirnoperation bei vollem Bewußtsein die Schädeldecke zu öffnen und auf diese Weise dem Gehirn bei der Arbeit zuzusehen.

Er setzte seine Probanden einer Uhr gegenüber und reizte einige ihrer offenliegenden Nervenbahnen durch elektrische Impulse. Damit spiegelte er ihnen vor, etwas berühre ihre Hand. Dann bat er die Patienten um Auskunft, wann sie etwas gespürt hatten.

Zu Libets Überraschung behaupteten die Versuchspersonen, sie hätten den Reiz fast eine halbe Sekunde früher wahrgenommen, als er ihn ausgelöst hatte.

Dieses scheinbar paradoxe Phänomen erklärte Libet als Trick des Gehirns, seine eigene Trägheit unbemerkt zu machen: Normalerweise gelangen Nervenerregungen erst mit einiger Verspätung über das Kleinhirn zur Großhirnrinde und damit ins Bewußtsein. Um dem Menschen jedoch die Verwirrung zu ersparen, daß er der Wirklichkeit hinterherlaufe, datiere das Hirn die Ereignisse zurück.

Indem Libet das Großhirn direkt anregte, hatte er die Langsamkeit des Geistes umgangen. Dennoch kalkulierten die Gehirne der Probanden die normale Verspätung ein und gaben an, die Hand sei eine halbe Sekunde früher berührt worden.

Demselben verwirrenden Illusionsspiel begegnete Libet, als er sich auf die Suche nach dem Ursprung des Willens machte. Er forderte die Patienten auf, die Hand zu heben; dabei sollten sie die Uhr im Blick behalten und hinterher sagen, wann sie ihren Entschluß, die Hand zu heben, gefaßt hatten. Währenddessen zeichnete Libet die Hirnströme auf.

Wieder registrierte er eine Verzögerung: Zu dem Zeitpunkt, an dem die Versuchspersonen ihren Entschluß bemerkten, waren ihre Neuronen längst aktiv. Mindestens eine drittel Sekunde vorher zeigten die Hirnströme an, daß die Nervenzellen schon die Befehle für die Bewegung gaben. Offenbar hatte das Gehirn eine Entscheidung getroffen, bevor diese ins Bewußtsein gelangt war.

Ist der menschliche Geist demnach unrettbar verspätet, der freie Wille nur eine Illusion? Libet bestreitet solche defätistischen Schlußfolgerungen aus seinen Experimenten. »Wir haben immer noch Zeit, die Planungen des Unbewußten vor ihrer Ausführung zu stoppen.«

Ein schwacher Trost – es bleibt das Erschrecken über das trügerische Wesen der Zeit. Nicht mehr wegdeuten läßt sich die

Irritation darüber, wie wenig die Zeit der Innenwelt einhergeht mit dem, was die Armbanduhr zeigt.

Libets Einsichten – und die Experimente jener Biologen, die nach der inneren Uhr suchen – sind die Wegpfähle, an denen sich das menschliche Verständnis der Zeit künftig orientieren wird. Mit ihnen wird sich die Philosophie des Bewußtseins auseinandersetzen müssen; und das menschliche Selbstverständnis wird an der Essenz solcher Laborberichte kaum vorbeikommen.

So treiben die Beobachtung von Fliegen mit leuchtenden Uhrgenen und die Kurven menschlicher Hirnströme auf den Laborbildschirmen die Abkehr vom Glauben an die allmächtige Zeit voran.

Denn paßgenau decken sich die Nachrichten von den Seziertischen der Hirnforscher mit dem, was die Kosmologen längst ahnten: Nichtig sind alle Fragen nach dem Wesen der Zeit. Sinnlos ist es, über eine Zeit jenseits der Dinge und damit jenseits des Lebens auch nur zu reden. Erst aus den Ereignissen erwächst die Zeit.

Von der Steinzeit bis in die Gegenwart führte der Weg – vom ersten Staunen über den regelmäßigen Lauf der Sonne bis zur Eichung der Welt auf eine Einheitszeit. 5000 Jahre brauchte die Menschheit, um sich an die Abstraktion einer allumfassenden Zeit zu gewöhnen. In kaum einem Jahrzehnt haben Physiker und Biologen nunmehr dieses Bild von der Zeit zerstört.

Albert Einstein, der große Visionär der Physik, mag eine solche Entwicklung schon 1955 im Sinn gehabt haben. »Die Scheidung zwischen Vergangenheit, Gegenwart und Zukunft«, schrieb der Nobelpreisträger damals, hat »nur die Bedeutung einer wenngleich hartnäckigen Illusion«.

Über den Zeitdruck in der Politik

Manfred Rommel

Die Reden von uns Politikern erwecken oft den Eindruck, als handelten wir nach dem Motto: »Woher weiß ich, was ich denke, bevor ich höre, was ich sage?« Häufig läßt der Druck der Ereignisse nicht mehr genügend Zeit, Dinge zu reflektieren, bevor man in exponierter Position zur Stellungnahme gezwungen ist. Kann man das den Politikern zum Vorwurf machen? Haben wir es nicht vielmehr mit den Folgen einer gewandelten Umwelt zu tun, insbesondere mit der Entwicklung »Neuer Medien«, welche die Zeitspanne zwischen Ereignis und Nachricht auf nahezu Null zusammenschrumpfen läßt? Fax, E-mail oder auch das gute, alte Telefon – das durch die Entwicklung zur Mobilkommunikation jederzeitige Erreichbarkeit und allzeitige Sendebereitschaft ermöglicht – lassen die Welt kommunikationstechnisch zu einem Nachrichtendorf schrumpfen. In der Vergangenheit waren die Menschen gewissermaßen von Zeitgebirgen umgeben, die zunächst einmal überschritten werden mußten, bevor eine fremde Nachricht zu ihnen gelangte oder die eigene den Empfänger erreichte. Die Außenwelt war eben weit weg, und niemand rechnete mit sofortiger Reaktion. Auf diese Weise gab es Zeit, viel Zeit.

Schon das Schreiben eines Briefes mit Federkiel und Tinte war zu dieser Zeit eine zeitraubende Angelegenheit, die bedächtig verrichtet werden wollte und Zeit ließ zum Nachdenken und liebevollen Ausformulieren. Verschrieb man sich oder mußte etwas ändern, sah das auf dem Briefpapier gar nicht gut aus; man machte besser einen Entwurf und schlief erst einmal darüber, bevor man die Schlußfassung mit Sorgfalt zu Papier brachte. Wenn man ein Gespräch unter vier Augen führen wollte, machte das häufig eine Reise erforderlich, die wiederum brieflich anzukündigen und erst anzutreten war, wenn der zu Besuchende einen Antwortbrief zurückgesandt hatte. Da mußte man es sich genau überlegen, ob das Gespräch wirklich eine Reise wert war.

Wo eine Nachricht ehemals Tage, ja Wochen oder sogar Monate unterwegs war, bevor sie empfangen wurde und Antwort heischte, da arbeitet die elektronische Datenverarbeitung heute mit milliardstel Sekunden, während der Mensch nur den dreißigsten Teil einer Sekunde wahrnehmen kann. Mit anderen Worten: Während des Zeitraumes, den der Mensch gerade noch wahrnehmen kann, hat die Maschine ein Jahr Zeit. Das bringt mit sich, daß die Technik den Menschen in seiner Ruhe empfindlich stört. Anthropologisch sind wir der Neuen Welt nicht gewachsen, die wir geschaffen haben. Ihr gegenüber sind wir viel zu langsam, wir bewegen uns unbeholfen und machen allerhand täppische Fehler, während wir mit Mühe um Gleichgewicht ringen. Wie soll ein Politiker gedankenvoll zu Ereignissen Stellung nehmen, von denen er selbst gerade erst gehört hat, ohne Zeit zu haben, darüber nachzudenken? Häufig erfährt er die Tatsachen überhaupt erst aus dem Mund des fragenden Journalisten – und das vor laufender Kamera. Das ist gefährlich, und deshalb muß der Politiker auf der Hut sein.

Ein weiterer Grund macht es uns Politikern immer schwerer, unmittelbar und eindeutig Stellung zu beziehen. In einer Welt, in der sich das Wissen alle sechs Jahre verdoppelt und nicht nur die wirtschaftlichen, sondern auch die politischen Prozesse immer komplexer werden und stärker vernetzt sind, kann ein einzelner Mensch eine wohlbedachte Entscheidung ad hoc gar nicht mehr fällen. Ein Politiker muß Generalist sein, da er für Tausende von Sachfragen zuständig ist, von denen jede einzelne sogar Spezialisten Kopfzerbrechen bereitet. Wie soll er die jeweils richtige Lösung unmittelbar parat haben?

Vor diesem Hintergrund ist es nicht verwunderlich, daß Politiker im Spannungsfeld von medienwirksamer Kommunikation und Komplexität von Sachverhalten eher zu inhaltsleeren Umschreibungen neigen, mit denen sie dann nicht mehr beim Wort genommen werden können. Es geht ihnen möglicherweise weniger darum, einer begründeten Stellungnahme auszuweichen; vielmehr wollen sie Zeit gewinnen für das nötige Nachfragen und Überdenken. Je kürzer der Zeitraum zwischen Ereignis und geforderter Stellungnahme, desto unerläßlicher wird es für das politische Überleben, über ein Arsenal von vorformulierten allgemeingültigen Aussagen zu verfügen, die so belanglos sind, daß sie dafür nicht haftbar zu machen sind. Es gilt, die Gefahr hinzuhalten, solange man noch kein Konzept hat, ihr angemessen zu begegnen. Vor die Wahl gestellt, gehaltvolle, aber politisch möglicherweise verfehlte Aussagen zu machen, oder Inhaltsleeres, aber eben auch Wirkungsneutrales zu sagen, entscheiden sich Politiker gern für die zweite Option. Nicht vorbereitet auf ein potentielles Minenfeld, verbergen sie sich hinter Worthülsen, um dahinter das Terrain zu sondieren. Oft gibt es später die Chance zu einer zweiten Stellungnahme. Das schafft den zeitlichen Spielraum, um nachzudenken und abzuwägen. Durch sein hinhaltendes Lavieren mit Leerworten errichtet der Politiker um sich herum künstlich jenen Schutzwall aus Zeit, der sich früher unvermeidlich einstellte, weil die Welt groß, weit und langsam war. Gleichzeitig könnte sich mit diesem Schutzwall aus Zeit für den Politiker das Erlebnis verbinden, zu erkennen, was falsch war und damit bereits den Weg in die richtige Richtung zu beschreiten.

Wichtige Entscheidungen erfordern ein gewisses Maß an Langsamkeit, das den Politikern oft nicht gewährt wird. Wo es um viel geht, will auch vieles bedacht sein. Alternativen müssen geprüft und auf Schwachpunkte abgeklopft werden. Eigentlich setzt das Muße voraus. Wie aber, wenn Muße fehlt? Wohin politische Schnellschüsse in wichtigen Fragen führen können, zeigt die heftige Diskussion über den von den Grünen unvorsichtigerweise plakatierten Benzinpreis von fünf Mark pro Liter. Dahinter war eine Art verbissenen Vorbehalts gegenüber Autofahrern zu spüren, der den Wählern (und die sind zugleich Autofahrer) Angst machte. Was die Grünen übersahen, war die politische Sprengkraft eines konkreten, hoch bezifferten Benzinpreises, der von einer großen Anzahl von Menschen als Angriff auf die geschätzte Mobilität auf vier Rädern empfunden wurde – verbunden mit der Folge des Abrückens von den Grünen. Das Fünfmarkstück geriet zum Fanal und führte den Grünen die Schnelligkeit und die Tiefe politischer Abgründe vor Augen. Bei reiflicher Überlegung und Einbeziehung der Grundbedürfnisse der Bürger hätte den Grünen klar sein können, daß solchen Vorstellungen die realistischen Fundamente fehlten. Im Nachhinein hat wohl ein Teil der Grünen Überlegungen zur politischen Lebenswirklichkeit angestellt.

Im 19. Jahrhundert schrieb Hölderlin, die Deutschen seien gedankenschwer und tatenarm. Heute wird oft das Gegenteil von uns Politikern gefordert. Aber unreflektierte Entschlossenheit kann Schaden anrichten, wie das Verhalten eines Bahnbediensteten am Gleis 2 des Stuttgarter Hauptbahnhofs verdeutlicht. Der Fahrdienstleiter hat gerade den Zug nach Karlsruhe zur Abfahrt freigegeben, da eilen plötzlich drei Männer mit Koffern herbei. Der Bedienstete wirft die Koffer in den anfahrenden Zug, packt zwei der Männer, schiebt sie in einen Waggon und sagt zum dritten: »Schade, bei Ihnen hat es mir nicht mehr gereicht.« Daraufhin der Dritte: »Eigentlich wollte bloß ich verreisen, die anderen haben mich nur zum Bahnhof gebracht.«

Wider das Pendeltheorem

Daß mehr Gründlichkeit in der Regel mehr Zeit erfordert, ist keine neue Erkenntnis. Wenn politische Äußerungen zumindest die Chance haben sollen, präziser zu werden, erfordert dies ein gewisses Maß an Entschleunigung. Aber deswegen soll das Zeitpendel nicht gleich in die gegenteilige Position ausschlagen. Wir Deutsche neigen dazu, Dinge gründlich zu tun; und deshalb besteht immer die Gefahr, daß wir das Kind mit dem Bade ausschütten. Ein Plädoyer für mehr Langsamkeit, mehr Nachdenken, mehr Gründlichkeit bei wichtigen politischen Entscheidungen ist noch lange kein Plädoyer für Schneckentempo. Die Welt verändert sich rasch, und wir dürfen nicht allzu lange auf abgesteckten Positionen verharren. Auch Nachdenken heißt Bewegen! Da wir nun einmal in einer Medienwelt leben, können wir unsere Uhren nicht an den Anfang der Sechziger Jahre zurückdrehen, als ich als Regierungsassessor im baden-württembergischen Innenministerium tätig war und die Ministerialverwaltung noch hart an ihrem Ruf arbeitete, langsam, aber gründlich zu arbeiten. Dieser Ruf war wohlbegründet. Kein Brief, kein Erlaß, kein Bericht verließ das Haus, den nicht mehrere Beamte geprüft und abgezeichnet hatten. Die Abteilungen und Referate verkehrten grundsätzlich schriftlich miteinander. Es war Ehrensache, ein Aktenstück, das zur Mitzeichnung übersandt wurde, nicht einfach zu billigen, sondern vielmehr Bedenken zu erheben, Hinweise und Anregungen zu geben, über die dann verhandelt und vom gemeinsamen Vorgesetzten entschieden wurde. In dieser Zeit hatte ein junger Beamter überhaupt keine Chance, daß ein von ihm entworfenes Schriftstück unverändert denjenigen erreichte, der es letztlich unterzeichnen sollte. Er betrachtete es schon als einen Erfolg, wenn wenigstens einige Sätze aus seinem Entwurf den Prüfungsprozeß überlebten. Das Verändern, Korrigieren und Bedenkenvortragen war zum Selbstzweck geworden. Es ging gelegentlich gar nicht mehr um Inhalte, es galt, bestimmte Formen des Denk- und Prüfungsprozesses einzuhalten. Ob dies sinnvoll war oder nicht, darum ging es nicht. Das hat der Verwaltung den Ruf eingetragen, sie neige zur Langsamkeit im Sinne von Unbeweglichkeit. Wer kennt nicht das Mikado-Gleichnis des Verwaltungsbeamten: Wer sich zuerst bewegt, hat verloren.

Ich gebe zu bedenken, daß die *Form*, in der Entscheidungsprozesse ablaufen, der *Stil* einer Behörde in diesem Falle, von großer Bedeutung sein kann. Das baden-württembergische Innenministerium jener Zeit mochte langsam sein. Aber zugleich stellte das Procedere auch sicher, daß es nicht zu Schnellschüssen kam und in jedem Fall viele Köpfe beteiligt wurden, die um endgültige Formulierungen zunächst einmal ringen mußten, über die dann immerhin eine Obrigkeit entschied. Vielleicht fehlt es heute an solchen Verfahrensweisen? Freilich darf ein solches Procedere nicht zum Selbstzweck werden.

Eines ist klar. Zielführend sind weder der medieninduzierte, »sinnlose« Schnellschuß noch der im Schneckentempo agierende, aber gründlich recherchierte Beitrag, dem der Medienauftritt versagt bleibt, weil das Problem nicht mehr virulent ist. Weder Schnelligkeit noch Langsamkeit haben einen Wert an sich. Wie schnell oder wie langsam jemand agieren muß, ist situationsbedingt. Gorbatschows berühmtes Diktum »Wer zu spät kommt, den bestraft das Leben« stellt nur eine Seite der Medaille dar. Wer zu früh kommt, den bestraft das Leben ebenfalls. Wenn die Schnelligkeit nämlich so groß wird, daß keine Zeit mehr dazu bleibt, zu prüfen, wohin es überhaupt geht, dann ist etwas faul. Die Devise »Bewegung ist Ziel genug« führt in die Sackgasse. Wenn sich die Politik diesem Leitsatz verschreibt, müssen wir danach immer mehr Aufwand darauf verwenden, uns mit den Folgen vorschnell getroffener Entscheidungen herumzuschlagen, was oft langwierige Prozesse erfordert. Unangemessene Schnelligkeit führt zu unangemessener Langsamkeit. In diesem Sinne plädiere ich für mehr Verständnis gegenüber politischen Äußerungen, die wenig präzise sind. Es ist allerdings wünschenswert, daß die Präzisierung in einem vertretbaren Zeitraum erfolgt.

Wer aber auch die zweite, dritte und vierte Chance verstreichen läßt, um die nötige Präzisierung vorzunehmen, braucht sich nicht zu wundern, wenn die Bürger ungehalten werden. Das Zeitschinden wird zum Prinzip, es kommt zu einer Erstarrung, und viele Bürger sehen sich in ihrer Überzeugung bestätigt, daß die Politik versucht, durch sinnloses Agieren in Wortarenen den wirklichen Problemen aus dem Wege zu gehen. Die Schutzwälle werden dann nicht mehr errichtet, um Zeit zu gewinnen für durchdachte Lösungen; sie sind nur noch Finten, hinter denen sich Untätigkeit versteckt. Ein Plädoyer für mehr Langsamkeit ist nicht zu verwechseln mit einem Plädoyer für Nichtstun und Stillstand. Es verhält sich damit wie mit der Passage des Odysseus hindurch zwischen Skylla und Charybdis: Es kommt darauf an, weder zu spät noch zu früh zu sein.

Die Würde des Menschen ist... zeitaufwendig

Eine politische Praxis, die Gründlichkeit und Seriosität möglich macht, indem sie mit Hilfe von Allgemeinheiten für eine Weile Zeit gewönne, könnte sich auf die Dauer wieder mehr Respekt verschaffen, wenn am Ende etwas Durchdachtes und Wesentliches gesagt wird. In jedem Falle würde ein Gewinn an Glaubwürdigkeit erzielt. Vielleicht kann man sogar so weit gehen zu behaupten, daß eine auf diese Weise erreichte Entschleunigung der Politik wieder ein gewisses Maß an Würde verleihen würde. Würde hat etwas mit Langsamkeit zu tun. Das ist bei jeder Ordensverleihung und bei jeder Trauerfeier zu beobachten. Von einem Trauerredner etwa, der mit hastigen Schritten herbeieilte, schnell sein Manuskript herunterspulte, dabei dauernd auf seine Uhr blickte und dann zum nächsten Termin enteilte, ginge keinerlei Würde aus. Ohne innere Ruhe, ohne konzentriertes Verweilen kann Würde nicht entstehen; man muß innehalten und zurückschauen. Mehr Langsamkeit in der Politik könnte die Politiker im besten Sinne des Wortes wieder zu *Würdenträgern* werden lassen. Wäre das nicht eine schöne Perspektive?

Wer zu schnell ist, den bestraft das Leben – Zur Produktivität unproduktiver Zeitformen

Karlheinz A. Geißler

Wieviel Uhr ist es? Die Antwort auf diese Frage gibt die Telekom – und das 215 Millionen mal im Jahr. So viele fragen nach der richtigen Zeit. Die Suche nach der Zeit, nach der gewonnenen ebenso, wie nach der verlorenen, das ist der Volkssport Nummer Eins in unserer Gesellschaft. Skurriler Aufwand eingeschlossen: Da rasieren sich Schwimmwettkämpfer die Augenbrauen und die Haare auf dem Kopf und am restlichen Körper, um einige Hundertstelsekunden zu sparen, da bietet uns die Bahn AG in ihren Intercity-Night-Zügen an, schneller schlafen zu können; und täglich vernichten wir einen Teil unserer gewachsenen städtischen Lebenskultur durch verkehrspolitische Beschleunigungsmaßnahmen. Jeder Tag hat 24 Stunden, 1440 Minuten, 86 400 Sekunden. Und alle Zeitmaximierer sehen das als Aufforderung, sich stetig darum zu kümmern, was man damit so alles machen kann. Und das Ergebnis allen Bemühens: Zwei Drittel aller Menschen in unserem Land klagen über Zeitnot, Streß und Hektik. Entsprechend vielfältig ist das quasi-therapeutische Angebot, das den Gehetzten verspricht, Zeit zu gewinnen, zumindest aber aus der vorhandenen Zeit, mehr machen zu können. In dieser Logik wird das Zeitmanagement zu einer modernen Form der Heilserwartung, der alle jene huldigen, die von der Furcht umhergetrieben werden, etwas zu verpassen. In der Tat, sie verpassen etwas, sich selbst nämlich. Dies nicht wegen zuwenig, sondern wegen zuviel Zeitmanagement.

Goethe, dessen Zeitwahrnehmung sich noch an der Geschwindigkeit der Postkutsche orientierte, hat für die Beschleunigung der Verkehrsmittel, der Kommunikationsmedien und des Lebensgefühls generell, die er am Ende seines Lebens staunend zur Kenntnis nahm, das Attribut »veloziferisch« erdacht. Es ist dies eine gelungene begriffliche Verknüpfung von dem lateinischen Wort für Schnelligkeit, »velocita« und dem Adjektiv »luziferisch«. Auf diese teuflisch schnellen Zeiten vor über 150 Jahren blicken wir heute mit der Sehnsucht jener, die das Leben etwas langsamer anzugehen wünschen. Mehr als je zuvor aber hat uns der Beschleunigungsteufel in seinen Fängen. »Die Schnellen«, so suggerieren uns Manager »fressen die Langsamen« und keiner hat mehr Zeit zu prüfen, ob ihnen das eigentlich bekommt. Da diese Schnellen immer und überall schnell sind, wird solch seltsamer unternehmerischer Kannibalismus notwendigerweise zum Durchfall führen: auch dies eine schnelle Art zu leben. Völlig die Bodenhaftigkeit verlieren aber jene Firmen, die sich zur High-Speed-Company erklären und ihre Mitarbeiter zu Hetzern und Gehetzten gleichermaßen machen. Die Schnelligkeit, mit der Unternehmensentscheidungen getroffen werden (müssen), provoziert Identitätsprobleme, der mit der aufwendigen Entwicklung von Unternehmenskulturen Einhalt geboten werden soll. Aber auch diese verschleißen immer rascher. Für gründliche Planung, für fruchtbares Nachdenken, für sensibles Auswerten dessen, was man erreicht hat, bleibt keine Zeit. Nervöses, hochtouriges Vibrieren zwischen unterschiedlichen Situationen und Zuständen kennzeichnet den betrieblichen Alltag. Führungskräfte erkennt man inzwischen daran, daß sie die hastige Flucht zum ziellosen »Vorne« angetreten haben; und sie unterscheiden sich dabei nur mehr darin, daß sie ihre Gehetztheit in unterschiedlicher Art und Weise präsentieren. In den Etagen einflußreicher Männer (Frauen sind dort kaum zu finden) spornt man sich dabei gerne mit einem tierischen Motto zu schnellen Entscheidungen an:

»Jeden Morgen wacht in Afrika eine Gazelle auf. Sie weiß, sie muß schneller laufen als der schnellste Löwe, um nicht gefressen zu werden.

Jeden Morgen wacht in Afrika ein Löwe auf. Er weiß, er muß schneller als die langsamste Gazelle sein, wenn er nicht verhungern will.
Es ist egal, ob man ein Löwe oder eine Gazelle ist: Wenn die Sonne aufgeht, mußt du rennen!«

Solche, quasi mit religiösem Gestus vorgetragenen, Orientierungserzählungen signalisieren, daß die Schnelligkeit unser höchstes Ziel ist. Wahrscheinlich deshalb, weil wir keine anderen mehr haben.

Es wäre nämlich fatal, wenn sich Lebewesen, also Manager, Gazellen und Löwen wirklich so verhielten, wie es diese moralgesättigte fabel-hafte Beschreibung afrikanischer Realität unterstellt. Ökologisch und ökonomisch wäre dies ein Desaster; weder die Tiere noch die Betriebe würden bei einem solchen Tempowahn überleben. Die Alternative, die das Überleben sichert, sieht anders aus:

»Jeden Morgen wacht in Afrika eine Gazelle auf. Sie weiß, daß sie nur dann den Tag überleben wird, wenn sie die Zeiten beachtet, zu denen die Löwen sich auf Nahrungssuche machen.
Jeden Morgen wacht in Afrika eine Löwin auf. Sie weiß, daß sie nur dann nicht verhungern wird, wenn sie die Zeiten beachtet, zu denen die Gazellen ihren Durst am Wasser stillen. Es ist egal, ob man eine Löwin oder eine Gazelle ist: Wenn die Sonne aufgeht, muß man etwas von den Zeiten anderer Lebewesen verstehen und sie beachten.«

Und dies gilt für das Leben in der afrikanischen Savanne genauso, wie für das in den mitteleuropäischen Betrieben.

Als oftmals fataler Fehler stellt sich mittel- und langfristig die Meinung heraus, in den Unternehmen, die erfolgreich sind, gäbe es nur eine einzig produktive Zeitform, nämlich die der Schnelligkeit, bzw. die der Beschleunigung.

Sieht man genauer hin und glaubt man nicht den kurzsichtigen und kurzfristigen Parolen des Speed-Managements, dann sind jene Unternehmen besonders erfolgreich, die es verstehen, die

Vielfältigkeit der unterschiedlichen Zeitmuster in den Betriebsabläufen produktiv zu machen.

Das bedeutet nicht, daß auf Schnelligkeit verzichtet werden müßte. Nein, sie ist notwendig, aber nicht weil Schnelligkeit generell und immer gut ist. Schnelligkeit ist eben nur dort im Sinne des Unternehmenszweckes »gut«, wo sie wertschöpfend ist. Und das ist sie nicht überall. Sie hat, dies wird vielfach übersehen, nämlich auch destruktive Potentiale. Durch Schnelligkeit wird vieles übersehen, vieles überrannt, vieles nicht gehört, nicht verstanden und auch nicht erfühlt, letztlich also nicht erlebt und nicht erfahren. Wer alles in seinem Betrieb beschleunigt, wird bald alleine sein und außerdem nicht sehr erfolgreich. »Rasen«, so plakatiert in diesen Tagen die Bayerische Verkehrswacht zusammen mit Mc Donalds (die ja nicht gerade als Verlangsamer bisher aufgefallen sind) an unseren Schnellstraßen »ist die schnellste Art ins Gras zu beißen«. Nicht nur Autofahrer, auch Führungskräfte in Unternehmen sollten sich dabei angesprochen fühlen.

Nehmen wir als Beispiel den Betrieb eines Hotels. Da gibt es Geschäftsabläufe, die man beschleunigen kann und die, wenn sie beschleunigt werden, auch mehr Gewinn versprechen. Da gibt es aber auch Bereiche, die bei mehr Beschleunigung kontraproduktive Effekte produzieren.

Gäste wollen z.B. an der Rezeption relativ schnell ihren Zimmerschlüssel erhalten, aber sie wollen am nächsten Morgen nicht unbedingt rasch ihre Zimmer räumen. Auch hält sich die Attraktion für jene, die ein gutes Menü zu würdigen verstehen, in Grenzen, wenn die wohlschmeckenden Gänge in Höchstgeschwindigkeit serviert werden.

Mit viel Ironie hat Groucho Marx den Beschleunigungswahn als neuer Hoteldirektor in seinem Film »A Night in Casablanca« auf's Korn genommen. Gefragt, was er denn in seiner neuen Position jetzt so alles ändern würde, antwortete er: »Mehr Tempo: Die vier-Minuten-Eier werden in drei Minuten gekocht, die drei-Minuten-Eier in zwei und wer ein zwei-Minuten-Ei verlangt, bekommt das Huhn.«

Ein Hotel benötigt, wenn es attraktiv sein soll, ebenso wie andere Unternehmen auch, Bereiche, in denen Pausen produktiv werden können, in denen das Warten zu einer angenehmen Erfahrung wird und in denen man die Eile mit der Weile fruchtbar kombinieren kann.

Anpassungsprozesse an die natürliche (und die soziale) Umgebung benötigen widerständiges Beharrungsvermögen, also eine aktive Form des Zeitlassens. Nur dann ist es auch wahrscheinlich, daß wir die Fehler, die wir machen und gemacht haben, wieder revidieren können. Und manches – dies gilt speziell auch fürs Arbeitsleben – hat nur dann eine Chance, sich selbst zu erledigen, wenn man es langsam angeht. Insofern ist die Langsamkeit auch ökonomisch sinnvoll.

Vielen Dingen, vielen Prozessen – insbesondere gilt dies für unsere Lebensmittel, aber nicht nur für diese – braucht man nichts weiter zuzusetzen als Zeit, Zeit, Zeit.

Wer schneller lebt ist ja nicht unbedingt eher da, aber mit ziemlicher Sicherheit eher fertig.

Wer arbeitet und mit dem erstellten Arbeitsprodukt Geld verdienen will, muß Zeit gewinnen. Wer liebt und die Liebe erleben will, muß Zeit verlieren.

Dies provoziert eine eminent wichtige Frage: Wie muß mit Zeit umgegangen werden, um die Liebe zur Arbeit zu erhalten und zu fördern?

Die Antwort: Man muß sowohl schnell, als auch langsam sein können. Man muß die Produktivität der Beschleunigung und die Entwicklungskräfte verlangsamter Zeitformen leben, ertragen und fördern können.

Dazu einige konkrete Hinweise. Es sind geahnte Möglichkeiten enthetzten Lebens und Arbeitens.

Langsamer ist oft besser.

Geschwindigkeit ist als ökonomische Produktivkraft weitgehend ausgereizt. Dagegen hat das Langsame noch unentdeckte produktive Potentiale. Haben Sie sich schon einmal überlegt, wie Sie die Vorzüge dieser Produktivkraft in Ihrer Tätigkeit entwikkeln können?

Warten lohnt sich.

Warten ist weit mehr als nur Handlungsverzicht und oft produktiver als purer Aktivismus. Um etwa den richtigen Zeitpunkt für die Markteinführung von Produkten zu finden, muß man warten können.

Pausen sind kreativ.

Machen Sie öfter eine Pause. Nur so können Sie beurteilen, was gelungen ist und was nicht. Pausieren Sie auch beim Übergang von einer Arbeit zur nächsten, und nehmen Sie sich Zeit, vom Alten Abschied zu nehmen. Nur so kann das Neue wirklich beginnen.

Jede Arbeit braucht ihre spezifischen Zeitmaße.

Wer rast, ist nur aufs Ziel fixiert. Wer sich Zeit läßt, hat auch den Weg – und potentiell kreative Umwege – vor Augen. Das Ziel ist entscheidend, aber der Weg und die Details zählen nicht minder, denn mancher Umweg ist der schnellste!

Beschleunigung braucht Stabilität.

Wer beschleunigt, braucht auch Stabilität zum Festhalten, um nicht ein Opfer der Fliehkraft zu werden. In Unternehmen kann nur dann problemlos beschleunigt werden, wenn anderswo entschleunigt und damit sichergestellt wird, daß genügend Stabilität im System erhalten bleibt.

Zeit ist nicht immer Geld.

Nicht alle Zeiten im Unternehmen lassen sich auf Heller und Pfennig berechnen. Der Wert eines persönlichen Gesprächs mit einem Mitarbeiter läßt sich – im Gegensatz zum mechanistischen Informationsaustausch – nicht in Geld ausdrücken. Wenn Sie irgendwo im Unternehmen Zeit einsparen, dann nutzen Sie diese nicht nur dafür, um anderswo noch mehr Zeit zu sparen. Vereinbaren Sie z.B. im Vorfeld von Beschleunigungsmaßnahmen mit den Mitarbeitern, wie die eingesparte Zeit verwendet wird. Sonst produzieren Sie allzuleicht Widerstand, und der frißt den erzielten Zeitgewinn schließlich wieder auf.

Verlieren Sie Anfang und Ende nicht aus den Augen.

Projekte beispielsweise werden häufig aufgestockt, umdefiniert und erweitert. Am Ende weiß keiner mehr, wann sie begonnen wurden und wann sie eigentlich zu Ende gehen sollen. Wer aber Anfang und Schluß nicht mehr überblickt, verliert zwangsläufig auch den wesentlichen Mittelpunkt aus den Augen. Mit deutlich fixierten Anfängen orientiert und motiviert man Teamarbeit; und mit klar markierten Abschlüssen macht man zuverlässige Erfolgseinschätzungen überhaupt erst möglich.

Im Rhythmus arbeitet sich's besser.

Im Arbeitsrhythmus – etwa dem Rhythmus von Arbeitszeit und Pause oder dem von Beschleunigung und Verlangsamung – drückt sich Arbeitskultur aus. Die Arbeitskraft von Teams entwickelt sich rhythmisch. Der heute herrschende Flexibilisierungsdruck macht die orientierende Kraft von Rhythmen notwendiger denn je. Nur wer rhythmisch lebt und arbeitet, kann problemlos flexibilisieren.

Kreativität braucht Frei-Zeit.

Geben Sie zeitliche Freiräume. Gerade das Vage, das Nicht-Festgelegte, das Offene ist häufig am produktivsten, weil es Neues hervorbringt. Dies gilt vor allem für jene Mitarbeiter und Abteilungen, die auf die Entfaltung von kreativen Potentialen angewiesen sind. Nur so sind Innovationen möglich.

Zeitmanagement kostet Zeit.

Wieviel Zeit verbringen Sie eigentlich mit der Organisation Ihrer Zeit? Zeitmanagement verschlingt paradoxerweise viel Zeit. Je weniger Sie über Zeit nachdenken, desto mehr Zeit haben Sie.

Merke: *Man kann das Zeitliche auch als Lebender bereits segnen!*
Enthetzt Euch!

Daß auch alle jene, die zuviel tun, vom Leben bestraft werden, dies zeigt der beobachtete Arbeitstag eines Managers:

Leben mit der Zeit – mit der Zeit leben

30. April

06.40 Aufschrecken durch Weckerklingeln.
07.00 Überprüfen der Uhrzeit durch Radioansage.
07.05 Einhalten des 3-Minuten-Zeittakts zur Zahnhygiene.
07.20 1 1/2 Minuten Tee ziehen lassen. Signal des elektrischen Eierkochers nicht ignorieren.
08.00 Wechselweise Ärgern über eigene Verspätung und die der öffentlichen Verkehrsmittel.
08.20 Bedienung des Zeit-Terminals im Büro.
08.30 Uhrenvergleich im Büro.
08.35 Sichten des Terminkalenders (timer-planers) für den Tag.
08.40 Rundruf zur Arbeitszeitbesprechung.
08.48 Beschwerde bei der Sekretärin wegen des unmenschlichen Zeitdrucks.
09.00 Sitzung zur Arbeitszeitkoordination.
09.30 Ende der Arbeitszeitbesprechung.
10.10 Anruf des Chefs, wegen dringender Sitzung um 11.00 Uhr.
10.15 Buchen eines Zeitmanagementseminars.
10.25 Kurzes Durchblättern der »Financial Times«.
10.45 Telefonat mit der Bank um das private Festgeld 6 Monate zu verlängern.
11.00 Sitzung beim Chef. Thema: Vor- und Nachteile der elektronischen Zeiterfassung.
11.47 Verabredung zum Arbeitsessen für 12.30 Uhr.
12.10 Korrektur der wegen Stromausfall fehlenden Zeitangabe im Faxgerät.
12.20 Genauigkeitskontrolle der Zeitangabe im Faxgerät durch Anruf bei der telefonischen Zeitansage.
12.25 Übereilter Aufbruch zum Arbeitsessen.
12.35 Entschuldigung für verspätetes Erscheinen beim Arbeitsessen.

12.50 Absprache mehrerer Termine für Projektsitzungen.
13.15 Blick auf die Uhr und plötzlicher Aufbruch zum Mitarbeitergespräch.
13.30 Mitarbeitergespräch – Entschuldigung, daß man nur 15 Minuten Zeit hat.
13.45 Anruf bei der Sekretärin wegen kurzfristiger Terminverschiebung mit Betriebsrat wegen Überstundenregelung.
13.50 Studium verschiedener Prospekte von Firmen, die Zeiterfassungsgeräte anbieten.
14.10 Anruf der Ehefrau, um zu erfahren, für wann sie das Abendessen richten soll.
14.20 Sekretärin fragt nach morgigem auswärtigen Termin und ob sie Platz im ICE »Schwabenpfeil« reservieren soll.
14.30 Hinweis an Sekretärin, ein Taxi für die Fahrt zum Bahnhof vorzubestellen.
14.40 Bitte an Sekretärin in Erfahrung zu bringen, wie lange die Sitzung am nächsten Tag dauern wird – evtl. Reservierung von zwei Plätzen im Flugzeug für Rückflug.
14.50 Suche des verlegten Zeitplaners.
15.00 Zeitplaner gefunden.
15.10 Erledigung der längst überfälligen Post.
16.30 Kurze Pause zum Verzehr eines (lila) Pausensnacks.
16.35 Bearbeitung einiger wichtiger Termingeschäfte.
18.15 Anruf bei der Zeitansage der Telecom.
18.30 Anruf der Ehefrau, daß man es heute doch nicht bis zum Abendessen schaffen wird, das Büro zu verlassen.
21.10 Anruf der Ehefrau: Wo bleibst Du denn?
21.11 Frage an sich selbst: Ja, wo bleib ich denn?

1. Mai

Zeit, diese Fragen zu beantworten.

Zum Weiterlesen:

Kh. A. Geißler: Zeit – verweile doch, du bist so schön. 4. Auflage, Weinheim/Berlin 1998.
Kh. A. Geißler: Zeit leben: Vom Hasten und Rasten, Arbeiten und Lernen. Leben und Sterben. 6. Auflage, Berlin/Weinheim 1997.

V. Zeithorizonte

Die Langsamkeit der Ewigkeit

Dieter Ronte

Das Museum als Ort des Ewigen

Das Kunstmuseum ist ein Ort, an dem Zeitprobleme mehr als evident werden. Der Künstler erstellt das Neue, welches neben dem schon Vorhandenen als dem Älteren seinen Platz sucht und behaupten will. Ständig streitet etwas Älteres mit etwas Neuerem um den vorhandenen Raum. Das Paradoxon der Museumswelt ist, daß sich diese sowohl als ein Anwalt der Künstler fühlt und nicht nur als ein Anwalt von sich selbst, als Institution, sondern auch der Kunst ganz allgemein. Das heißt, der Künstler hat sozusagen das Recht, in dem Museum ein Maximum an Ausdrucksmöglichkeiten zu entfalten – ein zeitlicher Vorgang, wenn das Museum bereit ist, ihn aufzunehmen.

Hier gelten aus der historischen Sicht bestimmte Voraussetzungen. Zum Beispiel sind die größten Sammlungen, die wir in der Bundesrepublik haben, republikanische, bürgerliche, aber keine residenzialen Sammlungen. Einzelne Personen deponierten ihre ästhetischen Vorstellungen oder gar Vorlieben auf ewig im Museum, zum Beispiel, um diese Artefakte zu erhalten und sie in der Zukunft anschaubar zu machen. Die wenigen residenzialen Sammlungen sind keine kolonialen Sammlungen, sondern wurden zum Teil richtig gekauft wie in Dresden, wo man dies ganz bewußt tat – um Vorbild zu sein und Repräsentanz, Geschmack usw. zu beweisen. Unter anderem galt es hier, einen Ort für immer, für das Überleben des eigenen Geschmacks zu finden. Die Praxis des Museums besteht aus dem Zeiten-Streit, der über das Thema Qualität geführt wird – nicht Aktualität, diese finden wir eher in Wechselausstellungen, die deshalb benutzerbetonter agieren als »ständige« Sammlungen.

Das Museum selbst ist andererseits etwas ganz Praktisches. Das Publikum geht nicht in das Museum, um eine Theorie vorzufinden oder sich theoretisch bestätigt zu finden, sondern weil es etwas ganz Praktisches sucht. Die Besucher suchen, wenn wir jetzt beim Kunstmuseum bleiben, schon das Andere, das Besondere, oder wie wir auch sagen, das Elitäre, etwas, das man im Alltag nicht hat. Es sei denn, wir würden ein Museum für ›low culture‹ machen, die dem zeitlichen Verschleiß zugeordnet ist. Es gab eine documenta, auf der man mit Harry Szeemann diese Konnotation auf Zeit versucht hat.

Das Museum hat – den Soziologen nach – eine sehr hohe Akzeptanz in der Bevölkerung, und man kommt dorthin, um das Andere, das Besondere, zu sehen, etwas, das aus dem Alltag abgehoben ist. Und das ist bei Kunst a priori gegeben, weil Kunst eben nicht zur Anwendung kommt. Kunst ist der letzte Bereich, in dem der Mensch etwas erstellen kann, das nicht für die unmittelbare Anwendung gedacht ist. Dadurch gewinnt sie eine moderne Zeitlosigkeit.

Das war in der Tat früher anders, zum Beispiel im Mittelalter, als die Objekte alle einen rituellen Charakter hatten. Da wurden sie genau für eine bestimmte Anwendung erstellt. Die Kunstwerke dienten der Anbetung der Ewigkeit und ihren religiösen Werten, solange dies als sinnvoll erkannt wurde. So hat der religiöse Wandel viele dieser Kunstwerke zerstört, ebenso wie totalitäre Regime Kunstwerke in ihrer physischen Existenz aus Angst vor ihrer »Wahrheit« zerstört haben. Wenn nun ein Dürer-Altar oder ein Lochner-Altar in das Museum kommt, dann ist er nicht mehr für die Anwendung da, sondern wird ganz anders betrachtet. Das heißt, im Laufe der Zeit verschiebt sich auch der Zugang zu den Dingen, die sich anders und neu entfalten.

Es gibt also Lebenszyklen und Zeitzyklen, in denen Kunst besonders wichtig oder weniger wichtig ist. Doch mit der Renaissance, mit der wir die Neuzeit beginnen lassen, können wir feststellen, daß ganz gezielt Kunst gesammelt worden ist. Sie verkörpert die Idee als Ausdruck menschlichen Geistes und seiner Wirkungen. Raphael spricht von der »prima idea«, der »certa idea«, von der Idee, die ein Mensch hat oder gewinnt, mit der er zeigen kann, daß er in der Lage ist, der Schöpfung Gottes etwas entgegenzustellen: der Künstler als »alter deus«, als der andere Gott, der Künstler als Schöpfer. Der Künstler ist in der Lage, als ein besonderer Mensch etwas zu erstellen, das man sonst nicht hat. Das kann jetzt in Konkurrenz zur Umwelt, zur Außenwelt, zur Realität stehen, das kann aber auch die sogenannte innere Vision sein, wie Novalis es genannt hat. Das heißt, er ist in der Lage, etwas zu fertigen, das Erlebnisse, aber auch kognitive Erkenntnis vermitteln kann – also überzeitliche Wahrheiten. Deshalb haben wir eigentlich Museen, und so sind sie heute auch eingerichtet. Sie sind nicht nur weiße Wände, sondern Orte. Es gibt keinen Ort, an dem man ein Kunstwerk als Ideenträger so verorten kann wie im Museum. Die Phase, in der wir versuchten, ohne Wände auszukommen, zum Beispiel die Maschine des Centre Georges Pompidou in Paris, ist längst vorbei. Das Museum ist viel konservativer, als wir immer gedacht haben. Nicht nur, weil das Museum von den Objekten abhängig ist, von der Materialität der Gegenstände, die konserviert werden müssen, sondern weil darin neue Ideen verankert sind. Kein Museum und auch kein Kunstmuseum sammelt ein Kunstwerk, nur um 50 Gramm Farbe auf 150 Gramm Leinwand zu besitzen. Es sammelt diese Gegenstände wegen der Ideen, die mit dieser Leinwand und den Farben transportiert werden. Diese bestimmen das Erlebnis oder auch die Erkenntnis, die das Publikum sucht, wenn es in die Museen kommt.

Es ist kein Zufall, daß das Lehnbachhaus in München zur Zeit alle Wände farbig hat, um von dem weißen Museum wegzukommen, und damit ins 19. Jahrhundert zurückkehrt, also in der Präsentation auf Lehnbach zurückgeht, da dort die Sinnlichkeit eine Rolle spielte. Sinnlichkeit auch deshalb, weil im Museum Zeiterfahrungen gemacht werden, die woanders nicht gemacht werden können – und zwar gerade die Zeiterfahrung der Langsamkeit. Das Museum ist nicht der Ort der schnellen Information – der kinematographische Blick hilft im Museum nicht –, sondern ist der Ort, wo der Blick langsam werden muß.

Die Ersteinrichtung des Centre Georges Pompidou war ein völlig freies Stellwandsystem, das fast wie ein Ambulatorium ohne Richtung aufgebaut war. Die Räume waren hinter- und nebeneinander gegliedert. Das System konnte man durchbrechen, indem man einen Raum »1900« machte; dann machte man einen Raum »1901«, dann einen Raum »1902«, dann einen Raum »1903« usw. (Das ist überspitzt formuliert.) Picasso kam über 50 Räume sozusagen ideell vor, weil er so lange gemalt hat. Man konnte mit der Stoppuhr feststellen, daß das Publikum hineinging, sich in dem ersten Raum ungefähr drei Minuten aufhielt, im zweiten Raum zwei Minuten und im dritten Raum eine Minute. Das heißt, das Publikum akzelerierte die Betrachtungsvorgänge, es erhöhte seine Geschwindigkeit, vielleicht um schneller in das Caféhaus zu gelangen.

Wenn Sie heute in das Centre Pompidou gehen, haben Sie eine völlig andere Ordnung. Gea Aulenti hat eine völlig neue Innenarchitektur konzipiert: Wände, die von unten bis nach oben gehen, also wirkliche Orte, in denen man etwas präsentiert. Da hat man einen Raum Picasso, dann hat man noch einen Raum Picasso, dann einen Raum Kubismus, dann kommt ein Raum mit Braque, ein Raum mit Juan Gris, ein Raum mit Matisse. Die Betrachter werden beim Gehen immer langsamer – sie beschleunigen nicht mehr. Das ist genau das, was das Museum an Zeitabläufen bieten kann: Langsamkeit. Jedes gute Museum wird versuchen, diese Langsamkeit aufzubauen.

Langsamkeit erreicht man heute nicht mehr durch Vollständigkeit, sondern genau durch das Gegenteil, durch die Selektion. Nur wenn ich reduziere, kann ich das Publikum verlangsamen. In dem Moment, wo ich alles versuche, wie zum Beispiel das Museum Ludwig in Köln, wo das Museum einen Vollständigkeitsanspruch zu erfüllen sucht, treibe ich die Geschwindigkeit hinein.

Meines Erachtens gilt dieses für alle Museen, speziell für das Kunstmuseum. Die Enzyklopädie ist ein falsches Prinzip. Wenn wir die Frage nach Langsamkeit stellen, dann ist das Museum der Ort, wo man par excellence ein neues Verhältnis zur Zeit gewinnen kann. Denn im Prinzip ist alles, was das Kunstmuseum ausstellt, auf Langsamkeit hin ausgerichtet. Das ist nicht nur eine Frage von Vergangenheit, Gegenwart oder Zukunft, sondern von Verständnis. Die Lesbarkeit in einem Museum ist langsam, und das ist das Problem von ›high culture‹, nicht von ›low culture‹, obwohl das laufend wechselte, denn auch high culture kann als eine primäre Erfindung im Bereich der sekundären Visionalisierung, zum Beispiel durch Werbung, im Sinne von low culture eine Breitenwirkung haben. Deswegen geht man aber nicht ins Museum. Hierhin »pilgert« man, um exakt diesen banaleren Informationen zu entfliehen. Und man weiß eigentlich, daß man sich mit den Dingen auseinandersetzen muß, daß man die Sprache der Kunstwerke lernen muß und daß dieser Prozeß ein langsamer ist.

Die Individualität der Zeiteinteilung

Soziologische Untersuchungen vergleichen den Museumsbesuch gerne mit dem Begriff »window-shopping«. Reinhard Treinen hat das für den Bericht über die Notlage der Museen in der Bundesrepublik für die DFG 1984[1] gemacht. Man geht also ins Museum, schaut sich die Bilderwand an und bleibt bei einigen Bildern »hängen«, so, wie man bei einem Schaufensterbesuch bei Karstadt sagt: »Die Hose könnte ich mir eigentlich in der nächsten Woche kaufen.« Dann schaut man sie sich etwas länger an, merkt sich den Preis und dann geht man weiter.

Doch im Museum stellen sich die Fragen komplizierter. Das Publikum weiß, daß es hier anders gefordert wird, wenn das Museum gut aufgebaut ist. Denn jetzt geht es nicht nur um theoretische Erkenntnisse, sondern sehr wohl um Erlebnisse. Viele Kunstwerke, die wir in den Museen zeigen, verlangen ja einen zeitlichen Ablauf, der allerdings in der Verantwortung des Sehenden liegt. Nicht so im Theater, nicht in der Musik: Da gehen Sie hinein und der Dirigent sagt: »Nach zweieinhalb Stunden kommst Du wieder heraus«. Der Regisseur sagt: »Wilhelm Tell spielen wir heute viereinhalb Stunden«. Das steht auch im Programm: »11.30 Uhr – Ende«, damit weiß man dann Bescheid, wenn nicht – wie in Salzburg – die örtliche Gastronomie protestiert. Dort muß man früher anfangen, da die Leute ja um 22 oder 23 Uhr noch zu Abend essen müssen. Dort gelten dann durch rein ökonomische Zwänge andere Zeitabläufe.

Im Prinzip gibt es keinen Ort, an dem man in der kulturellen Auseinandersetzung so frei in seinen Zeitabläufen und auch so selbstbestimmend ist wie der Betrachter vor dem Bild. Das allerdings ist kein Museumsspezifikum, sondern ein Bildspezifikum. Denn die freie Zeitbestimmung hat der Betrachter auch in der Privatsammlung. Die beste Auseinandersetzung mit einem Bild findet zu Hause statt, wo ich nicht gezwungen bin, meine Zeitoptionen auf einmal zu konsumieren, sondern wo ich meine Zeitabläufe über ein ganzes Leben verteilen kann, und dann na-

1 Vgl. Treinen, H. (1974), Museum und Öffentlichkeit, in: Auer, H., u.a. (Hrsg.), Denkschrift Museen. Zur Lage der Museen in der Bundesrepublik Deutschland und Berlin (West), Boppard 1974, S. 21–38.

türlich einen ganz anderen Erfahrungswert und auch einen viel intensiveren Dialog mit diesem Bild habe.

Im Museum versucht man oft, diese Erfahrungswerte mit dem Bild dadurch zu verkürzen, daß man einen Spezialisten hinstellt, der einem etwas erzählt oder Introduktionsräume aufbaut und Kataloge verteilt. Das heißt, daß wir – wie auch bei technischen Systemen – mit vielen Informationen arbeiten. Doch der Zeitverlust des Lesens ist groß, entweder lese ich oder ich betrachte das Bild. Also versuche ich, mit simultanen Informationen zu operieren. Das wären dann die Induktionsschleifen, die Telefonhörer, die Kassettenführung, bei der sich das Pärchen gleichzeitig nach rechts oder links bewegt, weil die Information gerade sagt: »Jetzt auf das rechte Bild schauen ...«. Wir versuchen, Zeit zu gewinnen, was nicht unbedingt der Auseinandersetzung mit einem Kunstwerk dient. Das kann genau so gut verflachen, da auch diese Zeitvorgaben zu kurz und nicht individualisiert sind. Diese Informationsvorgaben müssen so allgemein gehalten werden, daß sie jeder versteht. Dies geschieht am besten auf dem Niveau eines Volksschulabschlusses, weil ich damit die gesamte Gesellschaft erreiche. Das heißt, eine differenziertere Betrachtung, die auch ein individuelles Bedürfnis sein kann, sich mit dem einen mehr, mit dem anderen weniger zu beschäftigen, ist nicht mehr möglich. Das Museum muß aber diesen offenen Raum bieten, diese offene Form, in der ein jeder eigentlich selbstverantwortlich agieren kann.

Die Zeitabläufe in den Museen haben mit Gegenwart und Vergangenheit zu tun. Man kann es ganz einfach sagen – ein Museum kann nur das aufstellen, was schon gemacht ist. Was schon gemacht ist, ist Teil der Vergangenheit. Es wäre aber falsch zu sagen, daß Museen deshalb keine Gegenwart haben, weil die gesamte Präsentation in einem Museum immer aus der heutigen Fragestellung heraus geschieht. Das heißt, wenn ich ein Museum einrichte, manipuliere ich die Zusammenhänge als Wissenschaftler, weil ich bestimme, welches Bild geht, welches kommt, welche Zusammenhänge ich eigentlich aufschlüsseln will. Aber diese Betrachtungsweise ist immer aus dem heutigen Zeitpunkt heraus zu verstehen, da Museen sonst statische Einrichtungen wären. Diese gibt es, zum Beispiel die vatikanischen Museen in Rom. Sie können sich im Vatikan auf einen Stein stellen, den Laokoon anschauen und sagen, hier hat Goethe schon erschüttert gestanden und geweint. Sie können sozusagen auch diesen Rezeptionsprozeß 200 Jahre später noch einmal nachvollziehen, weil sich an der örtlichen, lichtmäßigen Situation nichts geändert hat.

Das normale Kunstmuseum arbeitet in einem Rotationsverfahren, in einem Befragungssystem, das unmittelbar von der Gegenwart ausgeht, mit den Dingen der Vergangenheit. Es ist das Museum, in dem neue Erkenntnisse unglaublich schnell transportiert werden können. Ich gebe ein negatives Beispiel. Es gibt ein Bild, das in der deutschen Geistesgeschichte 150 Jahre lang bis in die Politik eines germanischen Selbstverständnisses hinein von ganz großer Wirkung war. Ein Bild, das 200 Jahre unbekannt war, das aber bereits in der Zeit, als es gemalt wurde, gerühmt wurde. Später gelangte es in die Berliner Sammlungen. Es heißt »Mann mit dem Goldhelm« und wurde Rembrandt zugeschrieben. Unsere Genievorstellungen sind immer an den einzelnen gebunden, nie an eine kollektive Leistung, was falsch ist, weil die meisten Bilder von Schülern und Lehrlingen und nicht vom Meister selbst gemalt worden sind, wie bei Rubens zum Beispiel. In dem Moment aber, in dem ein Chemiker kommt, also ein Fachfremder, und sagt: »Hier sind andere Pigmente verwendet worden, als sie Rembrandt bei den signierten Bildern selbst verwendet hat«, fällt dieses Bild aus dem Oeuvre von Rembrandt heraus und kein Mensch schaut sich dieses Bild mehr an. Ökonomisch hat es einen Wertverfall von 20 Millionen auf 20 Tausend Deutsche Mark erlitten. Es ist materiell aber gleich geblieben, das heißt, es ist die gleiche Quantität von Farbe auf Leinwand, aber die Wirkung dieses Bildes ist auf ein Minimum reduziert, obwohl sich das Bild nicht verändert hat. Das heißt, es gibt sehr wohl Dinge, die von Bildern ausgehen, die nicht unmittelbar ablesbar sind, sondern im Dialog im Zeitverständnis mit den Bildern aufgebaut werden und die von ungeheuerer Wichtigkeit für das Verständnis von Vergangenheit und natürlich auch von Gegenwart sind.

Gute Kunst ist langsam

Eine These zum Beispiel lautet: Fälschungen können zeitlich nicht mitwachsen. Wenn ich einen Vermeer in den zwanziger Jahren kopiert, imitiert und gefälscht habe, indem ich ihn aus vielen Bildern zusammensetzte, so sind diese Fälschungen nicht mehr in der Lage, auf die Vermeer-Forschungsfragen zwanzig Jahre später zu antworten. Das originale Bild kann sich weiterentwikkeln, denn es trägt Kapazitäten und Quantitäten, Optionen in sich, die erst in der Zukunft relevant werden. Die wahre Kunst ist ewigkeitsresistent. Ich kann heute die »Nachtwache« von Rembrandt nicht mehr mit denselben Augen wie der Bürgermeister von Amsterdam damals sehen, denn dann würde ich sie zum Beispiel nicht am Rande abschneiden, damit sie in das Rathaus paßt, was ja passiert ist. Meine Fragestellungen, die das Bild beantworten kann, sind heute völlig andere, so daß der Umgang mit dem Vergangenen zugleich auch eine Option in die Zukunft ist. Und das genau kann bildende Kunst oder Kultur erreichen, das können Bilder.

Die klassische Avantgarde-Theorie besagt, ein gutes Bild kann nicht gut sein, wenn es sofort verstanden wird. Das ist die klassische These, mit der der amerikanische abstrakte Expressionismus groß geworden ist. Das heißt, das Bild muß die Chance bekommen, sich mit der Zeit zu entwickeln. Es muß eine Sprachlichkeit entwickeln. Andere müssen helfen, eine Grammatik zu entwickeln, die heute von den meisten Künstlern selbst mitentwickelt wird, weil die Gesellschaft so sprachlos geworden ist – die Theoriebindung und die Erklärungsbedürftigkeit der bildenden Kunst.[2] Das Kunstwerk braucht Zeit, um volle Wirkungen zu erzielen. In die Ewigkeit entfaltet man sich nur langsam.

Dazu braucht es nicht das Museum. Das kann eine Privatgalerie sein, das kann ein kleiner Kreis sein, das kann ein Sammlerzyklus sein, das kann im Atelier des Künstlers selbst sein. Die Frage ist nur, ob es öffentlich, privat oder halb-öffentlich sein soll. Aber für das Kunstwerk an sich und für seine Aussagefähigkeit ist das egal. Deswegen braucht auch das Kunstwerk das Museum nicht. Die Gesellschaft braucht das Museum, weil es Orte ausweist, in denen man sich damit auseinandersetzt. Allerdings sucht der Ewigkeitsanspruch der Kunst die öffentliche Zustimmung.

Kunst ist immer zugleich die Auseinandersetzung mit der Vergangenheit. Es ist fast paradox, daß die Kunst der Neuzeit dadurch entstanden ist, daß sie sich auf die alte Kunst beruft. Die Renaissance hat ja nicht nur die Steinbrüche der römischen Altertümer erfunden, sondern auch die großen Sammlungen aufgebaut. Ohne den Torso von Belvedere, ohne diesen griechischen Ringer, wäre die gesamte europäische Kunstgeschichte von Michelangelo über Raphael anders verlaufen, wenn man die Skulptur nicht gefunden hätte und als altes Stück in die Gegenwart integriert hätte, um daraus die zukünftigen Dinge zu entwikkeln. Damit transportiert sich aber auch bis in die heutige Zeit das Problem der Ewigkeit als Überlebensfähigkeit.

2 Vgl. Bonus, H./Ronte, D. (1992), Transaktionen, Konventionen, Kunst, in: Tietzel, M. (Hrsg.), Homo Oeconomicus IX (2), München 1992, S. 195–227.

Marcel Duchamp: The Fountain, 1917, Sammlung Arturo Schwarz, Mailand

Diese These versteht sich gut mit der Suche nach dem Ewigen, dem Sakralen. Aber es gibt natürlich auch in unserem Jahrhundert das, was man den aristokratischen Geschmack nennt, weil die Auftraggeber fehlen, Vorverständnisse nicht mehr aufgebaut werden und weil die Kirche oder der Adel als Partner der Künste ausgefallen sind. Das Museum als die Kathedrale des Bürgertums, die Verantwortung des einzelnen, die Subjektivierung des Kunstwerkes durch den Künstler hat natürlich auch dazu geführt, daß sich sehr viele Künstler gegen das Museum wenden, indem sie eine Kunst machen, die sozusagen auf Zerstörung hin ausgerichtet ist. Diese Werte sind nicht zu konservieren. In einem Vortrag 1989 auf einem Restauratoren-Kongreß in Wuppertal zu dem Thema »Wie restauriert man Brotwürmer?« habe ich darauf hingewiesen, daß man zum Beispiel ein Spoerri-Objekt oder auch eine Arbeit von Dieter Rot alle zwei Jahre vergasen muß, um die Brotwürmer zu vernichten, die sich ganz automatisch aus Bakterienkulturen bilden. Diese sind intentionell in den Kunstwerken angelegt. Der Künstler wollte, daß es sich vernichtet. Tinguely erfand Skulpturen, die nach einem gewissen Gebrauch explodierten, damit sie kaputtgehen. Es gibt Künstler, die gehen aus dem Museum hinaus in die Landschaft, damit nicht musealisiert werden kann. Wenn Christo den Reichstag verpacken will, dann ist das eine Aktion von 14 Tagen. Diese Investitur ist ein regelrechtes Bekleidungsproblem, theologisch gesehen, aber eben nicht auf Ewigkeit hin konzipiert, sondern nur für 14 Tage.

Für viele Künstler ist das ein ganz wichtiger Aspekt, nicht mit der Ewigkeit verglichen zu werden. Wir kennen zum Beispiel im Wiener Aktionismus Künstler, die sich um die Realzeit kümmern, wie zum Beispiel Hermann Nitsch mit seinen »Aktionen zum Mysterien-Orgien-Theater«. Er versucht eine Visualisierung, die sich dem Museum entzieht.

Viele Künstler mißtrauen den Museen ebenso stark wie Privatsammler. Sie fangen an, sich ihre eigenen Museen zu bauen wie Thorwaldsen und D'Anunzio. Es gibt eine ganze Reihe von diesen Gesamtkunstwerkversuchen. Aber auch heute wieder zum Beispiel Walther Pichler oder Hermann Nitsch in Österreich, dort, wo eine verstaatlichte Kunstordnung immer noch virulent ist. Diese hat es so in der Bundesrepublik gar nicht gegeben. Mit der Kulturhoheit der Länder und den Städten als Unterhaltsträgern ist alles so ausdifferenziert und kleinteilig, während in Österreich immer noch zentral gehandelt wird. Dort haben wir eine große Schar von Künstlern, die sich eigene Museen bauen, das heißt, sie privatisieren. Pichler baut für jede Skulptur ein Haus. Und jeder weiß, wenn er stirbt, muß das Burgenland das Ensemble übernehmen. Das Kunstwerk ist an seine physische Existenz gebunden. Wenn es vernichtet wird, ist es ein geistiger Verlust für die Gesellschaft, nicht primär ein materieller.

Seit Jahrhunderten leben wir im Bewußtsein mit Bildern, die wir nicht kennen. Die ganze griechische Malerei kennen wir nicht. Wir wissen genau, was auf den Schildern aufgemalt ist. Es ist schriftlich überliefert, ohne daß wir es materiell kennen. Wenn wir den Laokoon von Lessing lesen, erfahren wir von diesen Referenzen auf Bildern, die man nie gesehen hat, so also, ob schon ungemalte Bilder vorweggenommen worden sind. So gibt es aber doch Qualitäten, die eben über das Materielle hinausgehen.

Wie sinnlich ein Museum sein kann, kann man in Hombroich bei Neuss sehen, wo ein Privatmann für seine reine Privatsammlung Häuser erbaut hat. Er spricht von einer Insel der Gnosis. Man braucht sehr viel Zeit, wenn man hingeht. Man muß 25,–DM Eintritt bezahlen, dann geht man in einen Park, in dem es Pavillons gibt, die Erwin Heerich aus Klinkern gebaut hat. Die Leute wagen gar nicht hineinzugehen, weil dort nur eine einfache Holztür ist, die keinen architektonischen Eingang definiert. Ich habe mal eine Gruppe beobachtet, die dreimal um einen Pavillon herumgegangen ist, bis ich gesagt habe: »Machen Sie doch mal die Tür auf.« Drinnen findet man Sammlungen von Khmerskulpturen, Graubner, Heerich, Arp, die alle ohne irgendeine Beschriftung sind, weil der Sammler und die Künstler, die das Bild betreuen – das ist die Installation der Künstler für Fremde –, der Meinung sind, daß es überhaupt nicht darauf ankommt, wer etwas gemacht hat. Dann gehen sie in den nächsten Pavillon, trinken Kaffee und essen Kuchen, und dann gehen sie weiter, da ist wieder Natur usw. Und am Ende des Rundgangs liegt ein Restaurant, da können sie essen, alles ist schon mitbezahlt. Dort erfährt man Kunst zum Beispiel auf ganz andere Art und Weise, weil sie nur noch über die Erfahrungen transportiert wird, das heißt, es geht fast alles über Emotionen. Alle vergleichbaren oder alle möglichen Konnotationen funktionieren nicht mehr, weil eine Unsicherheit entsteht, da nichts beschriftet ist – weil die schnelle Information fehlt.

Das klassische Museum allerdings hat auch die Aufgabe der Aufklärung, das heißt, es möchte Dinge klarstellen. Es darf aber den Erlebnisbereich nicht verlassen. Ich gebe ein Beispiel, an dem man das ganz gut aufzeigen kann. Wenn ich einen Dürer-Altar nehme und den im Wallraf-Richartz-Museum ausstelle, dann kann es sein, daß ein Kardinal kommt, der darin das rituelle Objekt sieht und eigentlich beten möchte. Der Ritus hat einen ganz bestimmten Ablauf. Da wäre sozusagen die theologische Funktion angesprochen. Jetzt kommt ein anderer, der hat Raum- und Formprobleme, und versucht, dort zu erfahren, wie Dürer mit den ersten perspektivischen Kenntnissen, die er in Italien mitbekommen hat, ein Bild verräumlicht. Dann kommt ein Botaniker und sagt: »Das ist ja toll, welche Pflanzen die alle noch hatten.« Dann kommt ein Philosoph, der über das neue Menschenbild redet und sagt, daß Dürer jemand ist, der den Menschenleib studiert, der wie Leonardo seziert hat, der nicht mehr die Figur im Gewand versteckt, sondern ein neues irdisches Menschenbild präsentiert. Das heißt, von 100 Besuchern habe ich 100 verschiedene Möglichkeiten des Betrachtens und der Ansprache dieses Bildes. Das alles muß die Präsentation auch gewährleisten, sonst ist sie falsch. Das heißt, in dem Moment, in dem die Präsentation so manipuliert wird, daß das Kunstwerk eingeschränkt wird, sollte man es so im Museum nicht präsentieren. Es muß geöffnet bleiben. Gute Kunstmuseen tun das – allerdings auch unter dem Verzicht von Zurschaustellung von vielen Zusammenhängen. Das heißt, sie vermeiden zum Beispiel Crash-Kurse der Ästhetik, was eine Präsentation durchaus als Ereignis der Verlebendigung bringen könnte.

Wenn ich ein abstraktes Bild nehme und daneben ein ganz realistisches Bild hänge, habe ich einen anderen Dialog, als wenn ich daneben noch ein abstraktes Bild hänge. Diese Überlegungen aus der Museumspraxis zeigen auf, wie Zeitläufe im Museum stattfinden und beeinflußt werden können. Tatsächlich ist es so, daß die Langsamkeit des Sehens im Museum wieder gelernt werden kann. Das ist kein rein ästhetischer Vorgang, sondern ein gesellschaftlicher Vorgang.[3] Es gibt viele Bilder, die einen langen Auseinandersetzungsprozeß brauchen. Im Sprengel-Museum Hannover gibt es vier Installationen von James Turell – Lichträume. Er selbst sagt: »Ich bin gar kein Künstler, ich bin ein Techniker, ein Physiker, der Lichträume erstellt.« Die magische Wirkung, die davon ausgeht, ist eine kulturelle Konnotation, die in der Gegenwart der Betrachtung der Nutzung dieser Räume funktioniert. Wer in die Räume hereingeht, stolpert wie blind hinein. Er muß architektonisch geführt werden. Er sieht in dem dunklen Raum zum Beispiel fast 10 Minuten lang gar nichts. Ganz langsam erst merkt er dann, daß da vorne etwas zu sehen ist, so

3 Professor Michael BOCKEMÜHL von der Universität Witten/Herdecke beschäftigt sich intensiv damit. Er ist nicht zufälligerweise Anthroposoph. Er unterrichtet seine Studenten zum Beispiel in Seminaren oder geht in Museen, wo sie dann vier, fünf, sechs oder auch sieben Stunden vor einem Bild sitzen, also Langsamkeit im Umgang mit dem Bild erproben, ohne zu diskutieren.

etwas Rötliches, Abstraktes. Dann aber ereignen sich beim Betrachter unglaubliche Vorgänge, wenn er länger verweilt, weil er seine eigenen inneren Bilder auf diese Wände projiziert, die allerdings schon eine Projektion haben. Und diese Projektion ist ganz stabil, weil sie einfach durch eine Lampe bewirkt wird, da verändert sich überhaupt nichts. Der Betrachter hat allerdings immer das Gefühl, daß die Situation sich verändert, daß er an einem Prozeß teilnimmt, der in Wirklichkeit aber von ihm ausgeht und nicht vom Bild.

Ein berühmtes Objekt von Marcel Duchamp ist die Fontäne, The Fountain (vgl. S. 249); ein objet trouvé, ein gefundenes Objekt, oder ein ready made, ein vorgefertigtes Objekt, das im Prozeß des Künstlers zum Kunstwerk gemacht wird, zeigt gegenteilige Phänomene auf. Aber es ist nie für ein Museum gemacht, es ist für eine Ausstellung erdacht worden. Doch im Laufe der Zeit wurde es musealisiert. Der Anstoß dieser Objekte liegt darin, daß man das Urinoir nicht benutzen kann und daß man es anders diskutieren muß. Es ist aus seiner Funktionsfähigkeit und damit schnellen Erfaßbarkeit herausgenommen worden. Das Objekt zum schnellen Geschäft wird ein Gegenstand des langsamen Betrachtens. Nicht alle Orte bieten sich zur Präsentation und Betrachtung an. Denn wenn ich z.B. das Urinoir auf die Straße lege, kommt die Müllabfuhr und räumt es weg. Im Museum aber kann es eine spezifische Aussage bekommen.

Als ein Museumsmann auf der Suche nach Vollständigkeit versuchte, einen »Duchamp« zu kaufen, den es nicht auf dem Markt gab, schrieb Duchamp zurück, seiner Meinung nach bekäme man den Gegenstand noch in dem und dem Kaufhaus. Das heißt, das Objekt wird seit 60 Jahren unverändert hergestellt. Es kommt also gar nicht darauf an, daß es signiert ist, sondern nur, daß in dem Kunst-Kontext Duchamp wieder ausgestellt wird.

Eine andere Arbeit wie das Erdtelefon von Joseph Beuys im Kunstmuseum Bonn zeigt ein Telefon, das angeschlossen ist, das aber niemand benutzen darf (vgl. S. 273). Da wirken die Restriktionen des Museums in der Angst vor Beschädigung. Das Paradoxon des Museums ist, daß wir hohe Werte allen zugänglich machen sollen. Nach gesellschaftlichem Verständnis sind alle hohen Werte tief im Keller in einem Safe eingeschlossen und dem zeitlichen Zugriff, ehrlich oder kriminell, möglichst entzogen. Wenn die Beuys-Arbeit allerdings nur 20 DM wert wäre, dann wäre es auch völlig egal, ob sie kaputt geht, man würde sie soweit wie möglich wiederholen. Wenn sie aber eine Million DM wert ist, das wäre etwa der Marktwert heute, dann gehört sie konserviert, dann kommt ein anderes Zeitverständnis in das Kunstwerk hinein. Die Teuerung erzwingt ein längeres Leben. Der exorbitante Marktwert führt zur Ewigkeit. Dieser Prozeß allerdings verläuft langsam. Beuys versucht, mit seinen Formen Technik gegen einfache Formen zu setzen. »Erdtelefon« ist ein Erdklumpen mit Stroh auf einer Steinplatte als primitiv-hochtechnisches Kommunikationssystem, das nicht nur auf rationale Logik setzt. Ein Stilleben von Daniel Spoerri zeigt eine kompakte Zeitgruppierung, Hahns Abendmahl. In den Brotkörben sind Weißbrote, die noch original sind, aber die immer wieder von den Käfern angefallen werden, so daß sie restauriert werden müssen. Das Artefakt hängt in Wien im Museum moderner Kunst Stiftung Ludwig und ist dadurch entstanden, daß der Künstler den Restaurator und Freund Hahn und seine Familie um einen Tisch gruppiert hat. Sie haben gegessen, dabei verändert sich das Environment laufend. Beim Essen bewegt sich alles, immer entstehen neue Skulpturen. Am Ende des Essens wurde das alles fixiert, das Bild kam in die Falle, weil aus der Tafel, indem sie um 90 Grad gedreht wurde, ein Tafelbild wurde. Ganz unterschiedliche Zeitbezüge können hergestellt werden, die eigentlich fast jeder automatisch konstatiert. Die Kunstfrage stellt sich nur dadurch, daß es nicht gemalt ist. Wenn ich aber neben ein realistisches Bild mit augentäuschenden Effekten (trompe l'oeuil) dieses Hahn-Bild stellen würde, also ein Eßbild, würde dieses Bild schon wieder anders erklärt werden.

Die Zeitfragen der Kunst

Im Kontext der Moderne hat letzteres genau diese Schockwirkung eigentlich noch bis heute. Georges Mathieu zum Beispiel hat gefordert, daß die Geschwindigkeit in der Kunstproduktion eine große Rolle spielt. Also alles, was langsam erdacht wird, alles, was sozusagen über Jahre hinaus entwickelt wird, hat für ihn mit eigentlicher Kreativität und Spontaneität – das setzt er gleich – gar nichts mehr zu tun. Je schneller das Kunstwerk entsteht, desto besser – also doch Gegenwartsschrumpfung. Bei Mathieu explodiert alles sozusagen in einem Rausch. Das ist für ihn authentisch, alles ist nur erstellt. Er zählt die Geschwindigkeit. In Deutschland hat Sonderborg, ein Stuttgarter Maler, in den fünfziger und sechziger Jahren diese Position eingenommen. Bilder, unter denen zum Beispiel 4.5.1962, 11.05 bis 11.11 Uhr, steht. Das ist auch der Titel des Kunstwerkes. Sonderborg greift zur psychischen Notation aus dem Moment heraus. Psychogramme, die in kürzester Zeit entstehen, während die Fertigung eines Bildes von Franz Gertsch zum Beispiel ein Jahr dauert. Für 3 bis 4 Meter große Bilder braucht der Schweizer Künstler eine ganz lange, auch konsequente, langsame Logistik des Umsetzens von der Fotografie in die Malerei, wobei die Malerei alles manipuliert, was das Foto nicht kann. Malerei ist viel objektiver.[4] Als die Szene dachte, daß die Spontaneität, die Schnelligkeit des Schaffens, wieder Fuß gefaßt hat, daß man es in der Abstraktion fin-

4 Vgl. Ronte, D. (1986), Franz Gertsch, Bern 1986.

det und nicht mehr im Abbild, kam genau die Antwort der Künstler. Man malte wieder diese Dinge. Was wir beim Prozeß gerne vergessen, ist, daß immer wieder, wenn wir etwas festgezogen haben oder wenn wir es theoretisch binden können, Künstler auftreten, die das Ergebnis in Frage stellen. Das ist eben das Spannende in diesem Prozeß.

Ein historisches Beispiel wäre die Unfähigkeit Goethes, sich mit der deutschen Romantik auseinanderzusetzen. Der Mann, der das Straßburger Münster und den Faust I geschrieben hat, förderte in Weimar Künstler, die wir alle nicht mehr kennen. Nur noch Spezialisten kennen die Künstler, welche die Preisausschreiben gewonnen haben – aber nicht Runge, nicht Caspar David Friedrich, nicht die Nazarener. Mit denen konnte er überhaupt nichts anfangen, weil er mit der Maxime und den Normen des Klassizismus Bilder befragt hat, die sich die Aufgabe gestellt hatten, genau diese Normen zu durchbrechen. Also mußte er immer negative Antworten bekommen. Wir lernen, daß ein Umstellen der Befragungsmethoden notwendig wird, damit sie bildadäquat werden. Ein anderer, der die Leinwand sozusagen als Arena betrachtet, wo es um den schnellen Malvorgang geht, ist Jackson Pollock. Eine Invention, eine Erfindung, wurde sehr schnell zumeist im Bereich der Vermittlung übernommen. Dripping-Techniken sind heute im Kunstunterricht gang und gäbe. Doch irgendwann mußte es einmal einer erfinden. Die Leinwand liegt auf dem Boden, und da tropft Ölfarbe aus Kannen auf die Leinwand. Jetzt geht es nicht darum, etwas abzubilden, sondern etwas neu zu kreieren, und der entscheidende Punkt ist eigentlich der, wann ich glaube, daß ich aufhören muß. Wann habe ich etwas zu weit getrieben und habe ihm seine Autonomie genommen und seine Kreativität, als Bild seine Aktivität, wie weit kann ich so etwas treiben? Ein Malerproblem, das jeder, der ein Kunstwerk macht, sei es denn ganz realistisch oder abstrakt, immer wieder hat.

Die Techniken sind längst gang und gäbe, sie sind übernommen worden. Bildende Kunst ist auch ein Informationstransfer und unterscheidet zwischen dem invenit und fecit. Künstlerische Innovationen (invenit) sind sehr schnell verbreitet worden. Dürer hat zum Beispiel seine Holzschnitte gemacht, um seine Bilderfindung zu vertreiben. Rubens, wir sprechen von den Rubensstechern, hat hochkarätige Drucker gehabt, wie zum Beispiel van Dyck, die seine Bilderfindungen gestochen haben (fecit), damit man sie in die ganze Welt verschicken konnte, um zu zeigen, was Herr Rubens erfunden hat. Der aber hat die Bilder nicht selbst gemalt. Im Rubenshaus in Antwerpen konnte er von der oberen Empore heruntergucken, um die Gesellen, die seine Bilder malten, zu kontrollieren. Aber er hat den Bozetto, den Entwurf, geliefert, die Erfindung, nach der das Bild gemalt wurde. Wenn das Bild fertig war, wurde es in die Graphik umgesetzt, damit es in einer hohen Auflage in der ganzen Welt bekannt gemacht werden konnte und das Primat einer Idee sicherte. Zudem war Rubens auch der Diplomat als Maler, der sozusagen von den Fürstenhöfen verliehen wurde, um als Maler und als Diplomat, um mit seinen Bildern, Geschenke machend, auch Politik zu betreiben.

Ein ganz anderes Beispiel für Zeitschreibungen: Hanne Darboven, die Bismarck-Zeit, im Kunstmuseum Bonn ein Raum mit ca. tausend kleinen Blättern mit Texten oder nur noch Linien oder Zahlen. Wenn die Arbeit richtig gelesen wird, vergehen Stunden. Langsamkeit wird verpflichtend. Hanne Darboven sagt, ich schreibe Zeit, hier ist das Thema Bismarck-Zeit, dann hat sie hier ein Kompendium von über 50 Jahren in einen Raum gedrängt, das in der Tat lesbar ist, ohne daß es explizit um die Aussage eines Geschichtsbuches geht. Die meisten Kunstwerke sind auch Bilder, die sich einfach einer schnellen Aufnahme von Information verweigern. Sie verlangen das wirklich Langsame, wie bei einem physischen Gegenüber, um sich mit dem Bilde auseinanderzusetzen. Sonst handelt es sich eigentlich um eine völlig harmlose Malerei.

Viele Künstler haben sich mit dem Phänomen Zeit, den Zeitläufen, der Langsamkeit wie der Geschwindigkeit, dem Irdischen wie der Ewigkeit auseinandergesetzt.[5]

Um das Ganze abzuschließen, soll ein Künstler zu Wort kommen. Carl André zum Beispiel, der Meister der reduzierten Metallplatten, die so in den Museen liegen, daß man nicht weiß, ob man draufgehen darf oder nicht. André hat als Theoretiker gearbeitet. Das Museum ist ein Anwalt der Künstler und nicht der Ort der Vergangenheit. Das Museum stellt keine Kunst her, es benutzt die Kunst, denn wir brauchen die Kunst. Es entstehen Fragen und Antworten:[6]

1. Wer ist ein Künstler?
   A. Ein Künstler ist jemand, der sagt, er sei ein Künstler.
   B. Ein Künstler ist jemand, der ein Diplom von einer Kunstakademie hat.
   C. Ein Künstler ist jemand, der Kunst macht.
   D. Ein Künstler ist jemand, der mit Kunst Geld verdient.
   E. Ein Künstler ist nichts von dem, etwas von dem, alles von dem.

2. Was ist Kunst?
   A. Kunst ist das, was ein Künstler Kunst nennt.
   B. Kunst ist das, was ein Kritiker Kunst nennt.
   C. Kunst ist das, was ein Künstler macht.
   D. Kunst ist das, was dem Künstler Geld einbringt.
   E. Kunst ist nichts von dem, etwas von dem, alles von dem.

3. Was ist die Qualität in der Kunst?
   A. Qualität in der Kunst ist eine Fiktion des Künstlers.
   B. Qualität in der Kunst ist eine Fiktion des Kritikers.

5 Vgl. Baudson, M. (Hrsg.) (1985), Zeit. Die vierte Dimension in der Kunst, Acta Humanoria, Weinheim 1985. Hier sind die meisten Spielarten der Auseinandersetzung der bildenden Künste mit dem Phänomen Zeit aufgeführt.

6 Zitiert nach: Vries, G. de (Hrsg.) (1974), Über Kunst. Künstlertexte zum veränderten Kunstverständnis nach 1965, Köln 1974, S. 27.

C. Qualität in der Kunst sind die Kosten, Kunst zu machen.
D. Qualität in der Kunst ist der Verkaufspreis von Kunst.
E. Qualität in der Kunst ist nichts von dem, etwas von dem, alles von dem.

4. Was für eine Beziehung besteht zwischen Politik und Kunst?
   A. Kunst ist eine politische Waffe.
   B. Kunst hat nichts mit Politik zu tun.
   C. Kunst dient dem Imperialismus.
   D. Kunst dient der Revolution.
   E. Die Beziehung zwischen Politik und Kunst ist nichts von dem, etwas von dem, alles von dem.

5. Warum mache ich weiter?
   A. Ich mache weiter, weil Kunst meine Lebensaufgabe ist.
   B. Ich mache weiter, weil ich mit Kunst mein Geld verdiene.
   C. Ich mache weiter, weil die Kunst stirbt, wenn ich aufhöre.
   D. Ich mache weiter, weil die Kunst unverändert weiter geht, wenn ich aufhöre.
   E. Ich mache weiter wegen nichts von dem, etwas von dem, alles von dem.

Der Kunstprozeß ist ein langsamer. Produktion und Rezeption müssen übereinstimmen. Ohne Geduld und Langsamkeit kann die Ewigkeit nicht erreicht werden.

Gegenwartsschrumpfung

Hermann Lübbe

Die Menge der Innovationen pro Zeiteinheit nimmt in einigen kulturellen Bereichen, insbesondere in denen von Forschung und Entwicklung sowie in Produktion und Organisation, derzeit immer noch zu. Diese Innovationsverdichtung hat eine für die gegenwärtige Kulturgenossenschaft längst unübersehbar gewordene temporale Konsequenz: Sie läßt die Gegenwart schrumpfen.[1]

»Gegenwartsschrumpfung« – das ist eine durchaus ungewohnte und daher erläuterungsbedürftige Kennzeichnung des Bestandes, den ich hier zunächst analysieren möchte. Was ist gemeint? Gemeint ist, daß in einer dynamischen Zivilisation in Abhängigkeit von der zunehmenden Menge von Innovationen pro Zeiteinheit die Zahl der Jahre abnimmt, über die hinaus zurückzublicken bedeutet, in eine in wichtigen Lebenshinsichten veraltete Welt zu blicken, in der wir die Strukturen unserer uns gegenwärtig vertrauten Lebenswelt nicht mehr wiederzuerkennen vermögen, die insoweit eine uns bereits fremd, ja unverständlich gewordene Vergangenheit darstellt.

Innovationsabhängige Gegenwartsschrumpfung bedeutet überdies, komplementär zur Verkürzung des chronologischen Abstands zu fremdgewordener Vergangenheit, zugleich fortschreitende Abnahme der Zahl der Jahre, über die hinaus vorauszublicken bedeutet, in eine Zukunft zu blicken, für die wir mit Lebensverhältnissen rechnen müssen, die in wesentlichen Hin-

1 Der umfassende kulturtheoretische Kontext dieses Textes ist in meinem Buch »Im Zug der Zeit. Verkürzter Aufenthalt in der Gegenwart«, Berlin, Heidelberg, New York 1992, ausgebreitet.

sichten unseren gegenwärtigen Lebensverhältnissen nicht mehr gleichen werden.

Kurz: Gegenwartsschrumpfung – das ist der Vorgang der Verkürzung der Extension der Zeiträume, für die wir mit einiger Konstanz unserer Lebensverhältnisse rechnen können. Die Konsequenz, die sich daraus für die Wahrnehmung der Geschichtszeit ergibt, hat Reinhart Koselleck folgendermaßen beschrieben: Erfahrungsraum und Zukunftshorizont werden inkongruent. Die Erfahrungen, die wir oder unsere Väter im Umgang mit unseren bisherigen Lebensverhältnissen machen konnten, eignen sich in Abhängigkeit von der Veränderung unserer Lebensverhältnisse fortschreitend weniger als Basis unseres Urteils über das, womit wir oder unsere Kinder und Kindeskinder für die Zukunft zu rechnen haben werden.

Ich verdeutliche den Begriff der innovationsverdichtungsabhängigen Gegenwartsschrumpfung noch einmal im Kontrast zu einer Geschichtszeiterfahrung mit großer Gegenwartsdehnung. Noch Machiavellis Interesse an der römischen Geschichte, wie sie ihm durch Livius überliefert war, blieb überwiegend ein Interesse an Verhältnissen und Vorgängen in der Vergangenheit, die sich als Muster für die Beurteilung der Gegenwart, ja für die Abstraktion von Normen gegenwärtigen Handelns zu eignen schienen. Ereignisse römischer Kriegs- und Politikgeschichte gelten als Exempel für Handlungsregeln und Strategien, deren Geltung über die betrachteten Zeiträume hinweg zeitindifferent zu sein scheint. In temporaler Hinsicht bedeutet das: Die Gegenwart, nämlich als ein durch eine gewisse Konstanz wichtiger kultureller Lebenselemente gekennzeichneter Zeitraum, dehnte sich über mehr als anderthalb Jahrtausende aus. Der Erfahrungszeitraum war weit gespannt, und der Zukunftshorizont entsprach ihm nach Weite und Inhalt.

Demgegenüber ist, zumindest aus dem Blickpunkt strategischen Handelns, in Abhängigkeit von der waffentechnologischen Entwicklungsdynamik die Gegenwart in chronologischer Hinsicht extrem zusammengeschrumpft. Die Erfahrungen jüngstvergangener Kriege eignen sich als Muster für strategische Fälligkeiten unter gegenwärtigen technischen Bedingungen nur sehr begrenzt, und entsprechend hat denn auch der militärgeschichtliche Unterricht seinen primären Sinn nicht mehr in der Präsentation solcher gegenwärtig noch gültigen Muster. Welchen Sinn dieser militärgeschichtliche Unterricht dann überhaupt noch haben kann – das ist dann die Frage.

Ob Machiavelli bei seinem vorherrschenden Interesse, aus der römischen Geschichte zu lernen, die kulturellen Evolutionen zwischen dem Beginn der Zeitrechnung und seiner eigenen Gegenwart als Evolutionen gar nicht wahrgenommen hat oder ob er sich für sie lediglich nicht interessierte, mag hier unentschieden bleiben. Gewiß ist, daß es kulturgeschichtliche Evolutionen gegeben hat, deren Dynamik so gering war, daß die Vorstellung absurd ist, sie hätten als Evolutionen bemerkt werden können. Auch die ausgedehnten Zeiträume der Ur- und Frühgeschichte waren ja nicht innovationsfreie Zeiträume. Aber die Zeitmaße in diesen Geschichtsepochen hatten, wie Karl J. Narr in seiner einschlägigen Abhandlung eindrucksvoll gezeigt hat[2], sozusagen subgeologische Dimensionen, was trivialerweise bedeutet, daß die außerordentlichen Fortschritte in der Schleiftechnik zur Herstellung feiner Steinklingen zwischen Jungpaläolithikum und Neolithikum für die Subjekte dieses Prozesses schlechterdings kein Gegenstand der Aufmerksamkeit sein konnten.

Es wäre durchaus spekulativ, etwas darüber vermuten zu wollen, wie groß innerhalb der kulturellen Evolution der Grad der Innovationsverdichtung geworden sein muß, damit er als solcher aufdringlich werden kann und seine Thematisierung erzwingt. Lebenspraktisch wird sie jedenfalls einen Grad erreicht haben müssen, der ausreicht, innerhalb jener drei Generationen, die gleichzeitig existieren und in ihrer kulturellen Einheit durch

2 Vgl. NARR, K.J., Zeitmaße in der Urgeschichte, Opladen 1978.

unmittelbaren Erfahrungsaustausch zusammengebunden sind, Erfahrungen des Veraltetseins und der Gestrigkeit aufdringlich zu machen. Wie auch immer: Erfahrungen der Gegenwartsschrumpfung hängen an einem nur scheinbar paradoxen Effekt der temporalen Innovationsverdichtung. Der hier gemeinte Effekt ist, daß komplementär zur Neuerungsrate zugleich die Veraltensrate wächst. Die kulturellen Folgen dieser fortschrittsabhängig zunehmenden kulturellen Veraltensgeschwindigkeit sind erheblich. In einer dynamischen Zivilisation nimmt die Menge der Zivilisationselemente zu, die noch gegenwärtig sind, aber über die sich schon die Anmutungsqualität der Gestrigkeit oder Vorgestrigkeit gelegt hat. Anders ausgedrückt: In einer dynamischen Zivilisation nimmt die Ungleichzeitigkeit des Gleichzeitigen zu. Diese Ungleichzeitigkeit des Gleichzeitigen war vor einhundert Jahren ein Thema der kulturtheoretischen Analysen Friedrich Nietzsches. Aber schon Friedrich Schlegel hat sie bemerkt und beschrieben.

In Begriffen der Evolutionstheorie ausgedrückt heißt das: Mit der evolutionären Dynamik wächst die Reliktmenge an. Genau das ist die gewiß nicht hinreichende, aber notwendige Bedingung für den gleichfalls nur scheinbar paradoxen Bestand, daß mit der Dynamik unserer Kultur deren Musealisierungsgrad wächst. Komplementär zur Zivilisationsdynamik verläuft auch die Musealisierung unserer Zivilisation progressiv.

Was sind denn Museen?[3] Museen sind, unter diesem Aspekt betrachtet, nichts anderes als Schauhäuser von Zivilisationsrelikten, und jeder Museumsfachmann weiß, daß, zum Beispiel in unseren blühenden Technik-Museen[4], ineins mit der tempora-

3 Zur Museumsphilosophie vgl. HUDSON, K., Museums for the 1980s. A Survey of World Trends, Paris, London 1977.

4 Zu deren Geschichte vgl. KLEMM, F., Geschichte der naturwissenschaftlichen und technischen Museen, München 1973. Deutsches Museum, Abhandlungen und Berichte, 41. Jahrgang, Heft 2.

len technologischen Innovationsverdichtung sich auch die Zeitspannen verkürzen, innerhalb derer die Eröffnung der jeweils neuesten Museumsabteilung fällig wird.

Ich wiederhole, daß die skizzierte Gegenwartsschrumpfung, zu der sich der Prozeß der kulturellen Musealisierung komplementär verhält, lediglich eine notwendige und nicht eine hinreichende Bedingung des Musealisierungsprozesses darstellt. Die Frage liegt ja nahe, warum wir, nach Analogie naturaler Evolutionen, die anfallenden Kulturevolutionsrelikte nicht einfach naturwüchsigen Recycling-Prozessen überlassen. Wieso verwahren wir, zumindest in repräsentativen Exemplaren, was doch gerade durch sein Veraltetsein, durch sein Ausgeschiedensein aus aktuellen funktionalen Zusammenhängen charakterisiert ist?

Genau diese Frage ist, am kulturell gar nicht marginalen Exempel der Musealisierung aufgeworfen, die Frage nach der Funktion des historischen Bewußtseins in dynamischen Zivilisationen. Die Antwort auf die Frage nach der Funktion des historischen Bewußtseins und damit der Leistungen der historischen Wissenschaften in modernen Zivilisationen soll uns hier nur beiläufig beschäftigen.[5] Ich beschränke mich insoweit auf einige wenige Bemerkungen. Wer der Mensch sei, lesen wir bei Wilhelm Dilthey, sagt ihm seine Geschichte. Mit der Vergegenwärtigung dessen, wer wir sind, durch Erzählen unserer individuellen und kollektiven Herkunftsgeschichten hat es vergleichsweise geringe Schwierigkeiten, wenn diese erzählten Geschichten Vergegenwärtigungen von Vergangenheiten sind, über die wir nach den Mustern der Gegenwart und den auf sie sich beziehenden Lebenserfahrungen urteilen können. Die Schwierigkeiten mit der Vergegenwärtigung eigener individueller und vor allem kollektiver Vergangenheiten wachsen aber, wenn in Abhängigkeit von der

5 Die Wissenschaftstheorie und Kulturtheorie der historischen Wissenschaften ist in meinem Buch »Geschichtsbegriff und Geschichtsinteresse. Analytik und Pragmatik der Historie«, Basel, Stuttgart 1977, aufgearbeitet.

skizzierten Innovationsdynamik eigene Vergangenheit einem immer rascher zur fremden Vergangenheit wird. Alsdann bedarf es expliziter Leistungen eines schließlich sogar wissenschaftlich disziplinierten historischen Bewußtseins, um eigene Vergangenheit in ihren fremd gewordenen Elementen verstehen und damit aneignungsfähig halten zu können, beziehungsweise die Vergangenheit anderer diesen zurechnungsfähig zu machen.

Kurz: Die Leistungen des historischen Bewußtseins sind Leistungen zur Kompensation eines änderungstempobedingten kulturellen Vertrautheitsschwundes. Die Nötigkeit dieser Leistungen nimmt modernitätsabhängig zu. Der Denkmalsschutz ist ein besonders anschauliches Beispiel, an welchem wir diesen Zusammenhang von Modernisierung und historisierender Konservierung ablesen können. Je rascher uns in Abhängigkeit von der wirtschaftlich und technisch bedingten Baudynamik unsere städtischen und dörflichen architektonischen Lebensambientes vor unseren eigenen Augen Züge der Fremdheit annehmen, um so mehr steigern wir die Intensität unserer konservatorischen Bemühungen in bezug auf das, was besonders geeignet ist, Erfahrungen einer sich durch die Zeit hindurch haltenden Selbigkeit zu binden. Exemplarisch heißt das: Je mehr sich die Skyline von Frankfurt der von Dallas oder Denver annähert, um so unerträglicher ist uns der Gedanke, man hätte diesem Progreß nun auch noch das Großdenkmal architektonischen Historismus, das alte Opernhaus, geopfert und seinerzeit, gemäß dem Vorschlag des damaligen Oberbürgermeisters, seine Ruine in die Luft gesprengt.

Noch einmal also: Die historische Kultur ist eine spezifisch moderne Kultur, deren Nötigkeit ineins mit der Dynamik der modernen Zivilisation zunimmt, und diese Nötigkeit ist keine andere als die, unter Bedingungen der skizzierten Gegenwartsschrumpfung expandierende Vergangenheit mit dieser Gegenwart verknüpfbar zu halten. Unter Inanspruchnahme der in diesem Zusammenhang unvermeidlich gewordenen Kategorie der Identität läßt sich dasselbe auch so ausdrücken: Die Leistungen des historischen Bewußtseins kompensieren Gefahren temporaler Identitätsdiffusion.

Ich füge, um historische Kulturwissenschaften einerseits und Naturwissenschaften andererseits insoweit zusammenzubinden, noch die Bemerkung an, daß gleichzeitig mit der Entdeckung der Historizität der Kultur auch die Entdeckung der Historizität der Natur erfolgt ist. Auch im bürgerlichen Bildungsbewußtsein haben von Anfang an Kulturhistoriographie einerseits und Naturhistoriographie andererseits eine gleichgewichtige Stelle behauptet. Aus gutem Grund hat man vorm Portal der alten Friedrich-Wilhelms-Universität Unter den Linden zu Berlin beiden Brüdern Humboldt das ihnen gebührende Denkmal gesetzt – dem Kulturhistoriker Wilhelm einerseits und dem Naturhistoriker Alexander andererseits. Analog sind auch an der Wiener Ringstraße beide Museen, sowohl das Kulturhistorische Museum als auch das Naturhistorische Museum, durch ihre markanten, herausragenden Kuppelbauten ausgezeichnet. In beiden Fällen, im Falle der Naturgeschichte nicht anders als im Falle der Kulturgeschichte, erbringt das historische Bewußtsein eine analoge Ordnungsleistung. Es ist die Leistung der Herstellung einer genetischen Verknüpfung von naturalen oder kulturellen Evolutionsrelikten, die, unverbunden, ein Chaos bilden würden und die sich dann durch Herstellung eines Deutungszusammenhangs ihrer genetischen Abhängigkeit voneinander zur Ordnung einer erzählbaren Geschichte zusammenfügen.[6]

Hat man das verstanden, so erkennt man auch, daß historische Kulturwissenschaften einerseits und Naturwissenschaften andererseits sich nicht dadurch unterscheiden, daß die einen, die historischen Kulturwissenschaften, es eben mit einem durch Ge-

6 Und damit den spezifisch modernen Begriff von Naturgeschichte konstituieren. Vgl. dazu Lepenies, W., Das Ende der Naturgeschichte. Wandel kultureller Selbstverständlichkeiten in den Wissenschaften des 18. und 19. Jahrhunderts, Frankfurt am Main 1978.

schichtlichkeit ausgezeichneten Gegenstand zu tun hätten, die Naturwissenschaften aber mit einem ungeschichtlichen Gegenstand. Naturgeschichten sind Geschichten wie Kulturgeschichten.[7] Die Besonderheit der Kulturgeschichte besteht insoweit in nichts anderem als in der sprachlich-symbolischen Form des kulturellen intergenerativen Informationstransfers – im Unterschied zur genetischen Form des intergenerativen Informationstransfers in der biologischen Evolution. Der sprachlich-symbolische Modus des intergenerativen kulturellen Informationstransfers, wie er für die Kulturgeschichte charakteristisch ist, ist übrigens zugleich die entscheidende Bedingung für die gegenüber der biologischen Evolution extrem gesteigerte Geschwindigkeit der kulturellen evolutionären Abläufe.

Indessen: Die in anderen Zusammenhängen von mir ausführlicher beschriebenen Funktionen des historischen Bewußtseins sollen uns hier nicht weiter beschäftigen. Das historische Bewußtsein ist nur eine der kulturellen Konsequenzen moderner zivilisatorischer Beschleunigungserfahrungen. Eine weitere ist die Erfahrung zunehmenden Zeitdrucks, unter die man, individuell wie institutionell, beim Versuch gerät, den temporal verdichteten Innovationsanfall kulturell zu verarbeiten. Diesen Bestand kann man exemplarisch an einem kulturgeschichtlich ebenso signifikanten wie bedeutungsvollen Vorgang ablesen, nämlich an Veränderungen in der sogenannten Lesekultur, die gleichfalls just im Jahrhundert des aufgehenden historischen Bewußtseins, nämlich im 18. Jahrhundert, einen dramatischen Lauf nehmen. Es ist, zweihundert Jahre vor den wohlbekannten gegenwärtigen, jährlich sich überbietenden Buchmessen-Rekordziffern, das Jahr-

7 Die Strukturidentität von Naturgeschichten und Kulturgeschichten habe ich des Näheren in meiner Abhandlung »Die Einheit von Naturgeschichte und Kulturgeschichte. Bemerkungen zum Geschichtsbegriff« ausgeführt (Akademie der Wissenschaften und der Literatur zu Mainz, Abhandlungen der Geistes- und Sozialwissenschaftlichen Klasse, Jahrgang 1981 (Nr. 10)).

hundert der Dauerklagen über die steigende Flut der Publikationen, von der man jeweils zu Michaelis neu und neu überrascht wird. Was das quantifiziert bedeutet, mag man, exemplarisch, an David A. Kronick's »History of Scientific and Technical Periodicals« (New York 1962) ablesen. Es erübrigt sich, hier die einschlägigen Zahlenkolonnen vorzuführen.

Nächst der zitierten Klage ist aber die Standardreaktion des lesenden Publikums auf die fragliche kulturelle Innovationsverdichtung eine ebenso naheliegende wie folgenreiche: Eine Kultur des extensiven Lesens, die die Kunst des intensiven Lesens partiell verdrängt, entwickelt sich.[8] Noch einfacher gesagt: In Reaktion auf die publizistische Innovationsverdichtung wird die Rezeptionskapazität durch Erhöhung des Lesetempos gesteigert.

In einem prominenten Fall heißt das exemplarisch: Goethe las, wie er gegenüber Kanzler von Müller 1830 erwähnte, im Durchschnitt einen Oktavband pro Tag. Wenn man eine gewisse Vorstellung von den Verlaufsformen Goethescher Tages- und Jahreszeiten hat, so versteht sich von selbst, daß die für ein solches Lesepensum benötigte Lesetechnik nicht die des hermeneutischen Sinnens und Buchstabierens gewesen sein kann, wie sie Faust uns bei seinem bekannten Umgang mit dem ersten Satz des Johannes-Evangeliums vorführt. Auch Extremwerte wurden in anderen prominenten Fällen damals schon erreicht. Kein Geringerer als Schlosser hat, eigener Bekundung zufolge, als Gymnasiast in Jever binnen drei Jahren viertausend Bücher konsumiert.

Die kulturelle Innovationsverdichtung erhöht hier epochenspezifisch den Zeitdruck als Erfahrung der Zeitverknappung durch strukturell anwachsende Inkongruenz des wachsenden Reichtums gebotener Aneignungsmöglichkeiten und der in ih-

8 Zur Geschichte der Lesekultur vgl. exemplarisch ENGELSING, R., Die Perioden der Lesergeschichte in der Neuzeit. Das statistische Ausmaß und die soziokulturelle Bedeutung der Lektüre, in: Börsenblatt für den Deutschen Buchhandel – Frankfurter Ausgabe –, Nr. 51 (27. Juni 1969), S. 1541–1569.

rer Gebundenheit an die grundsätzlich konstant bleibende Lebenszeit relativ abnehmenden Rezeptionschancen.

In ihrer kulturellen Bedeutung weit wichtiger als die simple Technik der Erweiterung der Rezeptionskapazitäten in bezug auf Publikationen durch Erhöhung der Rezeptionsgeschwindigkeit ist die dramatische Zunahme des Zwangs zur Selektion in der Aneignung der dramatisch wachsenden Fülle des Gebotenen. Eine der wichtigsten Wirkungen dieses Selektionszwangs ist naheliegenderweise diese: Die relative Menge dessen, was in kulturell verbindliche Lektürekanons eingebunden werden kann, nimmt ab. Damit nimmt zugleich die kulturelle Homogenität in der Prägung der Kulturgenossen durch gleichartige Rezeptionsleistungen ab. In Abhängigkeit von nicht mehr kanonisch oder curricular festschreibungsfähigen zufälligen Umständen wächst der Grad der Differenziertheit dessen, was Individuen, gegebenenfalls auch Individuen in gebundenen Gruppen, sich tatsächlich aneignen. Damit wächst tendenziell die Ungleichverteilung kulturell insgesamt vorhandenen Wissens. Anders ausgedrückt heißt das: Das Zeitalter der anlaufenden publizistischen Massenproduktion löst, statt Vermassungseffekte, ganz im Gegenteil Individualisierungsprozesse aus.

Es erübrigt sich, diese kulturellen Folgen der Brechung der Innovationsverdichtung an den engen temporalen Grenzen der Lebenszeit weiter auszumalen. Man erkennt vor diesem Hintergrund den Sinn der Feststellung von Ernst Robert Curtius, die Aufklärung habe die Autorität des Buches zertrümmert.[9] Das bedeutet: Die relative Menge des kanonisch gebundenen Kulturguts nimmt zugunsten frei rezipierbarer, zugleich in dramatisch wachsender Menge frei produzierter Informationen ab.

Man nimmt in dieser Beschreibung die kulturelle Evolution als einen Prozeß wahr, der alsbald die Frage nahelegt, wie das

9 Vgl. Curtius, E.R., Europäische Literatur und lateinisches Mittelalter, 9. Aufl., 1948, S. 352.

Joseph Beuys: Urobjekt: Erdtelefon, 1967, Kunstmuseum Bonn

weitergehen und wo das enden soll. Das kann doch nicht immer so weitergehen! – das ist die in eine Expression sich umsetzende Erfahrung mit der eingangs skizzierten Innovationsverdichtung, und wie das Individuum sich unter dem Druck dieser Erfahrung behauptet, sei, noch einmal am Exempel sich entwickelnder Lesekultur, an einschlägigen Äußerungen zweier Prominenter erläutert. Schopenhauer gab, bevor er selber noch als Erfolgsautor das größere Publikum beschäftigte, die Parole aus, man solle nichts lesen, »was soeben das größere Publikum beschäftigt«.[10] Die Voraussetzung und Konsequenz dieser Äußerung ist ersichtlich ein wachsender Grad der Beliebigkeit des jeweils Aktuellen und damit eine abnehmende Chance der Verpflichtung der Kulturgenossenschaft aufs jeweils Neueste. Dieser kulturelle Vergleichgültigungseffekt, den die Innovationsverdichtung auslöst, wird uns später noch in anderen Zusammenhängen beschäftigen. Die relative Menge dessen, was als verbindlich jedermann angesonnen werden kann, nimmt mit der Menge des insgesamt verfügbaren Kulturguts ab, und indem Schopenhauer daraus die Konsequenz der Empfehlung zieht, sich um das jeweils Aktuelle gar nicht mehr zu kümmern, ergibt sich natürlich die Frage, worum man sich dann statt dessen kümmern solle. Darüber hatte sich, schon einige Jahrzehnte früher, Friedrich Schiller geäußert, nämlich 1788 Körner gegenüber, dem er schrieb, er werde »in den nächsten zwei Jahren« »keine modernen Schriftsteller mehr«, also nur noch die alten Schriftsteller lesen.[11] Genau in diesem Kontrast der innovationsverdichtungsabhängig wachsenden Menge des nur noch selektiv Rezipierbaren und damit gemeinkulturell nicht mehr als verbindlich Zumutbaren konstituiert sich das kulturelle Phänomen des Klassischen im spezifisch modernen

10 Vgl. SCHOPENHAUER, A., Parerga et Paralipomena. Kleine philosophische Schriften, Bd. 2, Leipzig 1891, S. 590.

11 Briefwechsel zwischen Schiller und Körner von 1784 bis zum Tode Schillers. Mit einer Einleitung von Ludwig Geiger. 1. Bd., Stuttgart 1892, 20. August 1788, S. 246–250, S. 249.

Sinn: Klassisch ist, was sehr alt, wirkungsgeschichtlich nachweislich auch gegenwärtig wirksam und was in eben diesem Sinn unbeschadet seines Alters nicht veraltet ist.

In Temporalitäts-Kategorien ausgedrückt heißt das: Im Kontrast zur innovationsverdichtungsabhängig rasch wachsenden Menge kultureller Bestände von hoher Alterungsgeschwindigkeit gewinnt Klassik an Interesse als ein Bestand mit der Verheißung höherer temporaler Geltungskonstanz. Evolutionstheoretisch ausgedrückt heißt das: Die Menge der Orientierungen, der literarischen und sonstigen Normen, die Menge des alltagspraktisch oder auch wissenschaftspraktisch erworbenen Wissens, durch das sich die Einheit einer Kultur charakterisieren läßt, ändert sich mit der Änderung dieser Kultur nicht in toto mit analoger Änderungsgeschwindigkeit. Vielmehr differenzieren sich mit wachsender Kulturdynamik immer unübersehbarerer Bestände geringerer und größerer Geltungskonstanz aus. Genau diese Ausdifferenzierung kultureller Bestände von sichtbar größerer oder, auf der anderen Seite, geringerer Änderungsresistenz provoziert nun, wie man leicht erkennt, vorher gar nicht vorhanden gewesene Möglichkeiten, sich entweder beim Beharrenden oder, auf der anderen Seite, beim sich Ändernden zu engagieren. Progressive und konservative kulturelle Entwicklungslinien werden gegeneinander wahrnehmungsmäßig isolierbar und schließlich auch ideologisierbar, ja politisierbar.

Diesen Ideologisierungs- und Politisierungsfolgen der Erfahrung der Beschleunigung kultureller Abläufe möchte ich mich nun in einem weiteren kleinen Durchgang zuwenden. Eine signifikante frühe Erscheinung dieses Vorgangs ist die wiederum von Reinhart Koselleck eindrucksvoll beschriebene Futurisierung der Utopie.[12] Die Wahrnehmung und Kritik der Welt, in der wir tatsächlich leben, aus der Perspektive der Vorstellung einer bes-

12 Vgl. Koselleck, R., Die Verzeitlichung der Utopie, in: Utopie-Forschung, Bd. 3, Frankfurt am Main 1982, S. 1–14.

seren Welt ist nichts spezifisch Neues, vielmehr ein kultureller Gemeinbestand, der zu den Gehalten klassischer Überlieferung gehört. Bis tief in die Neuzeit hinein, noch in der Renaissance, hatte die damals zuerst so genannte Utopie einen räumlichen Status, das heißt, sie zeigte uns das Bild einer besseren Welt als eine in einem anderen, fernen Raum bereits realisierte Welt. Mit der Eroberung des Raums, der auf der Erde schließlich keine unbekannten Gegenden von vermuteter Attraktivität mehr übrigließ, geht schon aus diesem Grund die Möglichkeit verloren, die bessere Gegenwelt zu unserer eigenen Welt im Raum anderswo zu vermuten. Die Temporalisierung der Utopie durch Umsetzung der literarisch realisierten Vollkommenheit vom fernen Raum in die ferne Zeit setzt überdies voraus, daß der gesellschaftliche Zustand, in welchem man sich gegenwärtig befindet, zugleich als ein in gerichteter Wandlung befindlicher Zustand wahrgenommen wird. Das erzwingt die moralisch-politische Validierung der Zukunft, mit der man unter Bedingungen eines erfahrenen gerichteten Wandels der Dinge rechnen muß, und die Heilsutopie repräsentiert literarisch das positive Resultat in der Validierung dessen, was man für die Zukunft erwartet. Daraus ergeben sich bedeutende kulturelle und schließlich ideologisch-politische Konsequenzen. Erstens wird es nunmehr zwingend, den Versuch zu machen, Herkunftsgeschichte in die Zukunftsgeschichte hinein zu verlängern, um so die Zukunft, als ein Besseres jenseits der Gegenwart, zu erkennen. Zweitens wird man im Interesse einer konkreteren Bestimmung gegenwärtiger Fälligkeiten den Versuch machen müssen, den Weg der Geschichte zwischen Herkunft und Zukunft epochal zu gliedern, um dann in solcher Epochenabfolge die ephemere eigene Gegenwartsepoche zu bestimmen. Drittens resultiert aus der Einsicht in die höhere moralische und politische Validität der Zukunft die Verpflichtung, die Bewegung in sie hinein zu beschleunigen.

Damit ist, in äußerster Kürze, die in politische Ideologie transformierte klassische Geschichtsphilosophie beschrieben. Eine besondere Finesse ist in diesem Zusammenhang die Eignung dieser historizistischen Ideologie zur politischen Selbstprivilegierung ihrer Subjekte. Die in politische Ideologie transformierte Geschichtsphilosophie hat nämlich das Besondere, kraft der für sie charakteristischen Einsicht in den epochalen Geschichtsverlauf den Subjekten dieser Einsicht sagen zu können, wieso sie, kraft ihrer Position im Geschichtsverlauf, die bislang Ersten und Einzigen sind, die der Einsicht in eben diesen Geschichtsverlauf überhaupt fähig sind. Daraus ergibt sich die Selbstzuschreibung der Rolle, als Partei bereits gegenwärtig die Zukunftsmenschheit in Vorhutgestalt zu repräsentieren und das Recht, ja die Pflicht zu haben, die entsprechenden Fälligkeiten politisch verbindlich zu machen. Das politische Programm, das sich daraus ergibt, ist sozusagen jenes Emanzipationsprogramm, das Erzieher an ihren Zöglingen vollstrecken. Die Erzieher wissen ja bereits, was der Zögling noch gar nicht wissen kann, und just diese Asymmetrie der Beziehungsverhältnisse, die in der Generationenabfolge das Verhältnis von Alten und Jungen bestimmt, wird, sozusagen in einem Konzept der politischen Erziehung des Menschengeschlechts, auf die singuläre Entwicklung der Gattung übertragen.

Die Konsequenzen einer solchen geschichtsphilosophisch-ideologischen Orientierung der Politik an einem als grundsätzlich begriffen unterstellten Geschichtslauf sind erheblich. Erstens werden, durch die angedeutete Beschleunigungsverpflichtung legitimiert, revolutionäre Änderungspotentiale freigesetzt. Zweitens wird die Politik in einem bisher nicht gekannten Ausmaß potentiell terrorfähig, nämlich durch die politischen Diskriminierungsfolgen der nunmehr hergestellten Deckungsgleichheit von Alt und Neu einerseits und Schlecht und Gut andererseits. Drittens schlägt eine ideologisch so orientierte Politik, wo immer sie gesiegt hat, zwangsläufig in Ultrakonservativismus und Dogmatismus um. Nichts ist ja konservierungsbedürftiger als jene Doktrin, die einen als in weltgeschichtlich privilegierter temporaler Position befindlich zu sein bestätigt.

Wie wir alle wissen, hat diese in Ideologie transformierte Geschichtsphilosophie Weltgeschichte gemacht. Auf Deutsche zumal wirkte es rührend, zumindest anrührend, bei Gelegenheit politischer Umzüge in Moskau, in Peking oder auch in Tirana die Großkonterfeis deutscher Privatdozenten, Professoren und Intellektuellen, die in der Schule des sogenannten Deutschen Idealismus gebildet wurden, zu erblicken – Karl Marx oder Friedrich Engels und gelegentlich auch ihren Lehrer Hegel.

Karl Popper hat die vermeintliche Einsicht in die Gesetzmäßigkeit historischer Abläufe »historizistisch« genannt, und er hat sein Buch »Das Elend des Historizismus«[13] den Opfern des Irrglaubens an die Existenz von Geschichtsgesetzen gewidmet. In zurückgenommener, nämlich wissenschaftstheoretischer Weise ausgedrückt besagt dieser Irrtum, daß die unverkennbare Gerichtetheit der zivilisatorischen Evolution eben keine Zielgerichtetheit ist, daß die beschleunigenden, ordnungsstiftenden oder auch ordnungsauflösenden Innovationen innerhalb dieses Prozesses kontingenten Charakter haben, mit der Wirkung, daß die Evolution als solche, unbeschadet ihrer Gerichtetheit, nicht prognostizierbar ist. Einfacher gesagt: Die Zukunft der kulturellen Evolution ist offen, und eine Politik, die sich statt dessen an einer Ideologie orientiert, die die Zukunft als eine durch gesetzmäßige Epochenabfolge besetzte Zukunft behandelt, verwandelt daher zwangsläufig auch die Gesellschaft von einer offenen in eine geschlossene Gesellschaft.

Es bleibt noch kulturhistorisch anzumerken, daß die skizzierte ideologisch-politische Reaktion auf die Erfahrung der Geschichte als eines gerichteten und zugleich sich beschleunigenden Prozesses, die Reaktion nämlich der Selbstverpflichtung auf die Aufgabe, durch eigene Aktivitäten zur Beschleunigung der Geschichte zusätzlich beizutragen, ein Säkularisat älterer, nämlich religiös formierter Erfahrungen eschatologischen Zeitdrucks ist. Ernst

13 Vgl. POPPER, K., Das Elend des Historizismus, Tübingen 1969.

Benz[14] hat das in seiner materialreichen Abhandlung über die Akzeleration der Zeit als geschichtliches und heilsgeschichtliches Problem glanzvoll beschrieben. Wenn das Ende aller Dinge näherrückt, so wird die Zeit zur fälligen Vorbereitung daraufhin knapp. Die Missionspraxis bedarf der Beschleunigung und in der Auswanderung reagiert man nicht nur auf heimische materielle Not, sondern löst sich zugleich auch von den Bindungen an die alte Welt zur besseren Vorbereitung auf die himmlische neue. Kurz: Man existiert bewegt und darf hoffen, eben dadurch die Annäherung des Erhofften zu beschleunigen.

Aber auch ganz unabhängig vom ideologisch-geschichtsphilosophischen Imperativen konstituiert sich unter dem Druck kulturevolutionärer Beschleunigungserfahrungen ein objektiver Zwang zu Versuchen, jeweils an der Spitze erkennbarer Bewegung zu bleiben. Dieser Zwang wird insbesondere unter Bedingungen der Entbindung des Produktions- und Distributionssystems von Schranken der Zunftordnung und ständischer Gliederung der Gesellschaft virulent. Unter der schönen Metapher »Der entfesselte Prometheus« hat David S. Landes[15] das beschrieben. Die wichtigsten Elemente dieser Beschreibung der industriellen Entwicklung von 1750 bis zur Gegenwart sind, in konzeptueller Hinsicht, die folgenden. Erstens gehört zu den Voraussetzungen dieses Vorgangs der bereits bekannte Bestand einer dramatischen Erhöhung der Innovationsrate im wissenschaftlichen und technischen System. Zweitens verkürzen sich die Fristen zwischen wissenschaftlich-technischer Innovation einerseits und wirtschaftlicher Nutzung andererseits. Drittens haben die technischen Innovationen ihrerseits zu einem nicht unerheblichen

14 Vgl. Benz, E., Akzeleration der Zeit als geschichtliches und heilsgeschichtliches Problem. Akademie der Wissenschaften und der Literatur zu Mainz, Jahrgang 1977, Nr. 2.

15 Vgl. Landes, D.S., Der entfesselte Prometheus. Technologischer Wandel und industrielle Entwicklung in Westeuropa von 1750 bis zur Gegenwart (1969), Köln 1973.

Teil den Sinn, die Produktivität, das heißt die Produktionsgeschwindigkeit oder auch die pro Zeiteinheit produzierbare Gütermenge zu erhöhen. Viertens erzwingen die wirtschaftlichen Vorzüge der damit erreichbaren Produktionskostenabsenkung über Mechanismen wirtschaftlicher Konkurrenz generell die Teilnahme an den einschlägigen Modernisierungsprozessen. Fünftens erhöht sich über die Menge der zu verteilenden Produkte und ihre in Abhängigkeit von modernen Produktionsverfahren dramatisch zunehmende Spezifikation die regionale und soziale Reichweite der Märkte. Sechstens erhöht sich damit die Extension des Transports, und zwar eines Massentransports von Gütern und Personen, die, als eine Extension im Raum, nur durch Erhöhung der Transportgeschwindigkeit kompensiert werden kann. Siebtens: Allein das schon erzwingt wie nie zuvor Standardisierung der Zeit als des Mediums der Handlungskoordination. Es genügt, in diesem Zusammenhang an die Entwicklung des Eisenbahnsystems zu erinnern, die es in vielen Nationalstaaten tatsächlich gewesen ist, die die Entwicklung von Standardzeit und ihre institutionelle Normierung erzwungen hat. Achtens erzwingt die wachsende Aufdringlichkeit der Zeit als ein berücksichtigungsbedürftiges Medium der Handlungskoordination Veränderungen der Verhaltensweisen. Die Tugend der Pünktlichkeit gewinnt an Nötigkeit. Unpünktlichkeit bewirkt Ausschluß von sozialen Kooperationschancen, und die Instrumentarien der Synchronisation von Handlungs- und Planungsabläufen gewinnen gemeinkulturelle Gegenwart – von der Taschenuhr bis zum Terminkalender. Zeitdisziplin wird entsprechend bei Norbert Elias als eine der subtilsten Folgen des Zivilisationsprozesses beschrieben.

Bei Philosophen und sonstigen Zeittheoretikern finden wir überall mit einer gewissen Unvermeidlichkeit die Augustinische Betrachtung zitiert, daß uns, in der Zeit lebend, die Zeit kein Problem ist, daß wir aber, reflexiv fragend, was sie sei, stets in Verlegenheit geraten. Unter dem zuletzt behandelten Aspekt der durch die gesellschaftliche Entwicklung erzwungenen Standardisierung der Zeit läßt sich ein pragmatischer Zeitbegriff jetzt mühelos formulieren: Zeit ist das Medium der Handlungskoordination, und die Nötigkeit dieser Koordination wächst mit dem Grad der Differenziertheit und mit der Änderungsdynamik moderner Gesellschaften an.

Wieso es übrigens dahin kommen konnte, daß in jüngsten deutschen erziehungsideologischen Kontexten die sekundäre Tugend der Pünktlichkeit gelegentlich als repressiv diffamiert wurde, sei hier nicht ausgeführt. Wo man das wirklich glaubt und wo man entsprechend erzieherisch handelt, müssen die Konsequenzen die bereits beschriebenen sein: Selbstausschluß von den differenzierten Kooperationschancen, die uns durch Teilnahme am Leben moderner Gesellschaften eröffnet sind – mit der Folge, daß man Freiheit in ihrer Bedeutung als Zeitumgangssouveränität verliert und sich als Objekt, das heißt als Opfer der Verhältnisse, erfährt.

Es gehört übrigens zu den Belustigungen unserer Gegenwart, sich in populären kulturhistorischen Betrachtungen über die Tempo-Angst früherer Zeiten zu mokieren. Insbesondere bei den in unseren Jahren in verschiedenen Nationalstaaten aktuellen Eisenbahn-Jubiläen wird niemals versäumt, Dokumente solcher Tempo-Angst zu zitieren. Es mag diese Dokumente geben. Die dominante kulturgeschichtliche Wahrheit ist, daß die Dynamik der modernen Zivilisation, und zwar nicht nur in dem vorhin behandelten ideologisch-politischen Kontext, stets überwiegend mit Zustimmung quittiert worden ist. Das hat seine Plausibilität im Blick auf die Evidenz der Lebensvorzüge, wie sie erst die moderne Zivilisation zu verschaffen vermochte. Befreiung des Menschen vom niederdrückenden Zwang schwerster physischer Arbeit, Steigerung der Produktivität der Arbeit, über Steigerung der Produktivität der Arbeit Mehrung der Wohlfahrt, über Mehrung der Wohlfahrt Mehrung der sozialen Sicherheit und über Mehrung der sozialen Sicherheit Mehrung des sozialen Friedens – diese evidenten Vorzüge des Lebens in modernen Gesellschaften haben sich auch heute keineswegs im Nebel verloren. Sie haben unverändert ihren jedermann erkennbaren Ort auf der Gemeinplatzebene. Die immer noch überwiegende Akzeptanz der modernen Gesellschaft erklärt sich aus der Evidenz jener Lebensvorzüge. Wir haben uns an die durch sie legitimierte zivilisatorische Dynamik inzwischen so sehr gewöhnt, daß es, unbeschadet der Folgelasten, die auch aus ihr resultieren und die hernach noch zu behandeln sind, mit Sicherheit erhebliche Folgeprobleme der Gewöhnung an einen weniger dynamischen Zustand der Dinge, vielleicht sogar der Gewöhnung an stagnierende Verhältnisse, geben müßte. Eines dieser Folgeprobleme möchte ich exemplarisch andeuten: Einkommensdifferenzen sind, sogar als wachsende Differenzen, relativ leicht sozialpsychologisch und damit auch politisch zu verarbeiten, wenn auf allen Ebenen, insbesondere auch auf der jeweils untersten Ebene, Zuwächse zu verzeichnen sind. Die Befriedigungswirkung erfahrener Zuwächse, so scheint es, ist stets größer als die Befindlichkeitswirkung des Blicks auf die Niveauunterschiede. Eben das ändert sich aber unter Bedingungen der Stagnation – mit der Wirkung einer Verschärfung der Verteilungskämpfe.

So oder so: Zivilisationskritik als eine durch Erfahrungen der Belastung durch Änderungsdynamik provozierte Kritik ist kulturgeschichtlich ein relativ spätes Phänomen. In der Frühzeit der Industrialisierung gibt es nicht nur die angedeuteten politischen Aufrufe zur Bewegung mit der erhofften Wirkung einer politischen Beschleunigung der Geschichte. Es gibt die Feier der Rationalisierungsgewinne, die sich ja, da sie über Produktionsgeschwindigkeitserhöhung laufen, als Gewinn nutzbarer Zeit deuten lassen. Es gibt die Lust an der Geschwindigkeit sogar als ästhetisch kultivierte Lust – in der Musikgeschichte zum Beispiel, die vom Spätbarock über die Wiener Klassik bis zur Romantik nicht zuletzt durch eine Dramatisierung in der Kontrastierung der Tempi gekennzeichnet ist. Schnelligkeitsvorschriften, die es früher nie gab, treten nun kompositionstechnisch auf – bis hin zur Selbstaufhebung dieser Steigerung in den Bereich des Absurden hinein. Robert Schumanns Klaviersonate g-moll, op. 22, ist dafür das auffälligste Beispiel. »So schnell wie möglich« heißt es gleich zu Beginn, worauf dann etliche Takte weiter das Kommando erfolgt: »Noch schneller«.

In der Schilderung solcher Inhalte moderner Zeit-Erfahrung als Beschleunigungserfahrung ließe sich lange fortfahren. Die Bestände, eingangs als Bestände der Innovationsverdichtung gekennzeichnet, auf die sich diese Zeit-Erfahrung bezieht, haben in ihrer Verlaufsgestalt partiell exponentiellen Charakter. Über die publizistische Verbreitung der Ergebnisse der Vermessung solcher zivilisatorischen Verläufe sind die entsprechenden Kurvenschaubilder inzwischen nahezu jedem Medienkonsumenten vertraut geworden. Das erklärt, wieso sich Symbolisierungen dessen heute bis in die Kunstszene hinein antreffen lassen. Auf einer Basler Ausstellung moderner Kunst unter nicht zufälliger Einbeziehung des zivilisationskritischen Themas, für das heute die Farbe »Grün« Symbolfarbe ist, war kürzlich eine sogenannte Exponentialtreppe zu sehen, deren Anstieg gemütlich beginnt, dann aber rasch einen in Steilwände hineinführt, die den Absturz wahrscheinlich machen. Nur in der Mathematik lassen sich ja exponentielle Verläufe bis ins Unendliche hinein extrapolieren. In der Wirklichkeit wäre in der Tat das Ende solchen Fortschritts der in Basel symbolisierte Exponentialtreppenabsturz, sofern in der Reaktion auf die Erfahrung solcher Verläufe nicht zukunftsträchtigere Lösungen gefunden werden. Einige tatsächlich beobachtbare Reaktionsformen auf kulturelle Verläufe möchte ich schildern. Dabei kommt es natürlich lebenserfahrungsmäßig gar nicht in jedem Falle darauf an, ob die fraglichen Verläufe auch vermessen sind. Es genügt, daß sie für die sie wahrnehmenden Zeitgenossen die Anmutungsqualität haben, daß es nicht immer so weitergehen kann. Ich demonstriere das zunächst am Beispiel der Kunst. Auch hier läßt sich zunächst eindrucksvoll das Phänomen der Innovationsverdichtung konstatieren. Einem vom Konstanzer Romanisten Hans Robert Jauss erarbeiteten Kalendarium kunstgeschichtlich üblicher Epochenbegriffe ist die Auskunft zu entnehmen, daß in dem Halbjahrhundert zwischen 1850 bis 1900 konventionellerweise sieben große Stilrichtungen in der bildenden Kunst sich unterscheiden lassen – vom Realismus bis zum beginnenden Sezessionismus. Hingegen wird allein für das eine Jahrzehnt zwischen 1960 und 1970 die doppelte Anzahl gängiger Hauptstilrichtungen unterschieden – nunmehr vom Magischen Realismus bis zum Environment. Das bedeutet eine Steigerung der künstlerischen Innovationsrate um den Faktor zehn in einhundertundzwanzig Jahren.

Nichts hat diese Beschleunigung stärker vorangetrieben als die künstlerische Selbstverpflichtung auf Avantgardismus.[16] Darunter mag hier schlicht das Prinzip verstanden werden, die Neuerung als Neuerung zu prämieren. Dazu paßt, in den wilden Jahren des Futurismus, der Gestus des Museumssturms, auch die Thematisierung der Geschwindigkeit im Sujet und die Ästhetisierung der Technik als des realen Mediums der Steigerung der Geschwindigkeit zivilisatorischer Verläufe.

Indessen sind die Konsequenzen der Selbstverpflichtung auf künstlerische Produktion vom Typus permanenter innovatorischer Selbstüberbietung paradox, genauer: scheinbar paradox. Für das Individuum zunächst ist nämlich die Konsequenz diese: Wer heute bereits von morgen sein will, bewirkt nur, daß er übermorgen selber von gestern ist. Entsprechend wächst die Menge der Künstler ständig, die in ihren späteren Lebensphasen nichts anderes mehr sind als die Repräsentanten der großen Neuerung, für die sie vorgestern standen. Auch hier ist der Preis des Avantgardismus die Erhöhung der Veraltensrate, und die Menge der

16 Vgl. dazu meinen Aufsatz »Historisierung und Ästhetisierung. Über Unverbindlichkeiten im Fortschritt«, in: Oikeiosis, Festschrift für Robert Spaemann, hrsg. von Löw, R., Weinheim 1987, S. 149–166.

Produkte wächst, die bereits bei Ablieferung Museumsreife erlangt haben.

Ein anderes Moment kommt hinzu: Die Verarbeitungskapazitäten des historischen Sinns werden überfordert. Anschaulich heißt das: Wer heute die Entwicklung der Gegenwartskunst im knappen Zeitraum eines halben Jahrhunderts zwischen dem Beginn der dreißiger Jahre und unseren eigenen Gegenwartsjahren in wirklich repräsentativen Materialien vorführen will, benötigt dafür Objekte in einer Menge, die sich in konventionellen Museums- und Ausstellungsräumen gar nicht mehr unterbringen lassen. Entsprechend war man für die repräsentative Westkunst-Ausstellung 1983 in Köln darauf angewiesen, für die ausstellungstechnische Vergegenwärtigung der Entwicklung der Kunst in fünfzig Jahren Messehallen in Anspruch zu nehmen. Es ist evident, daß in der avantgardismusbedingt höchst disparaten Objektfülle, im Chaos der Reliktmenge, genetische Ordnung allenfalls noch der Spezialist hineinzubringen vermag. Der nicht spezialistische Zeitgenosse und Kunstfreund nimmt nun gerade nicht mehr Genesen, vielmehr Chaos wahr, und die angemessene Reaktionsform auf die Wahrnehmung chaotischer Fülle ist der Eklektizismus. So geht er also durch die Messehallen, partienweise eilig, und verharrt dort, wo ihm, nach kontingentem Belieben, ein Werk gefällt oder auch in betonter Weise nicht gefällt. Kurz: Die intellektuelle Form der Bewahrung der Souveränität gegenüber dem manifesten Chaos nicht bewältigungsfähiger Reliktmenge ist der Eklektizismus. Nicht zufällig ist daher der Eklektizismus Wahrnehmungs- und Verhaltensprinzip ersten Ranges im sogenannten Post-Modernismus. Vor dem Hintergrund des Geschilderten ist dieser sogenannte Post-Modernismus eine verständliche und in dieser Verständlichkeit auch rationale Reaktionsform auf den Umschlag avantgardistischer Produktion ins Wahrnehmungschaos. Der sogenannte Post-Modernismus legitimiert Vorlieben fürs Gestrige, für beliebiges Alte, dessen spezieller Vorzug ist, in sehr dynamischen Entwicklungen weniger rasch zu altern als das weniger Alte und somit Kontinuitätserfahrung zu verstatten. Ein struktureller Konservativismus bildet sich heraus, den man, auf einen Grundsatz gebracht, folgendermaßen charakterisieren könnte: Beschränkung innovatorischer Praxis, statt auf Möglichkeiten, auf erwiesene Nötigkeiten.

Die Reichweite dieses Grundsatzes erstreckt sich weit über die Kunstszene hinaus in den allgemeinen moralisch normierten Lebensverbringungszusammenhang hinein. Das sei an einem anderen gewichtigen Fall spezifisch moderner Zeiterfahrung gezeigt. Unter Bedingungen der Innovationsverdichtung wird Zeit nicht nur ein knappes Gut. Zeit, als Lebenszeitanteil, wird über Produktivitätssteigerung auch als Freizeit freigesetzt, daß heißt, die Lebenszeiträume dehnen sich für die Mehrzahl der modernen Zivilisationsgenossen immer weiter aus, in denen nichts geschähe, wenn es nicht selbstbestimmt geschähe. Eben das macht wie nie zuvor die Fähigkeit zu produktiver Selbstbestimmung, das heißt, die Fähigkeit zu produktiver, lebensglückträchtiger Zeitverbringung nötig, und es ist daher kein Zufall, daß die Lebensorientierungsgröße »Selbstverwirklichung« im Kontext des Wertewandels dominant wird – bis in die Lebensberatungsspalten der Familien- und zumal auch der Frauenpresse hinein.

Generell darf unserer Gegenwartskultur bescheinigt werden, daß sie in Reaktion auf die Erfahrung der Zeit als notwendigkeitsentlasteter, durch Produktivitätsfortschritte befreiter Zeit sich als schöpferisch erwiesen hat. Die Schilderungen dessen könnte man unter die schöne Überschrift »Blüte der Alltagskultur« stellen – von der unverändert blühenden Lesekultur über die Renaissance der Hausmusik, auch der Gartenkultur bis hin zur produktiven Nutzung beruflicher Kompetenzen in den besagten Zeitfreiräumen im Kontext der sogenannten Schattenwirtschaft. Die Kehrseite solcher schönen alltagskulturellen Bestände gibt es natürlich auch –: die psychischen und sozialen Folgen der Selbstbestimmungsunfähigkeit, in der das Individuum, anstatt sich zu entfalten, sich selbst zum größten Problem wird und sich als Opfer der Verhältnisse erfährt. Die entscheidende Frage ist, wovon abhängt, ob man zu solcher Selbstbestimmung fähig sei oder nicht fähig sei. Die Faktoren der Selbstbestimmungsfähigkeit sind mannigfaltiger Art. In jedem Falle gehört zu diesen Faktoren als notwendige, wenn nicht schon als hinreichende Bedingung, gerade eine Erziehung in Orientierung an Tugenden, auch sekundären Tugenden, die über allen kulturellen Wandel hinein sozusagen klassische Geltungskonstanz behauptet haben – einschließlich der sogenannten sekundären Tugenden von der Ordnung über die Disziplin bis hin zur Pünktlichkeit oder auch der keineswegs mehr sekundären, vielmehr durchaus primären Tugenden des Maßes. – In der Zusammenfassung bedeutet das: Die der geschilderten Zeitverknappung komplementäre Freisetzung notwendigkeitsentlasteter Lebenszeit verschafft nicht nur Beliebigkeitsspielräume, in deren Zusammenhang sich die Individuen nach ihren Kulturniveaus differenzieren. Sie macht komplementär dazu zugleich auch die Orientierung an kulturellen Beständen nötig, die über den kulturellen Wandel hin gerade durch Konstanz ihrer Geltung ausgezeichnet sind.

Auf einen allgemeinen evolutionstheoretischen Satz gebracht, bedeutet das: Die Menge der Elemente, in denen eine Kultur ihre kommunikative Einheit hat, kann sich nicht beliebig rasch ändern. Hohe kulturelle Entwicklungsdynamik setzt hohe Konstanz in der Geltung eines Teils der Kulturelemente voraus. Dynamische Kulturen gefährden sich selbst durch die komplementär zu ihrer Dynamik hohe Traditionsveraltensgeschwindigkeit, und um mit der Herausforderung dieser Veraltensgeschwindigkeit von Traditionen fertig zu werden, werden die anteilmäßig gewiß rückläufigen traditionalen Bestände um so wichtiger, deren Geltung Konstanzen aufweist.

Anders ausgedrückt: Es scheint Grenzen individueller und auch institutioneller Innovationsverarbeitungskapazität sowohl in institutioneller wie individueller Hinsicht zu geben. Der intergenerative kulturelle Informationstransfer ist potentiell gefährdet, wenn die kulturellen Orientierungen jener zwei Generationen, die im sozialen Kleinverband einer modernen Familie zusammenleben, allzuweit auseinanderdriften. Prozesse des Erwachsenwerdens ebenso wie Prozesse des Älterwerdens nehmen prekäre Züge an, wenn die Menge der kulturellen Bestände, die über die kurze Frist eines durchschnittlichen Lebens hin Geltungskonstanz haben, mit Desorientierungsfolgen zusammenschmelzen.

Übrigens hat hohe Änderungsdynamik auch für die kulturelle Geltung der Wissenschaften Bedeutung. Noch im 19. Jahrhundert gab es eine gemeinkulturelle Verpflichtung des gebildeten Publikums auf Kenntnis wissenschaftlicher Weltbilder. Je mehr die Ergebnisse, aus denen heute wissenschaftliche Weltbilder gefertigt werden müssen, den Regionen des sehr Großen, sehr Kleinen und sehr Komplizierten entstammen, je größer zugleich die Dynamik im Anfall solcher forschungsabhängigen Kenntnis ist, um so geringer wird zugleich die temporale Konstanz wissenschaftlicher Weltbilder und damit die Chance, sie curricular über unsere Bildungseinrichtungen einigermaßen, nämlich für die Dauer einer Generation, geltungskonstant ins allgemeine Kulturmilieu zu transferieren. Eben das bedeutet: Wenn das Bild von der Welt, in der wir leben, sich über eine ungewisse temporale Grenze hinaus wandelt, erlischt, kraft mangelnder Realisierbarkeit, die Verpflichtung, weltbildorientierungsmäßig up-to-date zu bleiben, und die Wissenschaft erleidet kulturelle Geltungsverluste.[17] Ihr Legitimationsprinzip »curiositas« verliert an Geltung und das Prinzip der Relevanz gewinnt komplementär an kulturellem Stellenwert.

Grenzen der Verarbeitbarkeit wissenschaftlichen Fortschritts mögen in einigen Forschungsbereichen sogar in finanzieller Hin-

17 Vgl. dazu meine Abhaltung »Die Wissenschaften und ihre kulturellen Folgen«, Rheinisch-Westfälische Akademie der Wissenschaften, G 285, Opladen 1987.

sicht auftreten. In Teilbereichen der Forschung und Entwicklung, so scheint es, steigen die Kosten der Forschungspraxis rascher an als der erhoffte Erkenntnisgewinn. Im Bereich der Kernphysik scheint das, bei der Kostenentwicklung hinsichtlich der eingeforderten, immer leistungsfähigeren Teilchenbeschleunigungsanlagen, der Fall zu sein. Kurz: Der Forschungsprozeß scheint durch einen abnehmenden Grenznutzen charakterisiert zu sein, was bedeutet, daß jenseits einer ungewissen Grenze wissenschaftspolitisch die Frage sich zwangsläufig stellt, ob uns der erhoffte Forschungsgewinn auch noch in demselben Maße teuer sei, wie er uns kommt.

Auch in den Bereichen der Wirtschaft scheint es Grenzen der Verarbeitbarkeit von Innovation zu geben. Aus der Industriegeschichte des 19. Jahrhunderts wissen wir, daß damals in vielen Produktionsbereichen die Leistungssteigerung der maschinellen Infrastruktur sich noch in Grenzen bewegte, die es wirtschaftlich möglich machte, mit der Installation einer neuen Maschinengeneration zu warten, bis die ältere kraft Verschleißes veraltet war. Inzwischen gibt es viele Produktionsbereiche, in denen die von den Finanzbehörden einzuräumenden Abschreibungsfristen weit unter die gebrauchsabhängige Verschleißdauer der fraglichen Maschinen abgesunken ist und man erkennt, daß es schließlich auch wirtschaftliche Grenzen der Verarbeitbarkeit von Innovationen im Bereich von Forschung und Entwicklung gibt.

Schließlich gibt es Grenzen unserer Kapazitäten zur Verarbeitung von Innovation, die sich als Grenzen der Planbarkeit von Zukunft charakterisieren lassen. Einerseits nimmt mit der sozialen und naturalen Reichweite unseres technisch instrumentierten Handelns zugleich auch die Nötigkeit zu, die temporale Reichweite unserer Handlungspläne in immer weitere Zukunftsräume hinaus auszuweiten. Lebensweltlich nehmen wir diesen Bestand alle zur Kenntnis in Gestalt jener Terminkalender, die wir als Taschenkalender mit uns führen, und die expandierende Planungszeiträume – inzwischen bis zu drei Jahren – aufzuweisen pflegen. Anders ausgedrückt: Unter Innovationsverdichtungsdruck expandiert die mit Handlungsplänen besetzte Zukunft. Gewiß läßt sich sagen, daß Rechnen in langen Zukunftsfristen ein altes Element unserer Kultur ist. Waldbauern mußten immer schon mit der Frist mehrerer Generationen zwischen Wiederaufforstung und Waldernte rechnen. Moderne Planungszeiträume haben aber demgegenüber eine gänzlich andere temporale Struktur. Sie erzwingen Planung als Handlungskoordination durch vorweggenommene Handlungssynchronisation, und das zugleich unter innovationsabhängig zunehmender Ungewißheit der Bedingungen, mit denen man künftig zu rechnen haben werde. Da zumindest kognitive Innovationen prinzipiell nicht prognostizierbar sind, nimmt just mit dem eigentlichen Zivilisationsdynamik auslösenden Faktor, nämlich der forschungspraxisabhängigen kognitiven Innovation, mit der Expansion planungstechnisch zu besetzender Zukunftsräume zugleich die Chance der Kalkulation der Bedingungen, mit denen man künftig zu rechnen haben werde, ab. Moderne Zivilisationsdynamik erhöht ineins somit den Ausgriff in die Zukunft und die Schwierigkeit der Findung verläßlicher zukunftsbezogener Wirklichkeitsannahmeprämissen künftigen Handelns.

Ich verzichte auf weitere Exemplifizierungen von Erfahrungen mit Grenzen unserer kulturellen Verarbeitungskapazitäten für Innovationen und liste abschließend einige Reaktionsformen, zum Teil in der Zusammenfassung von bereits Gesagtem, auf.

Erstens reagieren wir auf den erfahrenen evolutionären Charakter unserer Zivilisation mit der Historisierung dieser Zivilisation. Der Zweck dieser Historisierung ist der besagte: Wir erhalten auf diese Weise unsere eigene, uns immer rascher fremd werdende Vergangenheit als eigene Vergangenheit aneignungsfähig beziehungsweise die Vergangenheit anderer diesen zuschreibungsfähig, und halten so aussagbar, wer wir sind.

Zweitens reagieren wir auf die innovationsabhängig erhöhte Veraltensrate kultureller Bestände mit strukturellem Konservativismus, das heißt, wir kehren kompensatorisch hervor, was im Wandel der Dinge den Vorzug größerer zeitüberdauernder Geltungskonstanz hat, das heißt, wir pflegen Klassik und gehen mit Traditionen, die die Verheißung einiger Geltungskonstanz haben, wie mit knappen Ressourcen, nämlich sparsam um. Dieser Konservativismus hat mit den traditionellen politisch-ideologischen Konservativismen, die sich im frühen 19. Jahrhundert herausgebildet haben, nichts mehr gemein. Es handelt sich nicht um eine Präferenz für Altes aus der Perspektive identifizierbarer sozialer Gruppen, deren soziale Vorzugsposition an der Konservierung alter Bestände hing. Es handelt sich vielmehr um einen, wie ich gesagt habe, strukturellen Konservativismus, der sich genau in dem Augenblick herausbildet, wo wir die Erfahrung machen, daß uns weniger die Mißlichkeiten aufgehaltenen Fortschritts als die prekären Nebenfolgen eines Fortschritts zu schaffen machen, der sich längst durchgesetzt hat. Ich kann zu Zwekken der Wiederholung auch noch einmal die Formel anbieten, daß in dynamischen Zivilisationen sehr Altes in der Definition von Klassischem den ungemein wichtigen Vorzug gewinnt, weniger rasch als das weniger Alte zu altern.

Drittens reagieren wir, komplementär zur wachsenden Schätzung klassischer Bestände, auf den eingangs skizzierten, sich erhöhenden Innovationsdruck mit Eklektizismen, mit der Ausbildung von Beliebigkeiten, Individualisierungen und Spezifizierungen. Das bedeutet: Komplementär zur wachsenden Wichtigkeit klassischer Bestände erhöhen wir die Menge des Disponiblen, verringern also relativ die Menge dessen, was allen Kulturgenossen als verbindlich angesonnen werden kann. Genau in diesem Sinne läßt sich zum Beispiel die moderne Verfassungsentwicklung beschreiben. Menschen- und Bürgerrechte, als Grundrechte, lassen sich ja als Rechte beschreiben, die genau diejenigen Lebensbereiche ausgrenzen, die wir nicht zur Disposition politischer Entscheidungsgremien gestellt wissen möchten, die wir insbesondere auch nicht zur Disposition von Mehrheiten gestellt wissen möchten und die man daher in genau diesem Sinne auch nicht demokratisieren kann. Das heißt umgekehrt ausgedrückt: Wir lassen die Menge derjenigen Lebensorientierungen zunehmen, in denen wir uns wechselseitig beliebiges Anderssein zubilligen.

Viertens werden wir unter dem Druck von Innovationen kostenbewußt – nicht nur mit der eingangs geschilderten Wirkung der Erhöhung der Innovationsrate durch Rationalisierungszwang, vielmehr auch durch Geltendmachen wirtschaftlicher, gegebenenfalls auch bedienungskompetenzmäßiger Grenzen der Ersetzung von Neuem durch Neueres im investiven Bereich.

Fünftens wird die Innovationssteigerung begrenzt durch Erfahrungen der Rationalitätsverluste, die uns über erfahrene Grenzen der Planbarkeit durch abnehmende Prognostizierbarkeit der Realitätsprämissen künftigen Handelns drohen.

Sechstens verändert sich auch der Hauptfaktor kultureller Dynamisierung, die Wissenschaft, in ihrer kulturellen Position. Nicht zuletzt ihrer disproportional anwachsenden Kostenträchtigkeit wegen gewinnt das wissenschaftspolitische und wissenschaftskulturelle Legitimationsprinzip der Relevanz gegenüber dem der »curiositas« Dominanz, und die Kulturbedeutung wissenschaftlicher Weltbilder nimmt ohnehin wegen der längst überschrittenen kulturellen Kapazitäten ihrer gemeinkulturellen Rezeption ab. Das bedeutet: Mit fortschreitender Verwissenschaftlichung unserer Zivilisation pragmatisiert sich unser kulturelles Verhältnis zur Wirtschaft.

Die Gleichzeitigkeit des Ungleichzeitigen – Ein Diskussionsbeitrag aus historischer Sicht

Franz-Josef Jakobi

Eigentlich hat jedes veränderliche Ding das Maß seiner Zeit in sich; dies besteht, wenn auch kein anderes da wäre; keine zwei Dinge der Welt haben dasselbe Maß der Zeit.
(Johann Gottfried Herder)*

Einleitung

Der Münchener Entwicklungsbiologe Till Roenneberg, Mitherausgeber der Schriftenreihe »Biologische Rhythmen«, nahm kürzlich in einem Interview zu Fragen nach der biologischen Bedeutung von Zeitrhythmen Stellung. Er führte darin aus, daß für die Entwicklung der Arten über lange erdgeschichtliche Zeiträume hinweg sie ein ausschlaggebender Faktor waren: »Im Laufe der Jahrmillionen überlebten nur diejenigen Lebewesen, die optimale Rhythmen hatten und diese über ihre Gene weitervererbten.« Die dem Wechsel der Jahres- und Tageszeiten folgende ›innere Uhr‹ bestimmte den Bio-Rhythmus aller Individuen auf vielfältige Art und Weise. Die wesentlichen Steuerungsimpulse erfolgten über Licht- und Temperaturunterschiede. Dieser Regelungsmechanismus gilt auch für den Menschen; allerdings ist für ihn aus dem Zusammenwirken evolutionsgeschichtlich vorgegebener und kulturgeschichtlich veränderter Rahmenbedingungen die art-

* Aus der »Metakritik zur Kritik der reinen Vernunft«, hier zitiert nach Reinhart Koselleck, Vergangene Zukunft. Zur Semantik geschichtlicher Zeiten, Frankfurt 1989, S. 10.

spezifische ›innere Uhr‹ gewissermaßen individualisiert worden: »Im Laufe seiner Entwicklung hat sich der Mensch als einziges Lebewesen bis zu einem gewissen Maß dem uniformierenden Druck der Natur entzogen, so daß die Ausprägung verschiedener Eigenschaften bei uns eine wesentlich größere Bandbreite bekommen hat als etwa bei einem Heringsschwarm oder einer Gazellenherde.« Aus der Sicht des Entwicklungsbiologen sind im Laufe der die natürlichen Lebensbedingungen fundamental verändernden Modernisierungs- und Urbanisierungsprozesse des 19. und 20. Jahrhunderts – »mit der Industrialisierung oder besser gesagt: mit der Erfindung des künstlichen Lichtes« – die synchronisierten äußeren und inneren Zeitrhythmen aus dem Takt geraten: »Zunächst vereinheitlichte man in den Fabriken übers Jahr hinweg mit elektrischer Beleuchtung die Länge des Arbeitstages. Später überbrückte die Zentralheizung auch die jahreszeitlichen Temperaturschwankungen. Damit wurden die zwei wichtigsten äußeren Zeitgeber des Menschen, Licht und Temperatur, nahezu eliminiert«.

Wenn heute die Zeittakte des Arbeits- und Wirtschaftslebens über die verschiedenen Zeit- und Klimazonen hinweg global synchronisiert werden, droht das, den entwicklungsgeschichtlichen Vorteil wieder aufzuheben. Auf die provozierende Frage, ob also der Wecker, der dauerhaft den menschlichen Biorhythmus stört, krank mache und das Leben verkürze, antwortet der Entwicklungsbiologe mit einem entschiedenen »Unbedingt«.[1]

Fast gleichzeitig mit diesem Interview eines prominenten Naturwissenschaftlers wurde in der Wochenzeitung »Die Zeit« unter der Überschrift »Die Last der Hast« das in diesem Frühjahr mit dem deutschen Titel »Die Landkarte der Zeit« erschienene Buch des amerikanischen Psychologen Robert Levine[2] vorgestellt und ein Interview mit dem Klagenfurter Philosophen Peter Hein-

1 Warum verkürzt der Wecker das Leben, Herr Roenneberg?, Frankfurter Allgemeine Magazin, Heft 948 vom 30. April 1998, S. 52f.

2 Robert Levine, Eine Landkarte der Zeit, München 1998.

tel veröffentlicht, der im Jahre 1990 einen »Verein zur Verzögerung der Zeit« gegründet hat.[3] Heintel möchte mit seinem Verein einem Phänomen entgegenwirken, das mit den Veränderungen der Modernisierung und Industrialisierung seit dem 19. Jahrhundert einhergeht und heute für weite Teile unserer Gesellschaft dominant geworden ist: der Beschleunigung. Auf die einleitend geäußerte These des Interviewers, ›Zeitnot‹ sei doch schon seit Platon und den alten Römern beklagt worden, entgegnet er, daß aus seiner Sicht die Situation heute »prinzipiell anders« sei: »Zum ersten Mal in der Geschichte erleben wir, daß in *einem* dominanten System der Gesellschaft, der Ökonomie, die Beschleunigung zum Prinzip erhoben wurde – und dieses System dominiert heute viele andere Bereiche und macht sie von sich abhängig«.[4]

Robert Levine hat in seinem Buch die Ergebnisse empirischer Untersuchungen und vergleichender Experimente zu Zeitabläufen und Zeitwahrnehmungen in den unterschiedlichsten Kulturen und Gesellschaften publiziert. Er kommt zu dem Ergebnis, daß – wie zunächst nicht anders zu erwarten – durchaus große Unterschiede in den auf die Zeit bezogenen Verhaltensmustern und Einstellungen bestehen, erstaunlicherweise aber hohes Tempo und stark beschleunigte Abläufe im privaten wie im öffentlichen Leben keineswegs immer und überall als belastend oder gar bedrohlich empfunden werden. Für positives oder negatives Empfinden der Zeitabläufe ist vielmehr der ›richtige‹ Rhythmus ausschlaggebend, der je nach Lebensumständen und Situationen sehr unterschiedlich sein kann. Der Rezensent ordnet die Beobachtungen Levines ein in die ausgedehnte aktuelle Diskussion in den Sozialwissenschaften zu diesem Thema und faßt als Ergebnis seiner Bestandsaufnahme zusammen: »So gleicht die Suche nach dem richtigen Tempo der Quadratur des Kreises. Während die einen über ihr gehetztes Leben in der Großstadt klagen,

3 Die Zeit Nr. 20 vom 7. Mai 1998, S. 39–40.
4 Ebd., S. 40.

schimpfen jugendliche Dorfbewohner über das fade Dasein in ihrem Kaff. Man müsse auf seinen eigenen ›Trommelschlag‹ hören, fordert Robert Levine, und versuchen, sein individuelles Tempo mit dem seiner Umgebung in Einklang zu bringen«.[5]

Die beiden innerhalb einer Woche erschienenen Zeitungsartikel machen deutlich, daß der Problembereich ›Zeitabläufe, Zeitwahrnehmungen, Zeitvorstellungen‹ gegenwärtig in vielen Wissenschaftsbereichen und disziplinenübergreifend diskutiert wird und daß er von hohem öffentlichen Interesse ist. Höchst aufschlußreich erscheint, daß der lange gattungsgeschichtliche Zeiträume betrachtende Entwicklungsbiologe im Einklang mit Geistes- und Sozialwissenschaftlern die gegenwärtige Situation der sich beschleunigenden und aus dem Takt geratenden Zeitrhythmen mit ihren negativen Aspekten und Gefährdungspotentialen verursacht sieht durch Entwicklungen, die vor gut 200 Jahren begonnen haben: durch die mit den Modernisierungsprozessen des späten 18. und des 19. Jahrhunderts einhergehenden Veränderungen der Zeitabläufe in den mit rasantem Tempo entstehenden europäischen Industriegesellschaften.

Dieser Begründungszusammenhang muß noch um eine entscheidende Dimension erweitert werden: Mit der Vereinheitlichung der Zeitabläufe und der Etablierung artifizieller Zeitrhythmen unabhängig vom Wechsel der Tages- und Jahreszeiten war – zumindest für die geistigen Führungsschichten – auch eine fundamentale Veränderung der Zeitwahrnehmung verbunden. Die allgemeine ›Historisierung des Denkens‹, die im Zeitalter der Aufklärung zunächst die Gelehrtenwelt und dann im 19. Jahrhundert die gesamte, die Modernisierungs- und Industrialisierungsprozesse tragende bürgerliche Gesellschaft erfaßte, machte die Denkfigur der ›Gleichzeitigkeit des Ungleichzeitigen‹ bzw. ›Ungleichzeitigkeit des Gleichzeitigen‹ möglich. Wie ja in diesem Band an anderer Stelle bereits deutlich wird, ist diese Denk-

5 Ebd.

figur für die gegenwärtige Debatte über den Umgang mit der Zeit durchaus von Belang.[6] Es erscheint also angebracht, ihre Entstehung im Zusammenhang mit dem neuen Geschichtsbild der Aufklärung genauer in den Blick zu nehmen und dann nach ihrer Bedeutung für die gegenwärtige Diskussion zu fragen.

1.

In den zwei Artikeln »Geschichte, Historie« und »Fortschritt« für das große Lexikonunternehmen »Historische Grundbegriffe« hat Reinhart Koselleck diesen Zusammenhang in aller Ausführlichkeit dargestellt.[7] Danach war eine veränderte Betrachtung der Vergangenheit in der Tat ein wichtiger Aspekt aufklärerischen Denkens. Am Ende einer langen Traditionslinie formte sich in der europäischen Gelehrtenwelt des 18. Jahrhunderts eine neue Vorstellung von Geschichte aus. Verstanden als Summe aller von Menschen gestalteten und erlittenen Geschehnisse in der Welt wird ›die Geschichte‹ – »das gesamte politisch-soziale Beziehungsgeflecht auf dieser Erde in allen seinen zeitlichen Erstreckungen« – zu einem zentralen Leitbegriff, ähnlich wie es etwa für das Mittelalter das theologisch begründete Deutungsschema der »Geschichte Gottes mit den Menschen«[8] gewesen war, nach

6 Vgl. die Beiträge von Peter Busch und Hermann Lübbe.

7 Reinhart Koselleck, Fortschritt, in: Geschichtliche Grundbegriffe. Historisches Lexikon zur politisch-sozialen Sprache in Deutschland, hrsg. von Otto Brunner, Werner Conze, Reinhart Koselleck, Band 2, Stuttgart 1979, S. 351–423; darin: Christian Meier, II. ›Fortschritt‹ in der Antike (S. 353–363); Reinhart Koselleck, Geschichte, Historie, ebd., S. 593–717; darin: Christian Meier, II. Antike (S. 595–610); Odilo Engels, III. Begriffsverständnis im Mittelalter (S. 610–624); Horst Günther, IV. Historisches Denken in der frühen Neuzeit (S. 625–647).

8 Vgl. dazu den Gesamtüberblick durch Karl Löwith, Weltgeschichte und Heilsgeschehen. Die theologischen Voraussetzungen der Geschichtsphilosophie, Stuttgart, 4. Aufl. 1953.

dem alle Einzelgeschichten der Menschen – der Geschlechter und Dynastien, der Völker, Städte und Reiche – als Teil des göttlichen Heilsplans gesehen werden konnten und mußten. Der neue Leitbegriff überlagerte bald alle älteren und konkurrierenden Erklärungsmuster: »Wo früher Recht oder Strafe, Gewalt, Macht, Vorsehung oder Zufall, Gott oder das Schicksal beschworen werden mochten, konnte man sich seit dem Ende des 18. Jahrhunderts auf die Geschichte berufen.«

Dieser Leitbegriff der »Geschichte schlechthin« wurde im Zuge seiner Etablierung als dominantes Erklärungsmuster für die Betrachtung der Vergangenheit mit neuen Bedeutungsgehalten angereichert, die zunächst widersprüchlich erscheinen mögen: Auf der einen Seite wird ›die Geschichte‹ verstanden »als Prozeß, als Fortschritt, als Entwicklung, als Notwendigkeit«, auf der anderen »als Handlungsfeld und Tat, als Freiheit«, sie wird »planbar, produzierbar, machbar«.[9]

Mit diesem letzteren Segment des Bedeutungsspektrums ist der Erfahrungsraum der Vergangenheit überschritten, und die Gegenwart wie die Zukunft werden in das Interpretationsschema einbezogen. Die Überschaubarkeit und Deutbarkeit der Vergangenheit insgesamt, die Gestaltbarkeit der Gegenwart nach der Devise ›historia docet‹ und die Prognostizierbarkeit und Planbarkeit der Zukunft nach dieser Devise führen in letzter Konsequenz zu einer vollständigen Historisierung aller denkbaren Zeitabläufe, bzw. Geschichte wird – wie Koselleck sagt – »in einem genuinen Sinne verzeitlicht«: »Die Zeit wird mehrschichtig, nicht mehr nur als naturgegeben erfahren, sondern als Vollzugsweise und Ergebnis menschlichen Handelns, menschlicher Kultur und vor allem menschlicher Technik.«[10]

Blieb dieses Gedankengebäude noch weitgehend akademisch mit eher mittelbaren Auswirkungen auf das politische, wirtschaft-

9 KOSELLECK, Geschichte, (wie Anm. 7) S. 594.
10 Ebd., S. 595.

liche, soziale und kulturelle Leben im bürgerlichen 19. Jahrhundert, so gilt das Gegenteil für den parallel entstandenen zweiten Leitbegriff: ›Fortschritt‹. Er bot die Möglichkeit, die neue Sichtweise geschichtlicher Entwicklungen, und ganz generell prozessualer Abläufe in der Zeit, zu bündeln und zugleich programmatische Handlungsmaximen daraus abzuleiten – ein Begriff, der, wie Koselleck sagt – »den Handlungs- und Erfahrungsraum der Geschichte sowohl theoretisch wie praktisch zu bestimmen sucht.«[11]

Der Fortschrittsgedanke erfaßte alle wichtigen historischen Wissens- und Forschungsbereiche bzw. er wurde darauf angewandt. Bei vergleichender Betrachtung von Entwicklungen in unterschiedlichen Gesellschaften bzw. Gesellschaftsschichten, Völkern und Regionen geriet alsbald die ›Gleichzeitigkeit des Ungleichzeitigen‹ als zentrales Problem in den Blick. Friedrich Schlegel hat es etwa für die Bildung als eines der wichtigsten Anliegen der Aufklärung wie des frühen 19. Jahrhunderts folgendermaßen formuliert: »Das eigentliche Problem der Geschichte ist die Ungleichheit der Fortschritte in den verschiedenen Bestandteilen der gesamten menschlichen Bildung, besonders die große Divergenz in dem Grade der intellektuellen und der moralischen Bildung.«[12]

Die Wahrnehmung der ›Gleichzeitigkeit des Ungleichzeitigen‹ ist es demnach, die Fortschritt überhaupt erfahrbar macht, und zwar in der Relation verschiedener geschichtlicher Prozesse in je unterschiedlichem Stadium, mit je unterschiedlichen Zeitrhythmen. Stillstände und Rückfälle können dabei im Hinblick auf den Gesamtprozeß als retardierendes Moment oder auch als Verlust der gestaltenden Teilhabe durch bestimmte Akteure verstanden werden. Aus der Analyse der Vergangenheit kann durch diese Art der Geschichtsbetrachtung unschwer die Diagnose der je

11 Koselleck, Fortschritt, (wie Anm. 7) S. 353.

12 Zitiert nach Koselleck, ebd., S. 391.

eigenen Gegenwart abgeleitet und sogar die Möglichkeit der Prognose für den weiteren Fortschritt in der Zukunft gewonnen werden. Der fundamentale Unterschied zum ja ebenfalls eschatologisch ausgerichteten Geschichtsdenken des Mittelalters ist evident: »Die Gleichzeitigkeit des Ungleichzeitigen konstruiert die jeweils gegenwärtige Erfahrung einer Generation, die sich auf bestimmten Gebieten oder innerhalb der sozialen Schichtung als ›vorauseilend‹ oder ›zurückbleibend‹ begreift. Insofern unterscheidet sich diese Gleichzeitigkeit des Ungleichzeitigen von der figuralen oder typologischen Zuordnung, die im christlichen Mittelalter vergangene und gegenwärtige Ereignisse theologisch synchronisiert. Es handelt sich – um den Abstand zu vorangegangenen christlichen Lehren auszumessen – nicht mehr um die Erfahrung einer göttlichen Ökonomie, die nacheinander erfüllt, was überzeitlich aufeinander zugeordnet ist, sondern der Fortschritt vollzieht sich in den zeitlichen Brechungen ständig neu sich reproduzierender Hiatus-Erfahrungen.«[13]

Die Denkfigur der ›Gleichzeitigkeit des Ungleichzeitigen‹ ist somit ein Konstituens für die Wahrnehmung der Geschichte als Fortschritt. Sie ermöglicht zugleich aber auch, den einzelnen historischen Geschehnissen ihren je eigenen Stellenwert im ganzen, ihren je eigenen Zeitrhythmus zuzuerkennen: »... die Wirklichkeit der modernen Geschichte (setzt sich) aus einer Vielzahl, nach Kalenderrechnung gleichzeitiger, aber nach Herkunft, Ziel und Entwicklungsphasen ungleichzeitiger Abläufe zusammen. Daraus entstehen Spannungen, Perspektiven der Verzögerung und der Beschleunigung, Verzerrungen und Vereinheitlichungen, die zur Thematik unserer Weltgeschichte gehören.«[14]

Gerade dieser letztere Aspekt ist angesichts der Verabsolutierung, die das Deutungsschema des Fortschritts im politischen wie im technisch-ökonomischen Denken und Handeln des 19.

13 Ebd., S. 391f.
14 KOSELLECK, Geschichte, (wie Anm. 7) S. 595.

und 20. Jahrhunderts erfahren hat – darauf ist hier jetzt nicht einzugehen – von besonderem Interesse. Die Wahrnehmung der ›Gleichzeitigkeit des Ungleichzeitigen‹ und ihre Anerkennung als konstitutives Element im geschichtlichen Ganzen steht jedenfalls solchen Tendenzen zur Verabsolutierung grundsätzlich entgegen. Auf diese Sperrigkeit und Widerständigkeit ist zurückzukommen.

2.

Bis in unsere Gegenwart wurde die Verkürzung der Zeitdimensionen im Sinne des Fortschritts als positiv empfunden, vor allem dann, wenn sie mit der immer schnelleren Überbrückung räumlicher Distanzen verbunden war. Die Concorde wurde gefeiert als schnellstes ziviles Flugzeug, das die Überquerung des Atlantik hin- und zurück in einem Tage ermöglicht, die Luftkissenboote als schnellste Reiseverbindung zu Wasser, die Hochgeschwindigkeitszüge in Japan und Europa wegen der ständig weiter verkürzten Reisezeiten zu Lande; die Magnetschwebebahn soll in dieser Hinsicht eine weitere Dimension des Fortschritts eröffnen.

Heute scheinen durch die Möglichkeiten der Telekommunikation die natürlichen Raum-Zeit-Distanzen weltweit ihre Bedeutung zu verlieren. Allerdings wird die ›Globalisierung‹ zunehmend als Bedrohung, zumindest als zu bewältigende Herausforderung empfunden. Politische, ökonomische und auch kulturelle Geschehnisse sind nicht mehr räumlich begrenzt und begrenzbar, ihre Auswirkungen erreichen uns potentiell fast ohne Zeitverzug, immer größeren Aufwand erfordern die Vorkehrungen zum Schutz vor negativen Folgen.

Bei der Diskussion über die ›Globalisierung‹ ist naturgemäß – und wie die wenigen erwähnten Beispiele zeigen – gleichzeitig mit der schwindenden Bedeutung der Raum-Distanzen immer auch die Zeit-Dimension mit im Blick. Bezeichnenderweise ist dabei – in konsequenter Weiterführung des Fortschrittsgedankens – fast ausschließlich von der ständigen Verkürzung der Zeitintervalle, im Sinne einer linearen Beschleunigung, die Rede, nicht jedoch von der zunehmenden Tendenz zur Vereinheitlichung der Zeitrhythmen. Dabei könnte der Zwang zur globalen Synchronisation bei Deformierung oder gar Verlust der je eigenen selbstbestimmten Zeitabläufe – wie z.B. jetzt schon die Beobachtung aller Handelsplätze weltweit ›rund um die Uhr‹ für das internationale Börsengeschehen erforderlich ist – für den einzelnen wie für kleinere und größere soziale Einheiten, letztlich für Gesellschaften insgesamt, durchaus eine ebenso starke Beeinträchtigung der Handlungs- und Gestaltungsfreiheit darstellen wie die Temposteigerungen im Übermaß.

Anhand der jüngst in Buchform erschienenen zusammenfassenden Darstellung der Aspekte und Probleme der ›Globalisierung‹ durch den ehemaligen Bundeskanzler Helmut Schmidt[15] läßt sich die Problematik leicht verdeutlichen. Als Gastprofessor der Heinrich-Heine-Universität Düsseldorf hat Helmut Schmidt dem Thema drei Vorlesungen gewidmet. Der Universität erschien die Publikation angezeigt, weil – wie es im Geleitwort des Rektors heißt – in den Ausführungen Schmidt's »zum ersten Mal die wirtschaftlichen, die praktisch-politischen und die geistig-kulturellen Dimensionen von Globaliserung zusammen gesehen« werden. Der »oft verwaschene Begriff« gewinne durch die Zusammenschau der Aspekte »eine neue analytische Kraft«. Er lasse uns unsere Lage klarer erkennen und zeige »Möglichkeiten und Notwendigkeiten des Handelns« auf.[16]

Helmut Schmidt geht in der Tat von der Leitfrage aus: »Wenn denn die Globalisierung für uns Gefährdungen und Anpassungs-

15 Helmut Schmidt, Globalisierung. Politische, ökonomische und kulturelle Herausforderungen, Stuttgart 1998.

16 Ebd., S. 7.

zwänge mit sich bringt – haben wir dafür politische, ökonomische, soziale Rezepte?« Ebenso will er die kulturellen Herausforderungen und die Antworten, die ihm geboten erscheinen, erörtern.[17]

In knapper Skizzierung zeigt Schmidt zunächst die uns heute bereits zentral tangierenden Aspekte der Globalisierung auf, »die im Beginn des 21. Jahrhunderts die Welt entscheidend umprägen werden«: »die Explosion der Weltbevölkerung, dazu die schnelle Schrumpfung des Pro-Kopf verfügbaren Raumes; ... die Verdoppelung der an der Weltwirtschaft beteiligten Personen innerhalb von weniger als zwei Jahrzehnten; die unerhörte Beschleunigung des wissenschaftlichen und vor allen Dingen des technischen Fortschritts; die unerhörte Beschleunigung der Ausbreitung des technischen Fortschritts – besonders auf dem Felde der Telekommunikation – über den allergrößten Teil des Erdballs; das vorher niemals erreichte Hochstmaß an internationaler Handelsfreiheit, Niederlassungsfreiheit und Investitionsfreiheit; das nie zuvor erreichte Höchstmaß an Freiheit des Geldverkehrs und des Kapitalverkehrs; der alle nationalstaatlichen Grenzen überschreitende weltweite Spekulationismus; ... der Aufstieg Chinas sowie anderer asiatischer Staaten; die neue Konstellation der Weltmächte im kommenden Jahrhundert; der zu erwartende Aufstieg Osteuropas; die Tendenz zur Angleichung des Lebensstandards zugunsten der neuen Teilnehmer der Weltwirtschaft und zu Lasten der alten Teilnehmer...«[18]

Das Krisen- und Gefährdungspotential, das aus diesen weltweiten Entwicklungen erwächst, führt vor allem in den Ursprungsländern der technischen Zivilisation zu Risiken und Gefährdungen. Diese – und das gilt in besonderem Maße für Deutschland, das Schmidt hauptsächlich im Blick hat – sind darauf nur unzureichend vorbereitet, weil in ihnen der innovatorische Impetus verlorengegangen und statt dessen Erstarrung

17 Ebd., S. 11f.

18 Ebd., die Ausführungen der ersten Vorlesung zusammenfassend, S. 101f.

durch Überbürokratisierung bzw. politische Aktionsunfähigkeit auf staatlicher Ebene sowie rezeptive Passivität bzw. Lethargie und Verlustängste im privaten Bereich dominant geworden sind.

Schmidt fordert, damit den Herausforderungen wirksam begegnet werden kann, die Schaffung bzw. Wiederherstellung effizienter politischer Entscheidungsstrukturen und politischen Handlungswillens auf nationaler und auf europäischer Ebene sowie die Beseitigung der Überbürokratisierung und die Bewältigung der Krise der Institutionen in Verwaltung, Wissenschaft und Bildung, vor allem der Krise der Universitäten. Darüber hinaus formuliert er sowohl für den größten wie für den kleinsten denkbaren Handlungsrahmen Leitsätze, die die Akzeptanz von Unterschieden und die Toleranz von Andersartigkeit bzw. die Stärkung der Individualität zum Programm erheben: Angesichts der zunehmenden sozial-ökonomischen Konkurrenz im Zuge der Globalisierung wird seiner Ansicht nach »der Frieden in hohem Maße auch von der kulturellen und religiösen Toleranz abhängen, welche die Nationen einander gegenüber in Zukunft aufbringen«.[19] Krisenbewältigung kann seiner Ansicht nach nicht aus normierenden Vorschriften und einer verordneten politischen Einheitskultur erwachsen: »Moralisch gesehen drängen Globalisierung und Bevölkerungsexplosion zum Respekt für die kulturelle Identität und für die Interessen anderer Staaten.«[20] Angesichts des drohenden Verlustes der individuellen Gestaltungs- und Urteilsfähigkeit, den er sowohl durch die Gängelungs- und Überbürokratisierungstendenzen der staatlichen Institutionen als vor allem auch durch die allgegenwärtige und ununterbrochene Informationsüberflutung durch die modernen Telekommunikationssysteme verursacht sieht, plädiert er für die »Wiederherstellung der Eigenverantwortlichkeit des Einzelnen« und für »die

19 Ebd., S. 41.
20 Ebd., S. 139f.

Erziehung zum persönlichen kritischen Urteil und zum individuellen Selbstbewußtsein«.[21]

3.

Die Mahnung des Politikers und Zeitkritikers, trotz oder gerade wegen der Herausforderungen der Globalisierung mehr Toleranz für gewachsene kulturelle und politisch-soziale Strukturen aufzubringen und ihnen mit einer Stärkung des Individuellen zu begegnen, wird unterstützt durch die eingangs zitierten Forschungsergebnisse der Natur- wie der Sozialwissenschaften. Die von Entwicklungsbiologen beschriebenen gattungsspezifischen Vorteile des Menschen, Zeitrhythmen individuell variieren und optimieren zu können, weisen in dieselbe Richtung wie die von Sozialpsychologen in weltweiten empirischen Vergleichsstudien festgestellten, jeweils den Umständen angepaßten unterschiedlichen Zeitrhythmen bei Individuen, sozialen Gruppen und ganzen Gesellschaften.

Die Denkfigur der ›Gleichzeitigkeit des Ungleichzeitigen‹ bzw. der ›Ungleichzeitigkeit des Gleichzeitigen‹ ist ein nicht unwesentlicher Beitrag der Historie zu dieser Diskussion. Wann immer man eine historische Querschnittsuntersuchung macht, erscheinen in ein- und demselben Zeithorizont und in ein- und demselben geschichtlichen Handlungsraum Ereignisse, die zu ganz unterschiedlichen Prozessen gehören, die z.B. gerade beginnenden oder gerade zu Ende gehenden Entwicklungen zuzurechnen sind. Wann immer man eine historische Längsschnittuntersuchung macht, geraten phasenverschoben geschichtliche Entwicklungen gleicher Art in den Blick, die in unterschiedlichen Gruppen einer Gesellschaft, an unterschiedlichen Orten eines Handlungsraumes mit jeweils verschiedenem Tempo, mit jeweils

21 Ebd., S. 125f.

verschiedenen Anfangs- und Endpunkten verlaufen. Das gilt für die makrohistorische Betrachtungsperspektive genauso wie für die mikrohistorische. Wenige Beispiele – je eins für die vier genannten Typen historischer Untersuchungen – mögen genügen, das zu verdeutlichen.

Als besonders aussagekräftiger Beispielfall für eine makrohistorische Querschnittsanalyse und -darstellung kann Theodor Schieffers bereits klassisch gewordenes Buch »Winfrid-Bonifatius und die christliche Grundlegung Europas« gelten. Schieffer zeigt darin, wie in der Mitte des 8. Jahrhunderts, in einer Krisen- und Übergangsepoche der europäischen Geschichte, auf vielfältige Weise Altes und Neues zusammentrafen: das Ende der spätantiken römischen Ordnung des westlichen Mittelmeerraumes und die Verlagerung des politischen Gravitationszentrums in das sich konsolidierende Frankenreich; die Umorientierung der Kirche und des Papsttums auf die neue Führungsmacht jenseits der Alpen bei erheblichem Widerstand und Beharrungswillen der traditionellen Kräfte in Rom und Italien; die Umorientierung von Teilen des fränkischen Adels auf die neue kirchliche Legitimation von Herrschaft bei erheblichem Widerstand und Beharrungsvermögen der an althergebrachten germanischen Herrschaftsprinzipien Festhaltenden; die Etablierung einer neuen christlichen Welt- und Lebensordnung im gesamten Großreich der Karolinger bei Fortbestehen der paganen Strukturen in vielen Bereichen des Alltags.... In einer vielschichtigen Synthese stellt Schieffer dar, daß alle diese unterschiedlichen Strömungen und Entwicklungen in der Umgebung des Bonifatius, in seinem weitgespannten Wirkungskreis zwischen Italien und England, präsent waren, daß sie unabhängig voneinander bestehen, aber immer wieder auch in ein spannungsreiches Mit- und Gegeneinander geraten konnten.[22]

22 Theodor Schieffer, Winfrid-Bonifatius und die christliche Grundlegung Europas, Freiburg 1954, Nachdruck Darmstadt 1972.

Als Beispielfall für eine mikrohistorische Querschnittsuntersuchung sei die ebenso berühmt gewordene Studie von Emmanuel Le Roy Ladurie über das Pyrenäendorf Montaillou während der Katharerverfolgungen zu Beginn des 14. Jahrhunderts angeführt. Auf der Grundlage der ausführlichen Verhörprotokolle des Inquisitors Jaques Fournier, des Bischofs von Parmier und späteren Avignon-Papstes Benedikt XII., zeichnet Le Roy Ladurie ein detailliertes Bild der Dorfgesellschaft, ihrer besonderen Religiosität, ihrer sozialen Binnenstruktur mit archaischer Rollenverteilung der Geschlechter, ihrer wirtschaftlichen Verfaßtheit. Diese Dorfgesellschaft hob sich von der sie umgebenden Feudalgesellschaft und der kirchlichen Hierarchie im Süden des Königreichs Frankreich, der der Inquisitor angehörte, wie ein erratischer Block aus einer anderen Welt ab. Es wird gezeigt, wie sie mit dieser ihrer Umgebung in Konflikt geriet, deformiert wurde und letztlich doch unbeeinflußt von den sie kurzzeitig überlagernden Entwicklungen in ihrer Eigenständigkeit weiterbestand.[23]

Eine von der interdisziplinären Kritik hochgelobte Längsschnittdarstellung auf makrohistorischer Ebene ist das Buch der Oxford-Historikerin und mehrjährigen Vorsitzenden des englischen Pen-Clubs C. V. Wedgwood über den Dreißigjährigen Krieg. Mit großer erzählerischer Intensität und Integrationskraft zeichnet die Autorin die während dieses gesamteuropäischen Konflikts miteinander verwobenen sich überlagernden, sich gegenseitig befördernden beziehungsweise behindernden Entwicklungen innerhalb wie zwischen den Staaten und Mächten, den Kirchen und Konfessionen, den gesellschaftlichen Schichten und Gruppierungen nach. Dabei versteht sie es meisterhaft zu zeigen, wie die alte Weltordnung der europäischen Christenheit mit Kaiser und Papst an der Spitze in verschiedenen asynchron ver-

23 Emmanuel Le Roy Ladurie, Montaillou,village occitan de 1294 à 1324, Paris 1975; deutsch: Montaillou. Ein Dorf vor dem Inquisitor 1294 bis 1324, Frankfurt, Berlin, Wien 1983.

laufenden Teilprozessen durch das neue Zeitalter des europäischen Mächtesystems abgelöst wurde, in dem das Völkerrecht als ordnungsstiftendes Moment an die Stelle der Religion trat. Dargestellt ist zugleich, wie an den verschiedenen Handlungsorten und Schauplätzen in unterschiedlichen Abläufen und mit unterschiedlichem Tempo die absolutistische Herrschaftsform mit der merkantilistischen Staatswirtschaft und den entsprechenden Verwaltungsinstitutionen entstand, sowie schließlich, wie von den verschiedenen Protagonisten und Parteiungen Kriegstechnik, Militärwesen und Kriegswirtschaft mit unterschiedlicher Intensität und mit unterschiedlichem Tempo weiterentwickelt und zum Einsatz gebracht wurden.[24]

Mikrohistorische Längsschnittuntersuchungen und -darstellungen sind die vielen – meist aus Anlaß von Jubiläen erschienenen – Stadtgeschichten. Für Münster zum Beispiel wurde sie im Jahre 1993 zum 1200-Jahre-Jubiläum als Gemeinschaftswerk von 50 Autorinnen und Autoren vorgelegt.[25] Darin ist – beginnend mit der Gründung einer Missionszentrale durch den Beauftragten Karls des Großen Liudger und bis zur Situation der 1990er Jahre – der Entwicklungsgang der Stadt und ihrer Bürgerschaft mit all seinen Facetten und Aspekten beschrieben, und zwar auf der Basis eines gleichförmigen Themenrasters, dem einerseits die durch äußere wie innere politische Faktoren gesteuerten kurzfristigen Abläufe und andererseits die in Wandlungsprozessen von längerer Dauer sich nur langsam verändernden Strukturen zugrunde liegen. Auf der einen Seite kommt so für die Zeit vor 1800 das ständig wechselnde Zusammenspiel der politischen, geistigen und wirtschaftlichen Kräfte in der Stadt in den Blick, das im wesentlichen durch die Auseinandersetzungen zwischen

24 C.V. Wedgwood, The Thirty Years' War, London 1965; deutsch: Der 30jährige Krieg, München, Leipzig 1967, 7. Auflage 1994.

25 Geschichte der Stadt Münster, unter Mitwirkung von Thomas Küster herausgegeben von Franz-Josef Jakobi, 3 Bände, Münster 1993.

dem auf seinen Herrschaftsrechten beharrenden bischöflichen Stadtherrn und der sich ausbildenden, Autonomie gewinnenden, sich behauptenden und wieder verlierenden Bürgerschaft bewegt wird; für das 19. und 20. Jahrhundert hingegen, für die Zeit in der Münster sich nach der Integration in das Königreich Preußen in einem größeren Ganzen behaupten mußte, wird gezeigt, wie generell gültige Entwicklungsprozesse im Zuge der Modernisierung und Industrialisierung zunehmend das historisch gewachsene individuelle Stadtprofil überlagerten. Zum andern wird sichtbar, daß die Stadtbevölkerung und die Stadttopographie, die Institutionen der Bildung, der Gesundheits- und Daseinsvorsorge, die Einrichtungen des kirchlich-religiösen, des kulturellen und des wirtschaftlichen Lebens, teils unabhängig davon, teils dadurch beeinflußt, ihren je eigenen Entwicklungsgang genommen haben.

Schluß

An den vorgestellten Beispielen wie an jedem anderen gelungenen historiographischen Werk läßt sich verdeutlichen, daß sich eine geschichtliche Situation nicht als Stadium nur eines Prozesses etwa im Sinne eines allumfassend verstandenen Fortschrittsbegriffs darstellen läßt, bzw. daß geschichtliche Entwicklungen nicht synchron in allen ihren Teilen verlaufen. Funktion und Aufgabe der Historie im hier diskutierten Zusammenhang kann es also sein zu zeigen, daß menschliches Handeln in der Vergangenheit, wo immer man es in den Blick nimmt, gekennzeichnet ist durch die Pluralität der Entwicklungen und durch die zeitliche Verschränkung der unterschiedlichsten Prozesse. Erst die so entstehende prinzipielle Offenheit von Situationen bietet offenbar grundsätzlich die Möglichkeit, auf Krisen und Gefährdungen flexibel und durch neue Konstellationen der wirkenden Kräfte, durch die Aktivierung ungenutzter Potentiale zu reagieren.

Auch wenn seit der Aufklärung immer wieder Kritik an der Funktion und Bedeutung der Historie geübt wurde – im 19. Jahrhundert etwa in besonders vehementer Form von Friedrich Nietzsche[26] und in unserem ähnlich fundamental durch Karl Popper[27] – auch wenn gelegentlich sogar – offenbar in Anlehnung an die Diskussion über die Post-Moderne – die Epoche der Post-Histoire verkündet wird,[28] ist doch zu unterstreichen, worauf Reinhart Koselleck hinweist: »... daß wir seit dem 2. Weltkrieg erstmals in die Etappe der runden Weltgeschichte eingetreten sind, deren Aktionszentren sich von Europa aus pluralistisch auf den Globus verteilt haben. Daß sich damit wiederum neue Geschichten abzeichnen, die aber einen gemeinsamen Erfahrungsraum stiften ...«[29]

Genauso offenkundig wie die Pluralität und Offenheit im Maßstab der Weltgeschichte für die der asynchrone Ablauf von Entwicklungen konstitutiv ist, ist im Alltagsleben der Menschen der »eigene Trommelschlag«, der individuelle Zeitrhythmus konstitutiv. Weder die globale Synchronisation noch das ›Diktat des Weckers‹ sind damit in Einklang zu bringen.

Die historische Denkfigur der ›Gleichzeitigkeit des Ungleichzeitigen‹ bzw. der ›Ungleichzeitigkeit des Gleichzeitigen‹, entstanden im Zusammenhang mit den aufklärerischen Leitbegriffen ›Geschichte‹ und ›Fortschritt‹ sowie konstitutiv für eine pluralistische Weltsicht und Weltdeutung, verdiente somit sowohl als theoretisches Deutungsmuster wie als Handlungsmaxime auf glo-

26 Friedrich Nietzsche, Unzeitgemäße Betrachtung. Zweites Stück. Vom Nutzen und Nachteil der Historie für das Leben, in: Gesammelte Werke. Musarion Ausgabe Band VI, München 1922, S. 227–326.

27 Karl R. Popper, The Poverty of Historicism, 1957; deutsch: Das Elend des Historizismus (Die Einheit der Gesellschaftswissenschaften 3), Tübingen 1965.

28 Vergl. dazu Lutz Niethammer, Posthistoire. Ist die Geschichte zu Ende?, Hamburg 1989.

29 Koselleck, Geschichte, (wie Anm. 7) S. 716.

baler wie auf individueller Ebene stärkere Beachtung. Dadurch könnte das, was dem Fortschrittsgedanken im 19. und 20. Jahrhundert mit zu seiner dominanten Geltung verhalf, jetzt als Gegenmittel gegen die negativen Folgen der aus dem Takt gebrachten individuellen, sozialen und globalen Zeitrhythmen, wie der aus der Kontrolle geratenen Temposteigerungen dienen, sozusagen um die Beschleunigungsfalle zu vermeiden beziehungsweise ihr zu entkommen.

Von der Forschung zur Praxis – Medizin in der Geschwindigkeitsfalle?

Wolfgang Holzgreve

Vorüberlegungen

Medizin, im Spannungsfeld zwischen Heil-»Kunst« und Wissenschaft, ist nicht nur für den einzelnen, von Krankheit bedrohten oder betroffenen Menschen, sondern auch für die Gesellschaft insgesamt von enormer Bedeutung. Auf der individuellen Ebene der Arzt-Patienten*-Beziehung hat schon Immanuel Kant in seiner Abhandlung über den »Streit der Fakultäten« humorvoll den Stellenwert der Mediziner unter den Vertretern verschiedener Berufsgattungen ausgedrückt: »Nach dem Naturinstinkt wird dem Menschen der Arzt der wichtigste Mann sein, weil dieser ihm sein Leben fristet, darauf allerst der Rechtserfahrene, der ihm das zufällige Seine zu erhalten verspricht, und nur zuletzt (falls es zum Sterben kommt), ob es zwar um die Seligkeit zu tun ist, der Geistliche gesucht werden«[1]. Selbst in den heutigen Zeiten, wo die Patienten (zu Recht) immer mehr zu kritischen Konsumenten werden, rangieren sogar in den westlichen Industrieländern die Ärzte immer noch am höchsten auf der Skala des Ansehens (Image) in der Bevölkerung.

Auf gesamtgesellschaftlicher Ebene kann die Bedeutung der Medizin aber auch mit nüchternen Zahlen ausgedrückt werden:

* Es werden der Einfachheit halber in diesem Aufsatz die männlichen Bezeichnungen gewählt, wobei die weiblichen natürlich gleichermaßen gemeint sind.

1 Vgl. R. Töllner: Einführung zu »Illustrierte Geschichte der Medizin«, Salzburg 1986.

Der Anteil des Gesundheitswesens am Bruttosozialprodukt beträgt z.B. nach OECD-Statistiken in den USA inzwischen 14 und in Deutschland 10,5%. In der Schweiz ist dieser Anteil allein von 1996 auf 1997 von 9,7 auf 10,2% angestiegen[2]. Universitätsklinika mit ihrer Dreifachaufgabe in Forschung, Lehre und Krankenversorgung (mit erwartetem Spitzenniveau in allen drei Bereichen) haben heute in Deutschland Jahresumsätze von bis zu einer Milliarde DM und zum Teil über 8000 Beschäftigte[3], entsprechen damit Großbetrieben und sind in einigen Städten zu den wichtigsten Arbeitgebern geworden. Im Jahr 1993 wurden nach Angaben des Statistischen Bundesamtes von den insgesamt 44,7 Milliarden DM in der Hochschulfinanzierung 20,4 Milliarden DM (45,6%) für die Medizin ausgegeben. Dagegen stehen nur 5,2 bzw. 5,7 Milliarden DM für die Mathematik- und Natur- bzw. Geistes-, Rechts-, Wirtschafts- und Sozialwissenschaften zusammen zur Verfügung.

Es läßt sich historisch zeigen, daß die Medizin als eines der wichtigsten Elemente der menschlichen Kultur immer auch die Charakteristika der jeweiligen Zeit und Lebensumstände widerspiegelt – bei den Naturvölkern genauso wie in unserem von der Technik weitgehend geprägten Zeitalter.

Es sollen in diesem Beitrag nicht die durch die explosionsartige Entwicklung des medizinischen Wissens unzweifelhaft auch sehr segensreichen Fortschritte für die Menschheit im einzelnen dargestellt werden, sondern diese hier nur in der gelungenen Zusammenfassung durch den Ethiker Ludger Honnefelder wiedergegeben werden[4]:

2 Vgl. Schweizerische Ärztezeitung 79, 1998, S. 1398.

3 Vgl. Meinhold, H.: »Nicht einfach ein Rezept für die Medizin«. Forschung und Lehre 11, 1995, S. 606.

4 Vgl. L. Honnefelder: »Medizin und Ethik. Herausforderung und Neuansätze der biomedizinischen Ethik der Gegenwart.« Arzt und Christ 36, 1990, S. 67.

»Auf dem Hintergrund der Entwicklung, die die Medizin seit dem 19. Jahrhundert vor allem durch die Verbindung mit der naturwissenschaftlichen Forschung genommen hat, stellt sie nicht nur eine enorme quantitative, sondern auch eine in diesem Ausmaß unerwartete qualitative Anreicherung des medizinischen Handlungsspektrums dar. Ich nenne als Beispiel für den Bereich der Diagnostik die Untersuchungsmöglichkeiten mit Hilfe von Computertomographie, Sono- und Szintigraphie sowie invasiven Methoden, aber auch die prä- und postnatale genetische Bestimmung von Risiko- und Krankheitsfaktoren. In den operativen Disziplinen sind die Fortschritte in der Anästhesie und Immunologie und die Möglichkeit der maschinellen Aufrechterhaltung der Vitalfunktionen zu nennen, die die medizinische Intervention in Krisensituationen sowie Organersatz und -transplantation möglich gemacht haben, ferner die neuartigen chirurgischen Verfahren und nicht zuletzt die Möglichkeit von In-vitro-Fertilisation, Gameten- und Embryonentransfer. In der medikamentösen Therapie haben die Weiterentwicklung der Antibiotika und Psychopharmaka dem Arzt neue Wege eröffnet, in der Prävention haben die mit Hilfe probabilistischer Methoden gewonnenen Erkenntnisse der Sozial- und Arbeitsmedizin bislang unbekannte Möglichkeiten medizinischen Handelns entstehen lassen.«

Dieser hier zitierte medizinische Fortschritt, der für unsere Zeit charakteristisch ist, beinhaltet für die Menschheit gleichzeitig riesige Chancen und Risiken. Aber die medizinische Tätigkeit ist nicht nur angewandte Wissenschaft, sondern bedeutet vorrangig auch menschliche Fürsorge für Anvertraute (»care«). Das Problem der kritischen Bewertung und verantwortungsvollen Übertragung der neuen Erkenntnisse aus der Forschung in die Praxis ist somit ein Problem, über das es sich nicht nur, aber auch für Mediziner nachzudenken lohnt.

Ich möchte in diesem Beitrag schlaglichtartig einige Beispiele der in der Medizin vorhandenen besonderen Formen der »Beschleunigungsfalle« ansprechen, aber diese nicht nur beklagen, sondern auch konstruktive Lösungsvorschläge an den jeweiligen Stellen andeuten. Eine weithin anerkannte ethische Grundlage für das menschliche Handeln ist das »primum non nocere« (Füge vor allem keinen Schaden zu) des Hippokrates. Auch der Versuch, der Beschleunigungsfalle in der Medizin zu entgehen, kann unter dem Blickwinkel dieses moralischen Auftrages analysiert werden.

Die Wissensexplosion in der Medizin

Peter Glotz[5] führt in diesem Band als instruktives Beispiel für eine positive »Entschleunigung« die Geschwindigkeitsbegrenzung auf den amerikanischen Fernstraßen an; übrigens ein Beispiel dafür, daß auch im »Land der unbegrenzten Möglichkeiten« sinnvoll erachtete Restriktionen auf demokratischem Wege entstehen können, die über die entsprechenden in Europa sogar hinausgehen. Auch wenn wir uns für den medizinischen Fortschritt idealerweise eine solche »Geschwindigkeitsbegrenzung« wünschten, die den praktizierenden Ärzten eine angemessen lange Zeit zur Aufnahme, kritischen Verarbeitung, Anwendung und Auswertung neuer diagnostischer und therapeutischer Maßnahmen erlauben würde, bevor wiederum neue in der medizinischen Wissenschaft erarbeitet werden und auf den Markt drängen, sieht die Wirklichkeit inzwischen ganz anders aus. Es gibt Schätzungen, daß in der Medizin heute alle 5 Minuten eine signifikante neue Erkenntnis gewonnen wird, und der Abstand der Wissensverdopplung nur noch 5 Jahre beträgt.

Diese rasante Geschwindigkeitszunahme in der Medizin wird vor allem deutlich in der Molekularbiologie, die ihren schon heute großen Einfluß auf die Medizin in vorhersehbarer Zukunft ver-

5 Vgl. PETER GLOTZ, in diesem Band.

vielfachen wird. Es ist schon davon gesprochen worden, daß nach dem anatomischen (Vesalius) und dem zellpathologischen (Virchow) nun das molekulargenetische Paradigma zumindest in der medizinischen Forschung dominiert. Täglich zunehmend hält die Molekularbiologie Einzug auch in die Praxis, z.B. durch die DNA-Diagnostik (prä- und postnatale Untersuchungen auf Einzelgenerkrankungen etc.), aber auch in die Therapie (Impfstoffe, gentechnologisch hergestellte Medikamente etc.). In diesem Bereich ist die Fortschrittsgeschwindigkeit nicht nur enorm schnell, sondern manchmal sogar furchterregend – vor allem für diejenigen Mediziner, die von ihrer Ausbildung her mit den Grundlagen der neuen Methoden nicht sehr vertraut sind.

Anfang der 90er Jahre wurde das sog. Genom-Projekt in den USA mit dem erklärten Ziel gestartet, die etwa 3 Milliarden Basenpaare mit ihren etwa 60.000–80.000 menschlichen Genen bis etwa zum Jahre 2005 zu sequenzieren[6]. Inzwischen arbeiten allein in den USA über 700 Forscher in mehr als 12 Zentren konzentriert an diesem Projekt mit einer Regierungs-Unterstützung von 3 Milliarden US$. Craig Venter, der Gründer des Institute for Genomic Research, wo z.B. die erste komplette Sequenzierung des Bakterium Haemophilus influenzae gelang, erklärte gar in der Presse, seine Firma könne mit neuen, sehr schnellen und hoch-automatisierten Maschinen für einen deutlich geringeren Betrag mithelfen, das menschliche Genom bereits innerhalb von 3 Jahren zu entschlüsseln[7]. Wie lange auch immer diese der Mondexpedition gleichkommende große Gemeinschaftsarbeit dauern wird, kommt auf diesem Wege eine ganz neue Aufgabe auf die Ärzteschaft zu, nämlich dieses enorme Wissen auf seine Relevanz für die Diagnostik und Behandlung zu prüfen, um es im Einzelfall sinnvoll zum Einsatz zu bringen.

6 Vgl. L. JAROFF: »Keys to the kingdom.« Time special issue on »The new age of discovery«. Winter 1997/98, S. 77.

7 Vgl. T. FRIEND: »New effort to decode the human genome on the fast track«. USA Today, 9.6.1998, S. 6D.

»*Management*« *der Datenfülle*

Die Forschungsergebnisse in der Medizin werden z.Zt. noch hauptsächlich über medizinische Fachzeitschriften verbreitet und auf diesem Weg der Kritik und/oder Akzeptanz durch die wissenschaftlich-ärztliche Gemeinschaft zugänglich gemacht. Um bei der unüberschaubaren wöchentlichen Fülle solcher Zeitschriftenartikel diese über Stichwort- bzw. Autorenwahl schnell erfaßbar zu machen, haben sich rasch internationale Datenbanken etabliert. Die bekannteste, die von der US National Library of Medicine zusammengestellte »Medline«, wertet z.Zt. über 3800 medizinische Zeitschriften aus. 1997 enthielt sie bereits ab Publikationsjahr 1966 mehr als 9 Millionen Dokumente, und monatlich kommen ungefähr 35000 dazu[8]. Eine weitere, vom privaten Institute for Scientific Information (ISI) betriebene Datenbank, die sog. Current Contents, nimmt unter den Überschriften »Life Sciences« und »Clinical Medicine« aus rund 1700 Zeitschriften wöchentlich jeweils etwa 7000 Publikationen wenige Wochen oder gar Tage nach deren Druck auf[9]. Angesichts dieser sich ständig erweiternden und erneuernden Datenfülle wird klar, daß der Satz von Manfred Rommel über den Zeitdruck in der Politik in veränderter Form auch in der Medizin gilt: »Anthropologisch sind wir der Neuen Welt nicht gewachsen, die wir geschaffen haben. Ihr gegenüber sind wir viel zu langsam, wir bewegen uns unbeholfen und machen allerlei läppische Fehler, während wir mit Mühe um Gleichgewicht ringen.« Gibt es einen Ausweg aus dem durch Publikationen und Kongresse verbreiteten »Informations-Dschungel« für Forscher oder gar für Ärzte in der Praxis, die einerseits am Fortschritt teilnehmen wollen, sich andererseits aber auch nicht im Wald der Innovationsfülle verlaufen und hilflos vor den Bäumen stehen möchten?

8 Vgl. National Library of Medicine www site 26.6.1998.

9 Vgl. Current Contents Journal Coverages, ISI 7/1997.

Einige Forscher, auch in der Medizin, sind inzwischen dazu übergegangen, sich nicht nur aus der Datenfülle im Internet die Informationen über die Arbeitsergebnisse der Kollegen in Form der dort elektronisch verfügbaren wissenschaftlichen Arbeiten zu holen, sondern sogar gleich im Internet zu publizieren und zu kommunizieren[10]. Hierdurch wird die Schnelligkeit der Informationsvermittlung noch einmal gesteigert, übrigens unter gewissem Verzicht auf die dem Lebenslauf von Wissenschaftlern oft angefügte lange Liste von Zeitschriften-Zitaten. Trotz der positiven Aspekte z.B. von Schnelligkeit und Verfügbarkeit im Internet wird aber auch die bei Zeitschriften übliche sog. »peer review«, d.h. die kritische Beurteilung des Manuskripts vor Veröffentlichung, erschwert oder immer häufiger umgangen, was qualitätsmindernd wirken und zu einer noch größeren »Verstopfung« der medizinischen Informationskanäle mit insignifikanten Nachrichten führen kann. Bisher wird bei den medizinischen Zeitschriften mit Gutachterwesen durch das ISI in Form des Science Citation Index sogar so etwas wie eine jährliche Rangfolge erstellt, wobei dieses »Zeitschriften«-Ranking indirekt den Nutzern auch eine Orientierung über die Qualität der Zeitschrift insgesamt und deren Glaubwürdigkeit, die auf der rigorosen Arbeit von Gutachtern und vor allem Herausgebern beruht, erlaubt. Auch wenn das weltumspannende Internet von seiner Struktur her kaum regulierbar ist, wäre ein Verzicht auf eine sorgfältige Prüfung der zu publizierenden Texte durch delegierte Fachvertreter aus meiner Sicht eher ein Rückschritt, da für den Endverbraucher der »Literaturmarkt« tendenziell noch größer und unüberschaubarer wird. Hier sollten sich vielleicht die wissenschaftlichen Fachgesellschaften national und international auf Standards einigen, um die Qualität zu sichern. Einerseits werden die Ärzte in Klinik und Praxis über Administrations-Software, die elektronische Kommunikation und die Integration medizini-

10 Vgl. M. C. Simmler u. P. Dessen: »The Internet for the medical and scientific community«. Molec. Hum. Reprod. 4, 1998, S. 725.

scher Apparate bis hin zur elektronischen Krankengeschichte immer vertrauter mit Computernetzwerken; und ganz sicher werden die Computer und deren Netzwerke, die jetzt auch die immer schnellere und bessere Übertragung von bewegten Bildern erlauben, die Möglickeit der Telemedizin und Online-Expertendiskussionen über große Entfernungen hinweg verbessern. Dennoch sollte darauf geachtet werden, daß die durch Datenbanken wie Medline gewonnenen Fortschritte bei der Bewertung und Verarbeitung von Fachliteratur nicht durch einen völlig unkontrollierten aber expansiven Internet-Gebrauch wieder rückgängig gemacht bzw. in das Gegenteil verkehrt werden.

Die Informationsflut aus Sicht des »Konsumenten«

Während Time Magazine[11] als Titelgeschichte »Kiss your mall goodbye« bringt und mit den Worten »The Internet has become a shopper's paradise, stocked with everything from wine to cars. Business will never be the same« die Vorteile des Online Shopping, nämlich schneller, billiger und besser zu sein als starken Trend in der amerikanischen Gesellschaft beschreibt, gibt es ähnliche Einflüsse bereits ebenfalls auf das »Arzt-Patienten-Verhältnis«. Immer häufiger treffe ich in meiner eigenen Sprechstunde auf Patientinnen, gerade solche mit privilegiertem US-amerikanischem Hintergrund, die bei medizinischen Anfragen zu Vorsorge und Früherkennung gleich einen selbst erstellten Internet-Ausdruck mitbringen und über die dort (scheinbar) schon beantworteten Fragen hinaus gerade noch bestimmte Unklarheiten erörtern möchten bzw. dieses gleich»elektronisch« per e-mail oder Internet »behandelt« haben möchten. Das Problem ist auch hier die unselektionierte, vermeintlich gleichwertige, aber tatsächlich doch sehr unterschiedliche Datenqualität. Ich habe z.B. einen

11 Vgl. The Cyberspace Marketplace. Time magazine 3.8.1998, S. 36.

gerade zum Vater gewordenen Rechtsanwalt erlebt, der bei einem pränatal bekannten Herzfehler seines Kindes die Erfolgs- bzw. Komplikationsrate operativer Korrekturen auch aus solchen Statistiken verschiedenster Kliniken in aller Welt zusammengetragen hatte, die allerdings für die konkrete Prognose seines Kindes unter den Bedingungen der hiesigen medizinischen Versorgung wenig Bedeutung hatten und nun bei der jungen Familie zu unnötigen zusätzlichen Sorgen Anlaß gaben. Hier hätte man sich einen besseren »Informationsfilter« gewünscht. Ich bin aus solchen Erfahrungen heraus bereits dazu übergegangen, in bestimmten Situationen Patientinnen bei meinen initialen Beratungen auch auf die Gefahren der unselektionierten Informationsgewinnung aus dem Internet hinzuweisen.

Gemeinsam mit den Ratsuchenden können Ärzte aber das Internet auch sehr segensreich einsetzen, insbesondere für Konsultationen über weite Entfernungen hinweg. Die Informationsfülle und leichte Verfügbarkeit ist a priori weder schlecht noch gut, sondern es kommt auf die Kenntnis der Herkunft, Verarbeitung und Relevanz dieser vielfältigen Informationen an, wobei man im Internet in der Regel mehr als bei einem »peer reviewed«-Artikel ausschließlich auf die eigene Kritikfähigkeit angewiesen ist, die bei Zeitschriften wenigstens teilweise durch Gutachter bzw. Herausgeber abgenommen worden ist.

Im Gegensatz zu Publikationen in etablierten medizinischen Fachzeitschriften zeigt sich bei primären Veröffentlichungen im Internet ohne vorausgegangene peer review nicht nur, wie interessanterweise auch bei e-mails, eine größere Bereitschaft, grammatikalische und Syntax-Fehler zu tolerieren. Man spürt gelegentlich ebenfalls, vielleicht auch wegen der nicht mehr mahnend im Weg stehenden Druckkosten, einen reduzierten Anreiz zu knapper und präziser Ausdrucksweise. Die Internet-Schnelligkeit erinnert in diesem Zusammenhang an Madame de Sévigné, die einen ihrer bekannten Briefe von hervorragendem Stil, allerdings auch großer Länge mit dem Satz abschloß: »Ich bitte

Sie, mein langes Schreiben zu entschuldigen. Stünde mir mehr Zeit zur Verfügung, dann hätte ich mich kürzer gefaßt.«

Gibt es eine Möglichkeit, mit der explosionsartigen Entwicklung des medizinischen Wissens zum Wohl der Patienten fertig zu werden?

Wegen der ständig größer werdenden Geschwindigkeit und der exponentiellen Zunahme bei der Quantität wissenschaftlicher Publikationen und Kongresse in der Medizin wird es immer schwieriger für den einzelnen Arzt, diejenigen Neuerungen »herauszufischen«, die tatsächlich eine Verbesserung für den Patienten bedeuten. Früher haben meist die jeweiligen ärztlichen Autoritäten ihre Erfahrungen als Fallberichte oder Serien publiziert, ohne dabei ein spezielles Augenmerk auf die möglichen, teilweise schwer identifizierbaren Einflußfaktoren bzw. die Auswahlkriterien zu richten, die in die Auswertung eingeflossen sein könnten, z.B. daß positive Ergebnisse eher veröffentlicht werden als negative oder unklare (sog. publication bias). Seit etwa drei Jahrzehnten gibt es daher die sog. randomisierten Untersuchungen, bei denen bewußt auch dem Kliniker selbst die Entscheidung genommen wird, ob der einzelne Patient die zu bewertende neue Behandlung bekommt oder nicht. Insbesondere wegen der knapper werdenden Mittel im Gesundheitswesen mit der daraus schon resultierenden Verteilungsproblematik[12,13] entwickelt sich die Medizin zunehmend weg von einem »opinion-based« hin zu einem »evidence-based decision making«[14].

12 Vgl. Schweizerische Akademie der Medizinischen Wissenschaften: »Ethische Überlegungen zur Verteilung knapper Mittel in der Gesundheitspflege.« Schweizerische Ärztezeitung 78, 12.11.1997, S. 1709.

13 Vgl. J. Blech: »Die heimliche Selektion. Wen sollen Ärzte behandeln, wenn das Geld nicht für alle reicht?« Die Zeit 6, 12.2.1998, S. 27.

14 Vgl. N. W. Goodman: »Anaesthesia and evidence-based medicine.« Anaesthesia 53, 1998, S. 353.

In England kritisierte 1979 der Arzt Archie Cochrane die Mediziner wegen des Fehlens einer systematischen Erfassung von Studien zur Verbesserung der Gesundheitspflege. Ab 1993 entwickelte sich daraus in Oxford die sog. Cochrane Collaboration and Library[15], die ein Register der klinischen Versuche (inzwischen über 170.000 Eintragungen) und einige hundert systematische Überarbeitungen (sog. Metaanalysen) enthält. Inzwischen arbeitet weltweit ein Netzwerk von 3000 Forschern daran, die Daten dieses Registers aktuell zu halten, und bisher sind schon nachhaltige Auswirkungen auf die medizinische Praxis z.B. bei der Schwangerenvorsorge zu erkennen: So hat z.B. erst die Metaanalyse einer Studie von 1972 und vieler nachfolgender in der Cochrane Database zu diesem Thema ausgewerteter Veröffentlichungen den Beweis dafür erbracht, daß die kurzfristige vorgeburtliche Gabe von Nebennierenrindenhormonen (sog. »Corticosteroiden«) an die Schwangeren bei Frühgeburtsrisiko die nachgeburtliche Prognose der Kinder erheblich verbessert, ohne daß bei der Schwangeren signifikante Nebenwirkungen in Kauf genommen werden mußten. Da vor 1989 keine systematische Auswertung der heterogenen Literatur zu diesem Thema vorlag, konnten Frauenärzte bis zu diesem Zeitpunkt nicht sicher die Effizienz der Behandlung wissen, aber danach dank einer einfachen Verbesserung der medizinischen Praxis Behinderungen bzw. den Tod tausender Neugeborener verhindern.

Da durch solche sehr effiziente Maßnahmen auch dem Gesundheitswesen wesentliche Mittel (z.B. im erwähnten Beispiel Behandlungskosten für Frühgeborene mit verlängerter Brutkasten-Beatmung, mit vermehrten Handicaps etc.) erspart werden können, kann in den USA generell und speziell bei den Health Maintenance Organizations (HMO's)[16] ein starker Trend zu Kosten-Nut-

15 Vgl. I. Chalmers et al.: »Reporting, updating and correcting systematic reviews of the effect of health care.« BMJ 309, 1994, S. 862.

16 Vgl. K. W. Lauterbach, J. Tacke: »Anschluß an die Realitäten des Marktes. Managed care und Hochschulmedizin in den Vereinigten Staaten.« Forschung und Lehre 4, 1998, S. 184.

zen-Analysen[17] und zur Übernahme der Prinzipien einer »evidence-based medicine« beobachtet werden. Heutzutage sind in den USA Bewertungen von ganzen Krankenhäusern auf der Basis der Effizienz und Qualität keine Seltenheit mehr, sondern eher Standard, mit dem die Mediziner, ob sie dies wollen oder nicht, leben müssen[18]. Auch dieser Trend kommt mit nur noch geringer zeitlicher Verzögerung und raschen Schritten auch z.B. auf Deutschland zu. Die Prinzipien der »evidence-based medicine« sind sehr nützlich, da sie neben einer systematischen Effizienz- und Risiko-Analyse dem Kliniker auch die häufig überraschende Information liefern, wieviele Patienten behandelt werden müssen, bevor mit einer bestimmten Maßnahme ein positiver Effekt zu erwarten ist. Eine solche kritische und ständige Analyse der eigenen Praxis ist deswegen sinnvoll, weil sonst die Qualitätsbeurteilung u.U. nur noch prüft, ob jemand eine definierte Maßnahme (z.B. eine Operation oder Diagnostik) nach den Büchern »gut« gemacht hat, anstatt die fundamentale Frage zu stellen, ob die Maßnahme selbst überhaupt sinnvoll war. So wurden beispielsweise in der Gynäkologie viele Lehrbuchseiten gefüllt mit ausführlichen Beschreibungen von Operationsverfahren zur Wiederaufrichtung einer nach hinten abgeknickten Gebärmutter. Ausgefeilte Techniken wurden von wohlmeinenden Ärzten bis zur Perfektion entwickelt, bevor sich schließlich zeigte, daß eine Biegung der Gebärmutter nach hinten statt nach vorne die Chancen einer Schwangerschaft nicht vermindert und somit keinen Grund für eine Operation darstellt, solange keine besonderen Beschwerden vorliegen.

Wir dürfen allerdings andererseits Ergebnisse randomisierter Untersuchungen nicht einfach für unsere Meinungsbildung als »neue Götzen« ansehen und unkritisch übernehmen, da auch die

17 Vgl. E. A. Balas et al.: »Interpreting cost analyses of clinical interventions« JAMA 279, 7.1.1998, S. 54.

18 Vgl. America's Best Hospitals. Where to find medical care in 16 specialties. U.S. News & World Report, 27.7.1998.

jeweiligen Entstehungsbedingungen berücksichtigt und kritisch bewertet werden müssen, bevor die Relevanz (auch der randomisierten) Studie für die eigenen Verhältnisse als gegeben angesehen werden kann. Wenn z.B. bei einer randomisierten Untersuchung in den USA zur Effizienz des Ultraschallscreenings in der Schwangerschaft die Untersuchungen größtenteils von MTA's bzw. Radiologen durchgeführt und nur 17% der kindlichen Fehlbildungen erkannt wurden (sog. Radius-Studie), können die Ergebnisse nicht einfach auf unsere Verhältnisse übertragen werden, wo Frauenärzte die Untersuchungen durchführen und damit der Weg zu Konsequenzen viel kürzer ist. Außerdem liegt die Entdeckungsrate schwerer kindlicher Fehlbildungen in Zentraleuropa bei etwa 40%, wodurch die Effizienz des Ultraschall-Screenings gegenüber den US-amerikanischen Verhältnissen schon erheblich höher ist[19].

Auch müssen die Eingangskriterien für die Untersucher bei einer randomisierten Untersuchung genau beachtet werden. In einer europäischen randomisierten Studie zur Sicherheit der damals noch neuen sog. »Chorionzottendiagnostik« im ersten Schwangerschaftsdrittel im Vergleich zur Standard-Amniozentese im zweiten Schwangerschaftsdrittel haben über 40 Institutionen, die z.T. nur über sehr geringe Erfahrung mit der neuen Technik verfügten, teilgenommen. Als Ergebnis erbrachte diese Studie – für mich daher nicht überraschend – ein deutlich erhöhtes Risiko bei Anwendung der neuen Untersuchungsmethode im ersten Schwangerschaftsdrittel. Eine Untersuchung mit ähnlichem Design durch wenige erfahrene dänische bzw. kanadische Untersucher zeigte hingegen keinen signifikanten Risiko-Unterschied zwischen der neueren und der älteren Methode[20]. Letztlich ha-

19 Vgl. W. Holzgreve: »Ist ein Ultraschall-Screeningprogramm in der Schwangerschaft gerechtfertigt?« Der Frauenarzt 38, 1997, S. 675.

20 Vgl. W. Holzgreve: »Transabdominale und transcervikale Chorionbiopsie. Indikationen, Techniken und bisherige Ergebnisse.« Der Gynäkologe 23, 1990, S. 261.

ben die drei randomisierten Untersuchungen mit scheinbar völlig entgegengesetzten Ergebnissen die Erkenntnis gebracht, daß die neue Methode der Chiorionzottendiagnostik im Hinblick auf die Eingriffssicherheit der Amniozentese »in erfahrenen Händen« gleichwertig ist, während bei mangelnder Erfahrung der Untersucher lieber die etablierte Methode mit all ihren Nachteilen (später Untersuchungszeitpunkt, längeres Warten auf das Untersuchungsergebnis) vorgezogen werden sollte. Eine zu schnelle und unkritische Übernahme von Resultaten randomisierter Untersuchungen für die eigene Praxis ist also nicht sinnvoll. Die Vergleichbarkeit der Eingangskriterien und Rahmenbedingungen muß vorher sorgfältig geprüft werden.

Welcher Druck kann Wissenschaftler zu überhöhter Geschwindigkeit antreiben?

Oft müssen erst Katastrophen passieren wie ein im Bereich der Krebs-/Hämatologie-Forschung kürzlich in Deutschland behandelter Manipulationsverdacht[21], um die möglicherweise dahinter verborgenen allgemeineren und grundlegenden Probleme zu erkennen und zu diskutieren. Schon lange aber ist gerade in der medizinischen Wissenschaft die Rede vom Prinzip des »publish or perish«, d.h. daß auch die Zahl der Publikationen (leider manchmal auf Kosten der Qualität) mitentscheidet über »die Karriere, die Vergabe von Forschungsgeldern, die Größe des Instituts, über Einkommen, Ruhm und Ehre. So wundert sich bei Medizinern niemand mehr über Ranglisten, in denen die Professoren wie Spieler im Tenniszirkus geführt werden«[22].

21 Vgl. V. Zylka-Menhorn: »Gutachter bestätigen den dringenden Verdacht der Manipulation«. Dt. Ärzteblatt 94, 1997, S. C-2031.

22 Vgl. J. O. Freudenreich: »Der Fehler liegt im System.« Stuttgarter Zeitung 169, 1997, S. 29.

In diesem drastischen Vergleich zwischen den scheinbar diametral entgegengesetzten Welten der biomedizinischen Wissenschaften und dem Hochleistungssport offenbart sich aber auch ein Teil des Dilemmas: Einerseits müssen sich selbstverständlich auch Wissenschaftler (und in verstärktem Maße in Zukunft sogar die Ärzte) in ihrer Qualität objektiv beurteilen lassen, getreu dem Motto: »Wer etwas fordert, muß bereit sein, sich messen zu lassen«. So ist z.B. bei einer Auswertung des sog. Impact Index durch das Institute for Scientific Information in den USA herausgekommen, daß Deutschland z.Zt. hinter größeren, aber leider auch kleineren Ländern wie Schweden, der Schweiz, USA, Großbritannien und Japan rangiert, auch wenn die Ausgaben für die Forschung in der Bundesrepublik Deutschland teilweise höher sind. Eine ernstzunehmende Tatsache, da trotz aller berechtigten Kritik an Maßstäben wie dem Impact oder Science Citation Index diese immer noch besser sind als die subjektive Wertschätzung der Leistungen anderer durch einzelne Fachvertreter, die sehr stark durch persönliche Vorurteile beeinflußt sein kann. Für das »Ranking« des ISI im Vergleich zu allen anderen Formen der Beurteilung wissenschaftlicher Leistung kann man m.E. demnach denselben Satz anwenden, mit dem Churchill die Demokratie charakterisiert hat: »Sie ist die schlechteste Regierungsform mit Ausnahme aller anderen.«

Die modernen Wissenschaftler und Hochschulmediziner, die oft dem Klischee des jung-dynamischen Managers bewußt oder unbewußt entsprechen wollen, müssen sich andererseits hüten, zum Sklaven solcher Skalierungen zu werden und statt Qualität mit tatsächlichem »Impact« nur noch schnelle »Geschäftigkeit« zu produzieren. Die Ökonomin und Psychotherapeutin Betty Zucker[23] hat dieses Negativbild des Managers allgemein in der

23 Vgl. Interview mit Betty Zucker: »Sie rennen wie in einem Hamsterrad herum und kommen kaum dazu, innezuhalten«. SonntagsZeitung 26.4.1998, S. 95.

Geschwindigkeitsfalle mit dem Satz charakterisiert: »Man keucht von einem Meeting zum nächsten, versucht dabei dynamisch und kompetent seine Mitarbeiter und Kunden anzulächeln, nimmt sich aber selten die Zeit, um Abstand zu gewinnen und nachzudenken«. Sie stellt dagegen das Bild des »guten« Managers: »Er verfügt über Fachwissen, er reflektiert die Dinge ab und zu aus der Distanz und erkennt Zusammenhänge. Er besitzt Glaubwürdigkeit, Begeisterungsfähigkeit, Integrität...«

Der Ulmer Dekan Guido Adler brachte im Zusammenhang mit dem o.g. Betrugsfall noch als m.E. wichtigen Gedanken ein: »Dem Professor von heute fehlt Demut.« – Ein sehr nachdenkenswerter Satz!

Der Druck in Richtung von zu schnellen und damit unseriösen oder gar substanzlosen Veröffentlichungen ist aber keineswegs auf die biomedizinischen Wissenschaften beschränkt, ja nicht einmal denjenigen Presseorganen und Journalisten fremd, die gemeinhin für gute Recherchen und unmittelbare Quellensicherung bekannt sind wie dem US-amerikanischen Nachrichtensender CNN, der kürzlich die »Aufdeckung« durch den Starreporter Peter Arnett zurückziehen mußte, daß die USA Nervengas gegen Kriegsdienstverweigerer in Laos eingesetzt hätten[24].

In der medizinischen Wissenschaft und Praxis sind auch rasche Neubewertungen von scheinbar gesicherten Erkenntnissen auf der Basis neuer Studien immer wieder nötig, wobei dies auch ein Preis für die manchmal zu schnelle Informationsübermittlung unserer Zeit sein kann. In der Regel wird vor einer Verbreitung von praxisrelevanten neuen Befunden nicht erst der Abschluß aller diesbezüglichen Studien abgewartet, sondern die einzelne Autorengruppe will ihre eigenen, mühsam erarbeiteten Befunde ohne Verzug veröffentlichen. So hat z.B. im April 1998

24 Vgl. R. Newmann u. W. Cohen: »Are press standards slipping? Nah. But competition tempts sloppiness«. U.S. News & World Report, 13.7.1998, S. 22.

eine US-amerikanische Studie ergeben, daß dem Antiöstrogen Tamoxifen nicht nur bei der Behandlung, sondern auch bei der Prävention von Brustkrebs eine positive Bedeutung zukommt. Im Juli 1998 konnten dann zwei europäische Studien keinen Beweis für eine präventive Wirkung finden, wobei sich die Studien in der Dauer (die US-amerikanische Studie war kürzer) und im Untersuchungskollektiv (die europäischen Studien schlossen Frauen mit niedrigem Risiko ein) unterschieden. Dem medizinischen Praktiker hätte es geholfen, wenn statt des Medienrummels nach der ersten Veröffentlichung eine kritische Bewertung unter Berücksichtigung aller drei Studien erschienen wäre.

Die pharmazeutische Industrie ist durch die rasante wissenschaftliche Entwicklung im Bereich des Drug Design, der Chip-Technologie etc. heute gut in der Lage, immer wieder sehr segensreiche neue Medikamente zu entwickeln. So kann die in der Regel weit über 10 Jahre hinausgehende Forschung mit inzwischen enormen Kosten für Research and Development wieder kompensiert werden. Alleine drei in Basel entwickelte Medikamente (Sandimmun/Neoral und Voltaren von Novartis bzw. Rocephin von Roche) konnten im Zeitraum von Januar bis September 1997 über eine Milliarde Franken Umsatz erzielen[25]. Der Aufwand für die Pharmaindustrie ist aber in den letzten Jahren trotz solcher Gewinnbringer astronomisch gewachsen und wohl einer der wichtigsten Gründe für die gerade auf diesem Sektor laufende Fusionswelle. Die Zahl der geforderten Testprobanden z.B. hat sich in den letzten Jahren auf durchschnittlich fast 4000 verdoppelt, inzwischen gibt es sogar Testreihen mit über 50.000 Teilnehmern[26]. Der Druck zur Schnelligkeit auf die Pharma-Unternehmen und deren Manager ist daher groß. Es wundert in diesem Zusammenhang nicht, daß auch in jüngster Zeit immer

25 Vgl. P. Weill: »Die Stadt Basel will weiterhin in der Weltliga mitspielen.« Basler Zeitung 27.12.1997, S. 3.

26 Vgl. R. Davis: »Holes are growing in medical testing's safety nets.« USA Today, 8.6.1998, S. 19a.

wieder Medikamente auch nach ihrer Zulassung wieder (teilweise vorübergehend) vom Markt genommen werden mußten, wenn sich neue Nebenwirkungen zeigten.

Eine neue und besonders gefährliche Form der »Geschwindigkeitsfalle« in den biomedizinischen Wissenschaften kann inzwischen auch in dem für die Wirtschaftsentwicklung der Industrieländer zunehmend wichtigen Bereich der Biotechnologie beobachtet werden. Einige pharmazeutische Firmen haben neue Entwicklungen in der berühmten »Pharmaka-Pipeline« zu früh auf dem Markt bekannt gemacht – wohl hauptsächlich wegen des starken Konkurrenzdrucks, vielleicht aber auch um den Aktienwert des Unternehmens zu steigern – und mußten dann manchmal unweigerlich ihre voreiligen Verlautbarungen bei der tatsächlichen Markteinführung korrigieren. Dies führt letztendlich ebenso wie auch die Vorenthaltung negativer Ergebnisse während der Entwicklung neuer Medikamente[27] zu einer nachhaltigen Störung der »Vertrauensbildung«, die in den kulturökonomischen Überlegungen von Holger Bonus auch am Beispiel der Kunst[28] als »Schlüsselfaktor« herausgearbeitet worden ist, an dem »alles hängt«.

In diesem Zusammenhang hat man z.B. sehr traurige Erfahrungen mit dem ohne ausreichende Begründung und Prüfung vielfach zur Verhinderung von wiederholten Fehlgeburten in den 50er und 60er Jahren in den USA eingesetzten Mittel Diethylstilbestrol (DES) gemacht. Die vor ihrer Geburt diesem Mittel ausgesetzten Mädchen zeigten später im Jugendlichen- und Erwachsenenalter ein stark erhöhtes Risiko für sonst seltene Klarzell-Karzinome der Scheide und des Gebärmutterhalses[29]. Ein

27 Vgl. J. Guthrie: »Former biotech director to help inquiry«. Financial Times, 21.7.1998.

28 Vgl. H. Bonus: »Wenn die Vertrauensbildung zum Schlüsselfaktor wird. Kulturökonomische Überlegungen zum Wirtschaftsstandort Deutschland.« Neue Zürcher Zeitung 146, 27./28.6.1998, S. 61.

29 Vgl. A. L. Herbst: »Diethylstilbestrol and other sex hormones during pregnancy.« Obstet. Gynecol. 58, 1981, S. 35.

vorsichtiges und jahrelanges Weiterverfolgen der Auswirkungen von unter Zeitdruck eingeführten Maßnahmen muß somit den Patienten-/Probandenschutz ergänzen.

Gerade angesichts der historischen Belastung in Deutschland[30] sollten hier trotz des Zeitdrucks bei Forschungsuntersuchungen am Menschen die jeweiligen nationalen und internationalen Richtlinien zum Schutz der Probanden und Patienten[31] besonders penibel beachtet werden. Die Einrichtung von Ethikkommissionen als besondere Form der peer review ist eine Möglichkeit, zusätzliche Kontrollen in der Forschung beim Menschen und auch bei innovativer Behandlung zu schaffen, ohne daß dadurch die Entwicklung behindert werden soll. Das Konzept des »informed consent« kann aber wegen des auch bei optimaler Aufklärung immer noch bestehenden Informationsgefälles zwischen Arzt und Proband/Patient nur ein Ziel darstellen, das in der Realität kaum zu erreichen, aber immer wieder anzustreben ist.

Kann der Weg von der Forschung in die Praxis auch zu langsam sein?

Da sich nicht nur die pharmazeutische Industrie, sondern die gesamte biomedizinische Forschung in der Auswahl ihrer Fragen primär an den tatsächlichen Bedürfnissen der Bevölkerung orientiert bzw. orientieren sollte, hat diese ein Recht darauf, sich die Ergebnisse der mit Steuermitteln oder durch den Kauf etablierter Produkte mitfinanzierten Forschung so früh wie möglich nutzbar zu machen. Auch sollten die an Krankheitsvorsorge in-

30 Vgl. Kongressbericht: »Ethische Kodizes in der Medizin und Biotechnologie. Schutz vor ärztlichen Verfehlungen«. Deutsches Ärzteblatt 94, 31.10.1997, S. 2138.

31 Vgl. Schweizerische Akademie der Medizinischen Wissenschaften (SAMW): »Richtlinien für Forschungsuntersuchungen am Menschen«. Schweizerische Ärztezeitung, 22.10.1997, S. 1585.

teressierten oder schon erkrankten Menschen erwarten können, daß ihre Ärzte über die neuesten Erkenntnisse aus der Forschung informiert sind, damit die effektivsten und dennoch mit den geringsten Nebenwirkungen behafteten Maßnahmen in Diagnose und Therapie veranlaßt werden können. Einige Beispiele aus ganz unterschiedlichen Bereichen der Biomedizin sollen erläutern, wo Langsamkeit auf dem Weg von der Laborbank in die Praxisroutine zum Problem werden kann, manchmal aber auch geboten ist:

1. Beispiel:

Zu den häufigsten spontan vorkommenden angeborenen Fehlbildungen beim Menschen gehören die sog. »Neuralrohrdefekte«, d.h. die Anencephalie (Fehlen des Großhirns und Schädeldachs beim Kind) und die Spina bifida (»offener Rücken«). Bereits in den 70er Jahren wollte man in Großbritannien systematisch untersuchen, ob neben den nicht beeinflußbaren genetischen Faktoren möglicherweise ein Defizit bestimmter Vitamine, vor allem der Folsäure, an der Entstehung dieser Anomalien in der Embryonalentwicklung beteiligt sein könnte. Es dauerte dann weitere 20 Jahre bis schließlich 1991 die Ergebnisse einer groß angelegten randomisierten Multi-Center-Studie publiziert werden konnten, die eindeutig die signifikante Prävention von Neuralrohrdefekten durch Folsäure-Supplementation bewies[32]. Da aber Vorstudien in Hochrisiko-Kollektiven bereits einen positiven Effekt der Vitamin-Gaben erwiesen hatten, war es wichtig, daß die Ergebnisse der randomisierten Untersuchung so schnell wie möglich bekanntgegeben wurden, damit entsprechende Konsequenzen wie die Gabe von Folsäure in Tablettenform oder die Anreicherung der Nahrung z.B. im Brot (jetzt Praxis in den USA) umgesetzt werden konnten. Hier stand also die durch

32 Vgl. MRC Vitamin Study Research Group: »Prevention of neural tube defects: results of the Medical Research Council Vitamin Study«. Lancet 338, 1991, S. 131.

eine große Studie mit 33 beteiligten Zentren und rigorosen Anforderungen an Planung, Statistik, peer review etc. bedingte Schwerfälligkeit mit erheblichem Zeitaufwand in einem gewissen Gegensatz zum Interesse der Bevölkerung, bei einer vermutlich sehr nebenwirkungsarmen Maßnahme (Vitamin-Gabe) die Ergebnisse über einen signifikanten Effekt so früh wie möglich zu erfahren. Aus ethischen Gründen ist es also dem Wissenschaftler in solchen Fällen gleichsam geboten, schnell zu sein, um den Menschen unnötiges Leid zu ersparen.

2. Beispiel:
In den letzten 5 Jahren haben sich die DNA-Untersuchungen in der forensischen Medizin neben der Auswertung von Fingerabdrücken als eine sehr effektive Methode etabliert, um z.B. bei Vergewaltigungen Täter zu identifizieren. In den USA ist es aber in diesem Zusammenhang bereits in den bisher nicht in genügender Zahl vorhandenen Laboratorien zu Engpässen gekommen, so daß in bestimmten Situationen die Aufklärung von Verbrechen verzögert wurde[33]. Hier hätte die Öffentlichkeit also ein Interesse daran, daß hochmoderne Untersuchungstechniken wie solche DNA-Analysen feiner genetischer Marker, die vor kurzem noch ausschließlich in Forschungslaboratorien eingesetzt wurden, so schnell wie möglich aus den spezialisierten Labors weniger Wissenschaftler in die breitere Anwendung gelangen, ohne daß dadurch die Qualität der Aussage oder gar die Sorgfalt bei Probenverarbeitung, Datenschutz etc. vernachlässigt würden.

Immer wenn sich in der biomedizinischen Forschung ein klarer Fortschritt für viele Menschen abzeichnet, kann ein Dilemma zwischen den Anforderungen einer rigorosen und damit zeitlich aufwendigeren Absicherung der Daten und dem Interesse einer raschen Umsetzung der neuen Erkenntnisse in der Praxis entstehen.

33 Vgl. R. Davis: U.S.: »Human medical tests lack oversight«. USA Today, 8.6.98, S. 3A.

3. Beispiel:
Es läßt sich zeigen, daß eine gewisse »Langsamkeit« manchmal durch die wissenschaftliche Sorgfalt und zum Schutz der Bevölkerung geboten ist. So erforschen wir z.B. in unserem Labor zusammen mit vier amerikanischen Zentren im Rahmen einer von den National Institutes of Health (NIH) unterstützten großen Untersuchungsreihe Methoden, um vorgeburtliche Untersuchungen auf Chromosomenstörungen oder schwere Einzelgenerkrankungen nicht-invasiv aus kindlichen Zellen im Blut schwangerer Frauen durchzuführen. Auf diese Weise könnte das bisher bestehende Eingriffsrisiko invasiver Methoden wie der Chorionbiopsie oder der Amniozentese (Fruchtwasserpunktion) vermieden werden. Auch wenn wir im Laufe dieser Untersuchungen einen starken Druck von einzelnen Schwangeren, Ärzten und speziell den Medien verspürten, die sich in der Forschung abzeichnende Methode schon jetzt hilfesuchenden Frauen klinisch anzubieten, haben wir einen anderen Weg gewählt: Zum Schutz vor Fehlern, die im Bereich der vorgeburtlichen Diagnostik wegen der möglichen schwerwiegenden Konsequenzen am wenigsten akzeptabel sind, können wir durch einen internationalen Patentschutz für unsere Technik und internationale Einigung auf ein rigoroses Protokoll mit Fremdbewertung der Ergebnisse verhindern, daß die Technik angeboten wird, bevor sie so gut wie fehlerfrei arbeitet und auf ihre Verläßlichkeit immer wieder intensiv getestet worden ist[34].

4. Beispiel:
Zwischen 1957 und 1962 führte das Medikament Thalidomid (Contergan) vor allem in Deutschland und Europa bei Einnahme in bestimmten Phasen der Schwangerschaft zu schwerwie-

34 Vgl. W. HOLZGREVE et al.: »Isolierung fetaler Zellen aus mütterlichem Blut zur nicht-invasiven pränatalen Diagnostik – vom Patent zum klinischen Einsatz.« Z. Geburtsh. Neonatol. 199, 1995, S. 47.

genden Fehlbildungen des Kindes. In den USA gab es dagegen nur wenige Fälle, weil bei der Food and Drug Administration (FDA) die für die Zulassung zuständige Beamtin Frances Kelsey mit der Bewilligung zögerte, da es bereits alternative Behandlungsmethoden für Schlaflosigkeit gab und sie trotz des Drucks durch die Hersteller bei dem zu behandelnden vergleichsweise milden Leiden keinen Grund für ein beschleunigtes Verfahren sah. Hier führte also die »Langsamkeit« einer Beamtin in dem einen Land (USA) zum Schutz der Bevölkerung, während in einem anderen Land (Deutschland) die »Schnelligkeit« von Professor Widukind Lenz gefragt war: Nach der Aufdeckung des Zusammenhangs zwischen Fehlbildungshäufigkeit und dem in der Schwangerschaft eingenommenen Mittel folgte die rasche Veröffentlichung des Verdachts in der angesehenen Zeitschrift Lancet und auf Kongressen sowie ein beherzter und harter Kampf gegen die von der vertreibenden Arzneimittelfirma zur Verhinderung des Verbotes aufgebotenen 19 Anwälte (W. Lenz, pers. Mitteilung). Es zeigt sich hier, daß weder »Langsamkeit« noch »Schnelligkeit« per se eine Tugend sind, sondern daß es entscheidend auf die jeweiligen Bedingungen ankommt.

Für den Arzt in Praxis und Klinik stellt sich auch noch ein anderes Problem, das in letzter Zeit immer deutlicher wird. Da er nicht nur durch die Geschwindigkeit des medizinischen Fortschritts, sondern auch durch steigende Anforderungen an eine immer komplexer werdende und von immer kritischeren Patienten und deren Anwälten überwachten Medizin, durch ständig wachsende Dokumentationspflicht und Aufgaben im Marketing bei schwieriger werdenden ökonomischen Verhältnissen zunehmend unter Druck gerät, muß er sich davor in Acht nehmen, daß in der Öffentlichkeit das Klagen über sinkende Einnahmen nicht stärker wahrgenommen wird als der extrem verantwortungsvolle, im Durchschnitt zeitlich sehr belastende und zunehmend anspruchsvollere Einsatz für die Gesundheit der Mitmenschen.

Stefan Lebert[35] hat in diesem Zusammenhang unter der Überschrift »Ärzte, seid ihr von allen guten Geistern verlassen?« geschrieben: »Kein anderer Beruf verdient soviel Achtung, kein anderer Berufsstand verspielt so leichtfertig dieses Kapital.«

Zusammenfassung

Das Wissen in der Medizin nimmt exponentiell zu, und die Geschwindigkeit des Wissenszuwachses birgt Chancen, aber auch Risiken in sich. Für den Praktiker wird es bei den neuen Erkenntnissen wegen der Spezialisierung in der Forschung und der Informationsfülle immer schwieriger, für seine praktische Tätigkeit »Spreu vom Weizen« zu trennen und Medizin entsprechend dem aktuellen Standard (state of the art) zu praktizieren. Im Vergleich zu den wohlgeordneten, dogmatischen und überschaubaren »Schulen« der Vergangenheit müssen die Medizin-Lehrer heute dafür sorgen, daß die Auszubildenden nicht sozusagen von einer »Entropie der Information« bedroht werden und schließlich vor dem »Chaos des Wissens« kapitulieren. Schon in der Schule muß es ein wichtiges Ziel sein, Instrumente in die Hand zu geben, mit dem ständig sich erneuernden Wissen später systematisch fertig zu werden (»instead of diluting science to make it »accessible«[36]). Der Universität kommt dann die wichtigste Bedeutung und zugleich als Auftrag zu, was vom Basler Medizin-Nobelpreisträger Werner Arber in einer Festschrift präzise zusammengefaßt worden ist: »Im Laufe der letzten Jahrhunderte sind Universitäten zu Bannerträgern der kulturellen Evolution der Menschheit geworden. In der Tat gehört es zum Leistungs-

35 Vgl. S. Lebert: »Ärzte, seid ihr von allen guten Geistern verlassen?« Süddeutsche Zeitung, 28.1.1994, S. 30.

36 Vgl. D. B. Saunders: »Undiluted Science«. San Francisco Examiner & Chronicle, 5.7.1998.

auftrag der Universitäten, die Früchte geistiger Tätigkeiten der Menschen zu wahren, in wissenschaftlicher Forschung zu mehren und in ihrer Wirkung zu analysieren sowie in akademischer Lehre an kommende Generationen weiterzugeben.«

Auch wenn wir weiterhin das Bild des Künstlers Raphael von der »Schule von Athen« träumen und in unsere Zeit zurückholen möchten, auf dem wir im Vatikanmuseum die entspannte, scheinbar zeitlose intellektuelle Atmosphäre im Dialog zwischen Meistern und Schülern spüren können, ist die Wirklichkeit im heutigen Zeitalter der globalen Kommunikation so, daß wir auch in den biomedizinischen Wissenschaften und in der Medizin ohne ein optimiertes »Wissens-Management« nicht mehr auskommen. Wie wir in unserem persönlichen Zeitmanagement auch als Mediziner und Hochschullehrer »weise« sein müssen (um der Ironie der Zeitaufteilung zu entgehen: 50% für die Krankenversorgung, 50% für die Forschung, 50% für die Lehre und 50% für die Familie/Freizeit), so müssen wir auf der Zeitachse zwischen medizinischer Forschung und Praxis dafür sorgen, daß einerseits die neuen Erkenntnisse nicht zu schnell und damit unkritisch das Bewährte verdrängen, andererseits aber echte Fortschritte auch schnell genug den Patienten zugute kommen. Senecas Aussage: »Nichts gehört uns zu eigen – nichts als die Zeit« enthält einen Auftrag. Als Formel für den Konflikt zwischen »zu schnell« und »zu langsam« scheint mir selbst das Motto hilfreich »proceed with caution«. Um der besonderen Form der »Geschwindigkeitsfalle« in der Medizin zu entgehen, sollten sich auch unter den heutigen Bedingungen Innovationstempo und Kontemplationszeit nicht ausschließen, sondern gegenseitig ergänzen.

Die Autoren

Prof. Dr. Klaus Backhaus, geboren 1947 in Mülheim a.d. Ruhr, ist Direktor des Betriebswirtschaftlichen Instituts für Anlagen und Systemtechnologien der Westfälischen Wilhelms-Universität Münster. Professor Backhaus lehrte an der Freien Universität Berlin, der Johannes Gutenberg-Universität Mainz und hatte Gastaufenthalte an verschiedenen in- und ausländischen Universitäten. Nach seiner Promotion war er fünf Jahre lang Mitarbeiter der Siemens AG und zuständig für den Vertrieb von Großanlagen. Seine Forschungsgebiete sind Industriegütermarketing und Internationales Management.

Prof. Dr. Holger Bonus, geboren 1935 in Berlin, studierte Germanistik und Nationalökonomie in Bonn, Hamburg und Heidelberg und promovierte 1967 zum Dr.rer.pol. Von 1967 bis 1970 war er Postdoctoral Fellow und Research Associate an der University of Chicago. Nach der Habilitation 1971 lehrte er an den Universitäten Bonn, Dortmund und Konstanz. Seit 1984 ist er Ordinarius für Volkswirtschaftslehre an der Westfälischen Wilhelms-Universität Münster und zugleich Geschäftsführender Direktor des Instituts für Genossenschaftswesen. Professor Bonus war Mitglied der Enquête-Kommission »Schutz des Menschen und der Umwelt« des Deutschen Bundestages. Seine Arbeitsgebiete sind Umweltökonomie, Neue Institutionenökonomie und Kulturökonomie.

Dr. Peter Busch, geboren 1939 in München, ist Leiter der Forschungsabteilung Biophysik/Sensorik bei der Fa. Henkel KGaA. Als ausgebildeter Chemiker und evangelischer Theologe nahm er Lehraufträge zum interdisziplinären Gespräch zwischen Theologie und Naturwissenschaften wahr. Besonderes Interesse zeigt er für Fragen der gesellschaftlichen Entwicklung und leitet in diesem Zusammenhang eine Zukunftswerkstatt.

Dr. Heinz Dürr ist seit 9. Juli 1997 Aufsichtsratsvorsitzender der Deutschen Bahn AG. Von 1957 bis 1980 war er in der Firma Otto Dürr, Stuttgart, zuletzt als Geschäftsführer tätig. Heute ist Dr. Dürr Aufsichtsratsvorsitzender der Dürr AG, die sich mehrheitlich im Besitz der Familie Heinz Dürr befindet. Von 1975 bis 1980 war Dr. Dürr Vorsitzender des Verbandes der Metallindustrie Baden Württemberg e.V. und in dieser Eigenschaft Mitglied des Präsidiums von Gesamtmetall. 1980 übernahm Dr. Dürr den Vorstandsvorsitz der AEG und war in dieser Funktion von 1986 bis 1990 außerdem Mitglied des Vorstandes der Daimler Benz AG. Im Januar 1991 wurde Dr. Dürr zum Vorsitzenden des Vorstands der Deutschen Bundesbahn berufen, im September 1991 auch zum Vorstandsvorsitzenden der Deutschen Reichsbahn. Mit Gründung der DB AG am 1. Januar 1994 wurde er Vorsitzender des Vorstands des neuen Unternehmens. Dr. Dürr ist Aufsichtsratsmitglied bei der Bankgesellschaft Berlin AG, der Benteler AG, der Mannesmann AG, der Preussag AG, der Stinnes AG sowie der Alp Transit AG und bekleidet unterschiedliche Ehrenämter. Unter anderem ist er Vorsitzender des Vorstands der Stiftung Lesen, der Freunde und Förderer des Deutschen Theaters Berlin, der Gesellschaft von Freunden der Technischen Universität Berlin, Präsident des Deutschen Verkehrsforums und Mitglied im Board of Overseers der Columbia Business School, New York.

Prof. Dr. Georges Fülgraff, geboren 1933 in Straßburg, leitet den Postgraduierten Studiengang Gesundheitswissenschaften/Public Health an der Technischen Universität Berlin und ist Sprecher des Berliner Zentrums Public Health. Er war Mitglied der Enquête-Kommission »Schutz des Menschen und der Umwelt« des Deutschen Bundestages und im Rat der Sachverständigen für Umweltfragen. Fülgraff war früher Professor der Pharmakologie und Toxikologie an der Johann Wolfgang Goethe-Universität Frankfurt am Main, Präsident des Bundesgesundheitsamtes und Staatssekretär in Bonn.

Dr. rer. pol. Karlheinz A. Geißler, Univ.-Prof., Dipl.-Hdl., geboren 1944 in Deuerling/Oberpfalz, Studium der Ökonomie, der Pädagogik, der Psychologie und der Philosophie. Lehrtätigkeit an berufsbildenden Schulen und an mehreren Universitäten. Seit 1975 Univ.-Prof. an der Universität der Bundeswehr München für Wirtschafts- und Sozialpädagogik. Gastprofessuren an mehreren in- und ausländischen Universitäten. Forschungsschwerpunkte Modernisierung der beruflichen Bildung sowie Ökologie der Zeit. Zahlreiche Publikationen u.a. »Anfangssituationen«, 7. Auflage 1997, »Zeit leben«, 5. Auflage 1994, »Zeit – Verweile doch, Du bist so schön«, 1996.

Dr. phil. Peter Glotz, o. Univ.-Professor und Rektor der Universität Erfurt, geboren am 6. März 1939 in Eger. Realgymnasium Bayreuth und Hannover, anschließend Studium der Zeitungswissenschaft, Philosophie, Germanistik und Soziologie in München und Wien mit Abschluß Magister Artium (München). In den 60er Jahren wissenschaftlicher Assistent am Institut für Kommunikationswissenschaft der Universität München, 1968 Promotion zum Dr. phil., Konrektor der Universität München 1969/70. Geschäftsführer einer Firma für Kommunikationsforschung 1970–72 und Mitglied des Bayerischen Landtages. 26 Jahre politische Tätigkeit, darunter Staatssekretär im Bundesbildungsministerium (1974/77), Senator für Wissenschaft und Forschung Berlin (1977/81), Bundesgeschäftsführer der SPD (1981/87) und Bundestagsabgeordneter. 12 Jahre Senator der Max-Planck-Gesellschaft, Mitglied des Stiftungsrats des Wissenschaftskollegs zu Berlin. 1991 Gastprofessor Marquette Universität Milwaukee. 1993 Honorarprofessor für Kommunikationskultur und Medienökologie an der Universität München. 1996 Berufung zum Rektor der Universität Erfurt und o. Univ.-Professor für Kommunikationswissenschaft. Vielfältige Buch- und Zeitschriftenveröffentlichungen zur Kommunikationswissenschaft, Bildungspolitik, Politischen Theorie, darunter drei politische Tagebücher.

Prof. Dr. jur. Bernhard Großfeld, LL.M., geboren 1933 in Bentheim, ist Direktor des Instituts für Internationales Wirtschaftsrecht der Universität Münster. Er lehrte an der Universität Göttingen und an verschiedenen ausländischen Universitäten. Seine Hauptfächer sind Unternehmensrecht, Internationales Wirtschaftsrecht und Rechtsvergleichung. Professor Großfeld ist ordentliches Mitglied der Nordrhein-Westfälischen Akademie der Wissenschaften.

Dr. rer. pol. Kai Gruner, geboren 1965 in Köln, ist Berater bei der Boston Consulting Group, Düsseldorf, Stockholm. Von 1991 bis 1996 war er wissenschaftlicher Mitarbeiter am Betriebswirtschaftlichen Institut für Anlagen und Systemtechnologien der Westfälischen Wilhelms-Universität Münster. Er hat Elektrotechnik an der Universität Karlsruhe (TH) und Business Administration an der University of Washington in Seattle, USA, studiert. Bevorzugtes Forschungsgebiet sind Beschleunigungsprozesse im Strategischen Management.

Prof. Dr. med. Wolfgang Holzgreve, geboren 1955 in Westfalen, begann mit 17 Jahren das Medizinstudium an der Westf. Wilhelms-Universität in Münster. An der Universität of California in Berkeley bekam er 1976 den Titel Master of Science in Genetik verliehen. Seine Facharztausbildung in Gynäkologie und Geburtshilfe absolvierte er in Münster. Von 1982–

1984 war er postdoctoral fellow am Department of Obstetrics and Gynecology an der University of California in San Francisco. Nach seiner Habilitation 1986 wurde er 1991 zum Professor für Frauenheilkunde auf Lebenszeit und zum geschäftsführenden Oberarzt in Münster ernannt. Seit 1995 ist er Ordinarius für Gynäkologie und Geburtshilfe an der Universität Basel. Ihm wurden zahlreiche Preise und Ehrungen wie den Maternité Preis 1993 und die Ehrendoktorwürde 1994 verliehen. Er ist im Editorial Board von 17 Zeitschriften und Herausgeber einer nationalen und einer internationalen Fachzeitschrift. Er ist Mitglied vieler nationaler und internationaler Fachgesellschaften, Vorstandsmitglied der Deutschen Gesellschaft für Gynäkologie und Geburtshilfe sowie der European Society of Perinatal Medicine und Präsident der Deutschen Gesellschaft für Perinatale Medizin, Designierter der International Society »The Fetus as a Patient« und designiertes Vorstandsmitglied der Schweizerischen Chefärztekonferenz.

Prof. Dr. Franz-Josef Jakobi, Leitender Stadtarchivdirektor, geboren 1940, leitet seit 1986 das Stadtarchiv Münster. Er studierte in Freiburg im Breisgau, an der Freien Universität Berlin und in Münster Geschichte, Germanistik, Philosophie und Pädagogik. Nach der Promotion (1976) und der Habilitation (1983) lehrte und forschte er als Historiker an der Pädagogischen Hochschule und an der Westfälischen Wilhelms-Universität in Münster. Er war wissenschaftlicher Mitarbeiter und Mitglied des Sonderforschungsbereichs 7/Mittelalterforschung. Seit 1987 ist er außerplanmäßiger Professor am Fachbereich Geschichte der Westfälischen Wilhelms-Universität. Im Auftrag der Stadt Münster organisierte er die erste Gesamtdarstellung der Stadtgeschichte, die 1993 in drei Bänden erschien.

Stefan Klein, geboren 1965 in München, studierte theoretische Physik und Philosophie in München, promovierte in Freiburg über Biophysik und ist Absolvent der Hamburger Henri-Nannen-Schule für Journalismus. Er war Autor für die Süddeutsche Zeitung, FAZ und Die Zeit und ist heute Redakteur beim Spiegel in Hamburg. Klein ist Träger des Georg-von-Holtzbrinck Preises für Wissenschaftsjournalismus 1998. Sein Beitrag »Die Entmachtung der Uhren« ist zuerst als Spiegel-Titelgeschichte erschienen.

Prof. Dr. Hermann Lübbe, Honorarprofessor für Philosophie und Politische Theorie an der Universität Zürich. Nach der Promotion 1951 in Freiburg i.Br. und der Habilitation 1956 in Erlangen Lehrtätigkeit als Dozent und Professor an den Universitäten Erlangen, Hamburg, Münster, Köln, Bochum, Bielefeld und Zürich. Von 1966–1970 Tätigkeit als Staatssekretär. Mitglied der Rheinisch-Westfälischen Akademie der Wissenschaften in Düsseldorf, Mitglied der Akademie der Wissenschaften und der Literatur zu Mainz, Mitglied der Akademie der Wissenschaften zu Berlin 1987–1990. Mitglied der Berlin-Brandenburgischen Akademie der Wissenschaften, Mitglied der Academia Scientiarum et Artium Europaea, Salzburg. Ernst-Robert-Curtius-Preis für Essayistik, Paracelsusring der Stadt Villach, Freiheitspreis der Max-Schmidheiny-Stiftung an der Hochschule St. Gallen, Hanns Martin Schleyer-Preis der Hanns Martin Schleyer-Stiftung, Großes Verdienstkreuz der Bundesrepublik Deutschland.

Norbert A. Platt, geboren 1947 in Gießen. Erste Berufserfahrungen sammelte er bei Leitz/LEICA in Wetzlar, woraufhin er im Jahre 1972 zu Rollei (Rolleiflex) Deutschland wechselte. Bereits im darauffolgenden Jahr wurde ihm eine Position bei Rollei Singapur anvertraut, wo er zuletzt als Hauptgeschäftsführer tätig war. Im Jahre 1982 kehrte er nach Deutschland zurück und übernahm die Geschäftsführung bei Rollei Fototechnik in Braunschweig. Seit 1987 ist Norbert A. Platt als Vorsitzender der Geschäftsführung der Montblanc International GmbH in Hamburg tätig.

Manfred Rommel, geb. am 24.12.1928 in Stuttgart. Oberbürgermeister a.D., (beamteter) Staatssekretär a.D., Professor Dr.h.c., Großes Verdienstkreuz mit Schulterband und Stern. Jurist. 1956 bis 1975 Beamter des Landes Baden-Württemberg. 1975 bis 1996 Oberbürgermeister der Landeshauptstadt Stuttgart, kraft Gesetzes in den Ruhestand getreten am 31.1.1996. Insgesamt neun Jahre Präsident des Deutschen Städtetages, sechs Jahre Vorsitzender des Städtetages Baden-Württemberg. 17 Jahre Präsident des Verbandes kommunaler Unternehmen. CDU-Mitglied seit 1953, seit 1969 im Landesvorstand. Zahlreiche Veröffentlichungen.

Prof. Dr. Dieter Ronte, geboren 1943 in Leipzig. Studium der Kunstgeschichte, Archäologie und Romanistik in Münster, Pavia und Rom. Dr. phil. Ab 1971 Mitarbeiter der Museen der Stadt Köln, dann Leiter der Graphischen Sammlung des Museum Ludwig in Köln, ab 1979 Direktor des Museums moderner Kunst in Wien, ab 1989 Direktor des Sprengel Museum Hannover, seit 1993 Direktor am Kunstmuseum Bonn. Veröffentlichte u.a. über die Kunst der Nazarener und besonders über die Kunst des 20. Jahrhunderts. Seit 1980 Lehrverpflichtungen u.a. an der Akademie der Bildenden Kunst Wien, Hochschule für angewandte Kunst Wien, ab 1990 Universität Hannover, seit 1993 Rheinische Friedrich-Wilhelms-Universität Bonn.

Walter R. Stahel, geboren 1946 (am Internationalen Tag der Umwelt), ist seit 1982 einer der Gründer und Direktoren des Instituts für Produktdauer-Forschung in Genf; seit 1988 zudem stellv. Generalsekretär der Internationalen Vereinigung für das Studium der Versicherungswirtschaft in Genf. Studium der Architektur und Raumplanung an der ETH-Zürich. Er hat als Architekt in England und der Schweiz, als Unternehmensberater am Battelle Institute in Genf und als Controller in einer Industrieholding gearbeitet. Seine Forschungsgebiete sind heute nachhaltiges Wirtschaften, Ressourceneffizienz und Risiko Management.

Dr.-Ing. h. c. Klaus Steilmann, geb. 12. Juni 1929 in Neustrelitz, Mecklenburg, 1950–1955 Lehre zum Einzelhandelskaufmann, Abiturabschluß nach Abendstudium, Substitut im Einkauf von C & A Brenninkmeyer, 1955–57 Stellvertreter des Mantelkonfektionärs Josef Meyer 1958. Gründung der Klaus Steilmann GmbH & Co. KG, 1984 Bundesverdienstkreuz der Bundesrepublik Deutschland, 1991–93 Präsident der ELTAC (European Largest Textile and Apparel Companies) und Gründung des Klaus Steilmann Instituts für Innovation und Umwelt, 1992 Mitglied des Club of Rome auf Grund seines umwelt- und industriepolitischen Engagements, 1993 Ehrendoktorwürde Dr.-Ing. h. c. der Universität Witten/Herdecke, Honorarkonsul der Ukraine und Präsidiumsmitglied für Deutschland im International Committee for Economic Reform and Cooperation in the CIS sowie Präsident der ETCC (European Textile and Clothing Coalition), 1994 Ehrenpreis zum deutschen Kulturpreis 1993, Verleihung des Verdienstordens des Landes Nordrhein-Westfalen, 1993–96 Mitglied des ICERC – The International Committee for Economic Reform and Cooperation, 1994–95 Präsident der EURATEX (European Apparel and Textile Organisation), ein Zusammenschluß der ECLA (European Clothing Association), ELTAC (European Largest Textile and Apparel Companies) und der COMITEXTIL (Coordination Committee for the Textile Industries in the European Economic Community). Wirkt als Initiator und Sponsor vieler wissenschaftlich-kultureller Leistungen und besonders auf sportlichem Gebiet.